Sigrid Wegner-Korfes

Otto von Bismarck und Rußland

Sigrid Wegner-Korfes

Otto von Bismarck und Rußland

Des Reichskanzlers Rußlandpolitik
und sein realpolitisches Erbe
in der Interpretation
bürgerlicher Politiker
(1918–1945)

Dietz Verlag Berlin
1990

Personenverzeichnis: Manuela Vehma

Wegner-Korfes, Sigrid: Otto von Bismarck und Rußland : d. Reichskanzlers Rußlandpolitik u. sein realpolitisches Erbe in d. Interpretation bürgerl. Politiker (1918–1945) /
Sigrid Wegner-Korfes. – Berlin : Dietz Verl., 1990. – 239 S.

ISBN 3-320-01487-0

Lizenznummer 1 · LSV 0265
Redaktionelle Bearbeitung: Lieselotte Gruner
Typographie: Uwe Niekisch
Einband und Schutzumschlag: Peter Schulz
Printed in the German Democratic Republic
Fotosatz: Druckerei Neues Deutschland, Berlin
Druck und Bindearbeit:
LVZ-Druckerei »Hermann Duncker«, Leipzig
Best.-Nr. 738 750 5

01120

Meinem Großvater,
Generalmajor Dr. h.c. Hermann Mertz von Quirnheim,
in Dankbarkeit und Liebe
gewidmet.

Einleitung

Es ist nun ein ganzes Jahrhundert vergangen, seit der Gründer des bürgerlichen deutschen Nationalstaates, Fürst Otto von Bismarck, durch Kaiser Wilhelm II. vom Posten des Reichskanzlers entfernt wurde. Ein knappes Vierteljahrhundert nach seinem Sturz begann der erste Weltkrieg, ein knappes halbes Jahrhundert danach der zweite Weltkrieg. Im Ergebnis dieses zweiten, noch verheerenderen Völkermordens wurde das von Bismarck mit »Blut und Eisen« geschaffene Deutsche Reich mit »Blut und Eisen« endgültig wieder von der Karte Europas gestrichen.

Mußte es so kommen? War es vorausbestimmt, daß dieser deutsche Staat von so kurzer Lebensdauer war, nur ein durchschnittliches Menschenleben lang existierte?

Immer wieder kehrt die Geschichtswissenschaft in den letzten vier Jahrzehnten zu dieser Frage zurück. Auch die marxistischen Historiker der DDR stellen sich ihr.

Bei aller Kritik an der Politik dieses konsequenten preußischen Junkers, militanten Gewaltpolitikers und skrupellosen Feindes der Arbeiterbewegung wird von den Historikern unseres Staates hervorgehoben, daß eben dieser energische Konservative durch eine »Revolution von oben« die bürgerliche Umwälzung und die Einigung Deutschlands durchsetzte. Die deutsche Bourgeoisie verzichtete, wie bereits 1848/1849, aus Furcht vor radikalen kleinbürgerlichen demokratischen Entwicklungen und der erstarkenden Arbeiterbewegung auf ihre Führungsrolle in dem historisch seit 1789 herangereiften Prozeß, auch in Deutschland bürgerlichen Veränderungen zum Siege zu verhelfen, die deutsche Kleinstaaterei zu beenden und einen deutschen Nationalstaat zu gründen; und das Proletariat war noch nicht so stark, um zum Führer einer nationalen Einigung Deutschlands auf demokratischer Grundlage zu werden. So fiel es dem Staatslenker der preußischen Monarchie zu, den bürgerlichen deutschen Nationalstaat zu errichten, indem er diesen Prozeß mit der militaristischen preußischen Großmachtpolitik verband. Das 1871 entstandene kleindeutsche Kaiserreich wurde zur konstitutionellen Monarchie und ebnete gleichzeitig einer sprunghaften Entwicklung kapitalistischer Verhältnisse auch in diesem Staat den Weg.

Doch das Deutsche Reich war von Anfang an dadurch belastet, daß es durch drei Kriege entstanden war, daß Militarismus und Preußentum in ihm immer eine gewichtige Rolle spielten und daß das militante preußische Junkertum und die expansiv werdende Großbourgeoisie zu seinen wichtigsten sozialen und politischen Trägern wurden. Dies stellte eine erhebliche Gefahr für das Reich dar und schloß die Möglichkeit niemals aus, daß im Ergebnis außenpolitischer Komplikationen seine Existenz nur von relativ kurzer Dauer sein könnte und die bisher unterdrückten Klassen und Schichten, insbesondere die Arbeiterklasse, die werktätigen Bauern und die Mittelschichten, die Monarchie in Deutschland beseitigen und die politische Macht übernehmen würden.

Es war für das Bestehen des preußisch-deutschen Kaiserreiches im System der europäischen Großmächte, im Zentrum Europas, von größter Wichtigkeit, daß sich seine politischen Führer der Gefahr bewußt waren, die ihrem Staat durch eine abenteuerliche Außenpolitik drohte. In der fast 20jährigen Reichskanzlerzeit Otto von Bismarcks war dies weitgehend der Fall. Dieser Exponent des preußisch-deutschen Militärstaats war bis zu seinem Sturz darum bemüht, eine das Erreichte bewahrende Politik zu betreiben, das Vertrauen der meisten anderen europäischen Großmächte zur Außenpolitik Deutschlands nach und nach zu festigen und zur Friedensstabilisierung im europäischen Staatensystem beizutragen. Nicht etwa deshalb, weil er Pazifist oder Gegner von Militarismus und Kriegen geworden wäre. Es war »einfach ein nüchternes Gebot der Selbstbehauptung im monarchisch-konservativen Staatensystem, wenn Bismarck seit 1871 das Risiko eines europäischen Krieges scheute«[1]: Einerseits, um das von ihm geschaffene Deutsche Reich nicht der

1 Heinz Wolter: Otto von Bismarck. Dokumente seines Lebens, Leipzig 1986, Einleitung, S. 15.

Gefahr der Vernichtung auszuliefern; andererseits – das hatten ihn der Deutsch-Französische Krieg und die Pariser Kommune gelehrt –, weil er befürchtete, daß ein solcher Krieg in Europa nicht nur das monarchische System in Deutschland und in anderen europäischen Staaten, sondern die kapitalistische Gesellschaftsordnung überhaupt gefährden könnte.

So war es in starkem Maße dieser Konzeption des Reichskanzlers Bismarck und ihrer Realisierung zu verdanken, daß nach 1871 in Europa ein großer Krieg, ein Weltkrieg, verhindert wurde, der die Existenz des deutschen Nationalstaates wieder in Frage stellen mußte. Dabei spielte das Verhältnis Bismarcks zum zaristischen Rußland beziehungsweise zu einem Krieg mit diesem großen Staat im Osten eine wesentliche Rolle. Und eben dieses Problem soll im Mittelpunkt der vorliegenden Arbeit stehen.

Der preußische Junker Otto von Bismarck wurde am 1. April 1815 als Sohn eines altmärkisch-pommerschen Gutsbesitzers in Schönhausen in der Nähe der Elbe geboren. Das geschah in dem historisch bedeutsamen Jahre, in welchem der Wiener Kongreß der Vertreter der europäischen Großmächte endgültig den Schlußstrich unter die Eroberungs- und Expansionspolitik Napoleons setzte und eine territoriale und politische Neuregelung Europas im Sinne der »Heiligen Allianz« festlegte. Dem Sprößling der Familie von Bismarck waren also zwei historische Lehren in die Wiege gelegt worden: Einmal, daß die konservativ-monarchischen Staaten Europas solidarisch gegen alle Erschütterungen der »Ordnung« einzustehen hatten, und zum anderen, daß Angriffs- und Eroberungskriege gegen das zaristische Rußland, wie einen solchen ein Napoleon versucht hatte, zum Scheitern verurteilt sind. Kriege gegen dieses Land konnten den Aggressor selbst so schwächen, daß mit innenpolitischen Veränderungen in seinem eigenen Staat zu rechnen war; dagegen war das Zarenreich im Ergebnis eines erfolgreichen Verteidigungskrieges auch gegen eine starke westeuropäische Macht in der Lage, seinen Einfluß auf Europa zu erweitern und seine Grenzen weiter nach Westen zu verlegen – wie im Ergebnis der Napoleonischen Kriege durch die Annexion von Zentral-Polen.

Verfolgt man den Lebenslauf des Schülers, Studenten, Provinzialbeamten und Junkers Otto von Bismarck bis etwa zum Jahre 1847, bis zum Beginn seines vierten Lebensjahrzehntes, so hat es nicht den Anschein, als ob diese weltpolitischen Erfahrungen des Jahres 1815 ausgerechnet durch ihn bei der Gestaltung der preußischen beziehungsweise der deutsch-russischen Beziehungen von Mitte des 19. Jahrhunderts an zur funktionellen Wirkung gebracht werden sollten. Bis dahin gab es kaum Anzeichen dafür, daß dieser Mann jemals Politiker, Diplomat, Staatsmann werden sollte.

Doch dann traten in Preußen und in anderen deutschen und zentraleuropäischen Staaten Ereignisse ein, die den Junker aus Schönhausen dazu veranlaßten, sich engagiert und energisch für die bedrohten Interessen seiner Klasse einzusetzen. Während der Revolution von 1848/1849 machte er als stockkonservativer Parteimann bereits von sich reden. Er forderte und begrüßte die gewaltsame Niederschlagung der Revolution in Preußen und in anderen Teilen Europas. Ebenso wie die Gutsbesitzer des feudal-absolutistischen Zarenreiches war auch er begeistert über die Siege der preußischen Truppen im Mai 1848 über die aufständischen Polen in dem von Preußen unterworfenen Teil Polens, dem Großherzogtum Posen. Denn durch sie waren dort sowohl die feudalen Verhältnisse erhalten geblieben als auch der Versuch des polnischen Volkes, sich von der Dreiteilung seiner Nation durch Preußen, Rußland und Österreich-Ungarn zu befreien und seine eigene staatliche Existenz wiederzugewinnen, wieder einmal verhindert worden. Vor allem aber lieferte dem klassenbewußten Junker Bismarck der Verlauf dieser Revolution wichtige praktische Beweise von der Rolle des Zarenreichs beim Schutz der monarchischen Ordnung in Zentraleuropa. Bismarck überzeugte sich während der Revolution davon, daß die herrschenden Klassen und der Staatsapparat des zaristischen Rußlands wichtige Verbündete der preußischen Monarchie und der Konservativen im Kampf gegen bürgerlich-demokratische Umgestaltungen in Preußen und anderen Teilen Zentraleuropas waren. Und während Karl Marx im Juni 1848 in der »Neuen Rheinischen Zeitung« einen Krieg des revolutionären Deutschlands gegen die Einmischung und die Bedrohung durch das Zarenreich forderte, lehnte Bismarck einen Krieg mit Rußland ab, »solange nicht bei uns der Bürgerkrieg offen ausbricht«[2]. Er sprach damit der stärksten Feudalmacht Europas 1848 faktisch das Recht zu, auch außerhalb

2 Otto von Bismarck: Die gesammelten Werke (im folgenden: Werke), Bd. 14/1, Berlin 1933, Bismarck an von Below-Hohendorf, 3. Juli 1848, S. 109.

der Grenzen des von ihr beherrschten Reiches die Revolution mit Waffengewalt zu ersticken.

Über die Haltung des zaristischen Rußlands zum nationalen Aspekt der Revolution von 1848/1849 schrieb Bismarck später in seinen Memoiren »Erinnerung und Gedanke«, daß Rußland sich einer Einigung seines westlichen Nachbarn von oben – durch Preußen – schon damals nicht entgegengestellt hätte[3] – vorausgesetzt allerdings, daß auch Österreich und die Dynastie der Habsburger erhalten blieben. Denn an der Entstehung eines zu starken deutschen Einheitsstaates an seinen Westgrenzen unter Leitung der Hohenzollern war Petersburg nicht gelegen. Zar Nikolaus I. strebte nach wie vor die Beibehaltung des friedlichen politischen Gleichgewichts zwischen den beiden größten deutschen Dynastien, Österreich und Preußen, an, bei dem er selbst wie bisher die von ihm 1815 übernommene Rolle des Schiedsrichters spielen konnte.

Von 1851 an war der Junker und erzkonservative Politiker Otto von Bismarck Gesandter Preußens im Bundestag in Frankfurt am Main. Er war Diplomat geworden! Damit eröffnete sich ihm das Feld, auf dem er nach und nach zum historisch wirksamen Politiker werden konnte. Die Tätigkeit in Frankfurt gab ihm die wichtige Möglichkeit – die die Voraussetzung seiner späteren Rolle als Politiker und Staatsmann war –, sich einen genauen Überblick über die politischen Machtkämpfe innerhalb und zwischen den einzelnen deutschen Kleinstaaten, über die beharrlichen Versuche Wiens, die Vorherrschaft über Deutschland zu behalten, über die Stellung der anderen europäischen Mächte zu den Vorgängen im Deutschen Bundestag und über die Rivalitäten zwischen den europäischen Staaten zu verschaffen.

Was das zaristische Rußland betraf – und diese Frage interessiert hier besonders –, so konnte Bismarck sich in den Jahren in Frankfurt davon überzeugen, daß es sowohl gegen die Durchsetzung bürgerlich-demokratischer und liberaler Veränderungen auf dem Territorium der deutschen Staaten war, als auch in der Frage der nationalen Einheit konsequent die kleindeutsche Lösung, das heißt Einigung unter Preußen bei Erhaltung Österreichs, verteidigte. Dabei lernte Bismarck den Fürsten Alexander Michailowitsch Gortschakow, den damaligen russischen Gesandten in Stuttgart und Be-

3 Vgl. Otto von Bismarck: Werke, Bd. 15, Berlin 1932, S. 32 f.

vollmächtigten des Zaren im Bundestag, kennen, der von 1859 an sein wichtiger Mitspieler und später, Jahre nach der Reichsgründung, auch sein Gegner wurde.

In diese Zeit (1853–1856) fällt auch der Krimkrieg. In diesem Krieg – zunächst nur zwischen Rußland und der Türkei vor allem um die Meerengen, ab März 1854 auch gegen England und Frankreich – unterlag das rückständige zaristische Rußland. Es mußte im Pariser Frieden vom März 1856 Gebietsverluste an der Donaumündung hinnehmen und sich dazu verpflichten, auf dem Schwarzen Meer keine Flotte mehr zu unterhalten und seine Küste nicht mehr zu befestigen.

Es war auch dem energischen Einsatz des preußischen Gesandten im Bundestag, Bismarck, im Frühjahr 1854 zu verdanken, daß der preußische König Friedrich Wilhelm IV. und seine Regierung in Berlin daran gehindert wurden, sich an diesem Krieg gegen Rußland zu beteiligen. Bismarck ließ sich dabei vor allem von dem Gedanken leiten, daß sich Preußen allein durch seine Neutralität in diesem Krieg die weiteren Sympathien dieses großen feudal-absolutistischen Staates an seinen eigenen Ostgrenzen bewahren konnte. Auf diese waren die Hohenzollern angewiesen, wenn sie zu einer aktiveren Deutschlandpolitik übergehen wollten. Das dritte Mitglied der seit 1815 bestehenden Heiligen Allianz, Österreich, verhielt sich damals anders. Wien blieb in diesem Krieg zwar formal neutral; doch es zwang die Petersburger Regierung durch diplomatischen Druck dazu, die Donaufürstentümer zu räumen, rückte selbst mit seinen eigenen Truppen im September 1854 in diesen Teil des heutigen Rumäniens ein und schloß am 2. Dezember des gleichen Jahres ein Schutz- und Trutzbündnis mit England und Frankreich ab. Dadurch verscherzten sich die Habsburger für die Zukunft auch in ihrer Deutschlandpolitik die Sympathien des Zarenreiches, während sich nach dem Krimkrieg die Chancen zur Realisierung des außenpolitischen Grundmotivs Bismarcks: »Österreich in der deutschen Hegemoniefrage auf Distanz zu halten, dann in die Defensive zu drängen und schließlich niederzuringen«[4] verbesserten. Das schloß aber bereits damals in Bismarcks Überlegungen ein notwendiges späteres Verständnis zwischen Berlin und Wien, ja sogar ein

4 Ernst Engelberg: Bismarck. Urpreuße und Reichsgründer, Berlin 1985, S. 425. – Vgl. ebenda, S. 413, 431 f.

Zusammengehen der beiden Monarchien in der europäischen Politik nicht aus.

In der umfangreichen Bismarck-Biographie von Ernst Engelberg wird eine Analyse der strategischen Ziele Bismarcks in der preußischen Deutschlandpolitik am Ende der 50er Jahre des 19. Jahrhunderts gegeben: »Hegemonie Preußens in Deutschland, das heißt in dem durch die Zollunion abgegrenzten Deutschland, was auf den Ausschluß Österreichs aus diesem Deutschland hinauslief, und die Beseitigung des Deutschen Bundestages oder seine Unterwerfung unter Preußen.« Dabei war die Freundschaft mit Rußland »eine konstante und gegen Österreich gerichtete Größe in Bismarcks diplomatischen Kombinationen«.[5]

Bismarcks Haltung zu Rußland war dabei nicht Ausdruck einer unkritischen Russophilie, wie ihm dies bereits damals schon vorgeworfen wurde, sondern das Resultat kühler sachlicher beziehungsweise real- und machtpolitischer Überlegungen. Diese bestätigten und vertieften sich bei ihm in den Jahren 1859 bis 1862, als er zum »außerordentlichen Gesandten und bevollmächtigten Minister Preußens am Hofe zu Petersburg« berufen war.

Bismarck fühlte sich durch seine Versetzung nach Petersburg, die im Januar 1859 in Berlin beschlossen wurde, vom Kampfplatz Frankfurt am Main an die Newa »abgeschoben«, wenn dieser neue Posten auch als höchster der preußischen Diplomatie galt. Doch die Jahre in der Hauptstadt des Zarenreiches vermittelten ihm Einblicke und Erkenntnisse, die für seine spätere Deutschlandpolitik und seine spätere Gestaltung der preußisch-russischen beziehungsweise dann der deutsch-russischen Beziehungen wichtig sein sollten.

Der preußische Gesandte spürte auch in Petersburg wie vorher in Frankfurt am Main den Haß der diplomatischen Vertretungen nicht nur Wiens, sondern auch der anderen deutschen Staaten gegen den durch ihn repräsentierten Staat. Doch vom Zaren Alexander II., von den meisten diesen umgebenden Vertretern am Hofe, den führenden Militärs und vom Außenminister Gortschakow wurde er von Anfang an – als er sein Beglaubigungsschreiben am 1. April 1859 übergab – wie ein politischer Freund aufgenommen und stieß in Petersburg auf wachsendes Interesse an den Proble-

5 Ebenda, S. 454.

men des preußischen Staats. Seine Regierung hatte sich während der Revolution von 1848/1849 als konsequenter Hüter des monarchischen Prinzips und der Privilegien der Junker bewährt; sie war der zaristischen Regierung während des Krimkrieges nicht in den Rücken gefallen; mit ihr hatte Rußland – im Unterschied zu Österreich – keine territorialen Streitigkeiten, und die zaristische Regierung war wie die preußische an der Unterdrückung bürgerlich-demokratischer Veränderungen im unterdrückten Polen und an der Beibehaltung der Spaltung Polens interessiert. Und dazu – oder vor allen Dingen – bildete die gemeinsame Feindschaft gegen die Großmachtbestrebungen Österreichs eine wesentliche Grundlage freundschaftlicher Beziehungen zwischen den herrschenden Klassen Petersburgs und Berlins.

Bismarck informierte sich in dieser Zeit sehr ausführlich über die außenpolitischen Interessen des Zarenreiches an all seinen Grenzen sowie über das Verhältnis beziehungsweise die Widersprüche zwischen Petersburg und Wien, Paris und London, zu welchen Rußland bereits damals starke Gegensätze vom Nahen bis zum Fernen Osten hatte. Das kam ihm später bei seiner Tätigkeit als preußischer Ministerpräsident und dann in seiner fast 20 Jahre langen Reichskanzlerzeit zugute.

Immer das Ziel vor Augen, bei gegebener Gelegenheit Deutschland unter Preußen zu einigen, beobachtete er aufmerksam die Haltung der Großmächte und besonders des Zarenreiches zur Einigung Italiens um Sardinien, in der er einen Präzedenzfall für nationale Einigungen sah.

Er lernte in diesen Jahren in Petersburg die Zarenfamilie, die Hofkreise, zahlreiche russische Diplomaten und Militärs sowie viele Diplomaten anderer europäischer und asiatischer Staaten kennen.

Vor allen Dingen interessierten ihn aber die innenpolitischen Verhältnisse in dem großen russischen Staat: seine klimatischen und geographischen Bedingungen und seine Wehrkraft. Ausführliche Berichte Bismarcks gingen in diesen Jahren aus Petersburg nach Berlin auch über die Wirtschaftspolitik Rußlands; über die finanzielle Lage des Staats, in dem er akkreditiert war; über die außerordentlich schwere Lage der russischen Bauern und über bevorstehende notwendige Agrarreformen; über die Korruption des riesigen russischen Beamtenapparates; über die – seiner Meinung nach zu liberalen – Reformversuche der zaristischen Regierungsvertreter in dem von Rußland unterdrückten Teil Polens, dem sogenannten Kongreß-Polen mit dem Zentrum Warschau.

Alle Berichte des preußischen Gesandten zu diesen und anderen Problemen des russischen Reiches bewiesen seine scharfe und kritische Beobachtungsgabe. Vor allem aber waren sie Ausdruck dafür, daß er nahezu alles in diesem Staate unter dem Gesichtspunkt betrachtete, ob Rußland nach dem Krimkrieg stark genug geblieben war beziehungsweise die notwendigen innenpolitischen Veränderungen einleitete und eine Außenpolitik betrieb, die es wahrscheinlich machte, daß es in einem Krieg Preußens gegen Österreich um die Einigung Deutschlands ein den Hohenzollern wohlgesonnener nützlicher Partner sein würde, ein Garant für die Beibehaltung der bestehenden feudal-absolutistischen Ordnung in großen Teilen Europas, ein nach wie vor zuverlässiger und innenpolitisch stabiler Hort des Monarchismus und ob das russische Reich andererseits nicht zu stark geblieben war, um sich der Entstehung eines vereinten deutschen Staates an seinen Westgrenzen zu widersetzen.

Nach einem kurzen Aufenthalt als Gesandter in Paris wurde Bismarck im September 1862 zum preußischen Ministerpräsidenten berufen. Er schien seinem König der geeignete Mann zu sein, um der preußischen Monarchie aus den durch den Heeres- und Verfassungskonflikt entstandenen ernsten innenpolitischen Schwierigkeiten herauszuhelfen. Bismarck sah nun auch die Zeit gekommen, den Prozeß bürgerlicher Umwälzungen und nationaler Einigungsbestrebungen in Deutschland, der seit langem zur Lösung drängte, durch eine »Revolution von oben« und durch »Blut und Eisen« durchzusetzen. Dabei sollte das Ansehen der preußischen Monarchie weiter gestarkt und die Position des Junkertums gefestigt werden, um eine bürgerlich-liberale oder gar revolutionär-demokratische Lösung der in Deutschland herangereiften Fragen zu verhindern. Und das bedeutete außenpolitisch: Vorbereitung und Durchsetzung der Einigung Deutschlands unter Preußen durch Kriege.

Wichtige Voraussetzung dazu war, sich die wohlwollend neutrale Haltung des zaristischen Rußlands dabei zu sichern. Abgesehen von der Haltung Preußens zu Rußland während des Krimkrieges, die in Petersburg nicht vergessen worden war, bot sich Bismarck – nun schon Ministerpräsident des preußischen Königs – 1863 die Möglichkeit, dem Zarenreich einen wichtigen Dienst zu erweisen.

Im Januar 1863 war in den Gebieten Polens, die sich das Zarenreich unterworfen hatte, in Kongreß-Polen, ein neuer Aufstand ausgebrochen. Bismarck schickte daraufhin den General von Alvensleben nach Petersburg, um dort den Abschluß einer russisch-preußischen Militärkonvention zu erreichen. Dies gelang. Die Konvention wurde von dem russischen Außenminister Gortschakow und dem preußischen General am 8. Februar 1863 abgeschlossen. Sie sah vor, daß preußische Truppen russisches Territorium und russische Truppen preußisches Gebiet betreten durften, wenn dies zur Bekämpfung und Niederschlagung des Aufstandes notwendig war. Der preußische Ministerpräsident ließ sich beim Abschluß dieser schändlichen Konvention natürlich auch davon leiten, die revolutionäre nationale Befreiungsbewegung der polnischen Bevölkerung im sogenannten Großherzogtum Posen, die ihre kämpfenden Brüder in Kongreß-Polen unterstützten, zu ersticken, um die weitere Herrschaft Preußens über diesen Teil Polens sicherzustellen. Wichtiger aber war ihm, sich durch diesen »Freundschaftsbeweis« gegenüber Petersburg das Wohlwollen des zaristischen Rußlands bei den geplanten Kriegen Preußens um die Einigung Deutschlands sicherzustellen. Es störte ihn dabei wenig, daß die liberalen und fortschrittlichen Kräfte in Preußen, in den anderen Teilen Deutschlands und in ganz Europa ihn für diese Haltung zum polnischen Freiheitskampf heftig angriffen.

Am 1. Februar 1864 begannen die beiden Großmächte des Deutschen Bundes, Preußen und Österreich, einen Krieg gegen Dänemark und zwangen es, ihnen im Wiener Frieden Ende Oktober 1864 die deutschen Herzogtümer Schleswig und Holstein und das kleine Lauenburg abzutreten. Dieser gemeinsame Sieg der beiden Rivalen im Deutschen Bund barg, auch wenn sie zehn Monate später in Gastein die Verwaltung der beiden Herzogtümer unter sich aufteilten, den Keim neuer Konflikte in sich, denn Preußens Positionen waren im Norden Deutschlands günstiger als die Österreichs. Darüber hinaus gelang es Preußen vom Sommer 1864 an, den Zollverein wiederherzustellen und Österreich im April 1865 aus ihm auszuschließen. Damit hatte sich genügend Zündstoff zum Krieg zwischen den Hohenzollern und den Habsburgern um die Vorherrschaft über Deutschland angesammelt.

Wie Bismarck es erwartet hatte, verhielt sich die zaristische Regierung während dieses daraus resultierenden Krieges zwischen Preußen und Österreich, der Mitte Juni 1866 begann, den preußischen Truppen schnelle Siege brachte und am 23. August 1866 mit dem Prager Frieden endete, wohlwollend neutral. Petersburg stellte sich auch der Gründung des Norddeutschen Bundes nicht in den Weg und griff nicht zu den Waffen, als Preußen seinen dritten und letzten Krieg um die Vereinigung Deutschlands gegen Frankreich führte, in dessen Ergebnis sich die süddeutschen Staaten an den Norddeutschen Bund anschlossen und das Deutsche Reich gegründet wurde. Petersburg gab diese Haltung um so mehr nicht auf, als die preußischen Truppen der besiegten französischen Regierung dabei halfen, einen neuen Revolutionsherd in Europa, die Pariser Kommune, mit brutaler Gewalt niederzuschlagen. Darüber hinaus schuf Preußen durch seine Siege über Österreich und Frankreich der Zarenregierung die Möglichkeit, die erniedrigende Bedingung des Pariser Friedens, im Schwarzen Meer keine Kriegsflotte zu unterhalten, außer Kraft zu setzen und dadurch außenpolitisch selbst wieder stärker zu werden.

Die Erwartungen des preußischen Junkers, konservativen Politikers, Diplomaten und Ministerpräsidenten über die Haltung des zaristischen Rußlands zur Vereinigung Deutschlands unter der Führung Preußens hatten sich somit als richtig erwiesen.

Nun war es Aufgabe des Reichskanzlers des schnell erstarkenden preußisch-deutschen Staates, eine Außenpolitik zu führen, deren Ziel es war, das Gleichgewicht in Europa zu erhalten und die Zukunft der herrschenden Klassen Deutschlands und des von ihm geschaffenen Reiches nicht durch außenpolitische Unbedachtsamkeiten zu gefährden. Bismarcks weitgehend realistisches Herangehen an das Kräfteverhältnis in Europa, an die gefährdete Stellung Deutschlands im Zentrum des Kontinents und an die innen- und außenpolitischen Interessen der herrschenden Klassen des Kaiserreiches ließen ihn dabei Rußland gegenüber eine Politik anstreben und zum Teil auch realisieren, die den »Draht« zwischen Berlin und Petersburg nicht ernsthaft gefährdete, die die monarchische Solidarität zwischen dem Reich der Hohenzollern und dem der Romanows – der stärksten Stütze des Konservatismus in Europa – weitgehend sicherstellte, die ernsthafte Differenzen oder gar einen Bruch mit dem zaristischen Rußland verhütete und die vor allem einen kriegerischen Konflikt Deutschlands mit seinem starken, unbesiegbaren Nachbarn im Osten vermied. Bismarck hatte in den fast zwei Jahrzehnten seiner Reichskanzlerschaft und auch in seinen letzten acht Lebensjahren, als ihm das Staatsruder aus der Hand genommen war, bei all seinen rußlandpolitischen Überlegungen, Entscheidungen und Handlungen die Erfahrungen eines Napoleon in Rußland nicht vergessen und versucht, einen Krieg zwischen Deutschland und Rußland zu vermeiden beziehungsweise vor einem solchen zu warnen.

Doch in der Bismarckschen Regierungszeit existierten und erstarkten neben wichtigen politischen, sozialen und ideologischen Gemeinsamkeiten zwischen den herrschenden Klassen beider Staaten ebenso wichtige ökonomische und machtpolitische Interessengegensätze, es kam zu Widersprüchen im Verhältnis von Klasseninteressen und Staatsräson, von realpolitischer außenpolitischer Zielsetzung und der Möglichkeit ihrer Realisierung.

Die Beziehungen zwischen dem zaristischen Rußland und dem kaiserlichen Deutschland wurden im Zusammenhang mit der verstärkten kapitalistischen Entwicklung seit etwa Mitte der 70er Jahre durch immer stärker werdende handels- und dann auch finanzpolitische Gegensätze zwischen den herrschenden Klassen beider Staaten beeinträchtigt. Bismarck konnte sich diesem Prozeß in seiner Außenwirtschaftspolitik im Interesse von Großbourgeoisie und Junkern nicht entgegenstellen, sondern mußte ihm Rechnung tragen. Dadurch trug er selbst – so wollte es die Ironie der Geschichte – zur russisch-deutschen Entfremdung bei.

Im Zusammenhang mit den Expansionsbestrebungen der herrschenden Klassen der Donaumonarchie und des Zarenreichs sowie dann auch des deutschen Kaiserreichs und des Zarenreichs wuchsen seit dem Russisch-Türkischen Krieg die außenpolitischen, militärpolitischen und machtpolitischen Differenzen zwischen Wien und Petersburg und Berlin und Petersburg. Das blieb nicht ohne Auswirkungen auf die Bismarcksche Bündnispolitik. Das politische Verhältnis zwischen den Hohenzollern und den Romanows verschlechterte sich, und Petersburg begann, sich Paris anzunähern. Bismarck stand somit am Ende seiner Laufbahn zum Teil vor anderen Ergebnissen, als er sie ursprünglich selbst angestrebt hatte. Er hatte objektiv, von den herrschenden Klassen des von ihm geleiteten Staates dazu veranlaßt, durch seine Politik zur zunehmenden außenpolitischen Isolierung Deutschlands und zur deutsch-russischen Entfremdung mit beigetragen, obwohl er gerade dies hatte verhindern wollen. Die Gefahr eines großen europäischen Krieges und späterer militärischer Auseinandersetzungen zwischen dem deutschen Kaiserreich und dem zaristischen Rußland war damit gewachsen, und die Wahrscheinlichkeit, daß der durch »Blut und Eisen« geschaffene deutsche Staat einst in »Blut und Eisen« untergehen würde, hatte zugenommen.

Wenn Bismarck selbst sich nicht zu der Erkenntnis durchringen konnte, daß auch er durch seine klassenbedingte Politik nach der Reichsgründung mit dazu beigetragen hatte, daß sich die Stellung Deutschlands in Europa und das deutsch-russische Verhältnis am Ende seiner Reichskanzlerzeit verschlechterte, so beeinträchtigt dies die Richtigkeit seines rußlandpolitischen Vermächtnisses nicht. Seine Vorstellungen von der Notwendigkeit friedlicher Beziehungen zwischen Deutschland und Rußland und vor allem von der Vermeidung eines Krieges zwischen beiden Staaten sind als wichtiges Erbe realistischer deutscher Staatspolitik zu betrachten. Verlauf und Ergebnisse des ersten und zweiten Weltkrieges beweisen dies.

Berlin, 20. Juli 1989 Sigrid Wegner-Korfes

I.

Reichsgründung und Dreikaiserabkommen (1870/1871–1873)

Zu Beginn des Jahres 1871 war es Otto von Bismarck nach jahrzehntelangem, großem Engagement gelungen, die deutsche Nation unter der Herrschaft des preußischen Königs zu vereinigen, die jahrhundertelange deutsche Kleinstaaterei und Spaltung Deutschlands endlich zu beenden, das preußisch-deutsche Kaiserreich zu schaffen und Reichskanzler des von ihm geschaffenen Staates zu werden. Alle Mittel waren ihm recht gewesen, dieses sein Lebensziel zu realisieren: der Einsatz von Gewalt, von »Blut und Eisen«, von Waffen gegen drei europäische Staaten an den Grenzen Deutschlands und Hauptkontrahenten seines Anliegens – gegen Dänemark, Österreich und Frankreich – sowie eine »Revolution von oben« gegen die bürgerlich-demokratischen Bestrebungen innerhalb des deutschen Volkes im Interesse vor allem der preußischen Monarchie.

Abgesehen von seinen guten Beziehungen zum zaristischen Rußland stand das junge Deutsche Reich zu Beginn des Jahres 1871 isoliert in Europa da und stieß in den meisten Nachbarstaaten auf Mißtrauen, reservierte Zurückhaltung und Feindschaft. War es doch naheliegend, daß dieser für die meisten Regierungen unerwartet rasch entstandene Staat im Zentrum Europas nach seinen überraschenden Siegen im Nordwesten und Westen nun auch an seinen anderen Grenzen neue Gebietserweiterungen anstreben würde. Der deutsche Reichskanzler und Chef des Auswärtigen Amtes sah daher seine wichtigste außenpolitische Aufgabe darin, die europäische Öffentlichkeit und besonders die Regierungen der Nachbarstaaten nach dem Frankfurter Frieden durch eine ausgewogene Außenpolitik davon zu überzeugen, daß das Deutsche Reich keine Gebietserweiterungen mehr beabsichtigte, möglichst in friedlichen Beziehungen zu seinen Nachbarn leben wollte und an Bündnispartnern interessiert war, um sich innen- und außenpolitisch zu konsolidieren.

Bismarck mußte in seiner Diplomatie jedoch davon ausgehen, daß nach dem Deutsch-Französischen Krieg, der Besetzung von Paris und den für Frankreich erniedrigenden Bedingungen des Frankfurter Friedens – besonders durch die Annexion von Elsaß-Lothringen – der deutsch-französische Gegensatz zum gewichtigsten in Europa geworden war. Die Außenpolitik jeder Pariser Regierung war in der Tat darauf orientiert, Revanche am Deutschen Reich zu nehmen und die äußerst spürbaren und demütigenden Bedingungen des Frankfurter Friedens zu annullieren. Frankreich versuchte, möglichst rasch seine Kräfte wiederherzustellen, die diplomatische Isolierung zu überwinden und sich Verbündete gegen Deutschland zu schaffen. Potentielle Bundesgenossen Frankreichs waren dabei die beiden östlichen Nachbarn Deutschlands, das zaristische Rußland und Österreich-Ungarn.

Die Politik der deutschen Regierung gegenüber Frankreich war deshalb darauf gerichtet, Frankreichs schnelle Wiederherstellung zu verhindern und es bündnisunfähig zu halten. Geplagt vom »Alpdruck der Koalitionen«, setzte Bismarck alles daran, Frankreich von den anderen europäischen Mächten, besonders von Rußland und Österreich-Ungarn, zu isolieren, um bei einer über kurz oder lang zu erwartenden neuen militärischen Auseinandersetzung mit Frankreich einen Zweifrontenkrieg zu vermeiden.

Auch nach der Reichsgründung und dem Frankfurter Frieden herrschten zwischen der preußisch-deutschen Monarchie der Hohenzollern und dem Herrscherhaus des zaristischen Rußlands, den Romanows, gute Beziehungen. Die Petersburger Regierung hatte sich während der drei Vereinigungskriege wohlwollend neutral gegenüber Preußen verhalten und sich der Schaffung des deutschen Reichs nicht in den Weg gestellt. Bismarck wollte auch als Reichskanzler den »Draht« nach Rußland beibehalten und verstärken. Doch es entsprach nicht seinem außenpolitischen Konzept, sich in seiner Bündnispolitik allein auf das Zarenreich zu beschränken. Sein Ziel nach dem Frankfurter Frieden war es, die Beziehungen zwischen Berlin und Wien wieder zu verbessern, um dann zu einer Annäherung der drei Dynastien, der Hohenzollern, Habsburger und Romanows, zu kommen. Daß dies sorgfältigst vorbereitet werden mußte, lag auf der Hand.

Erst fünf Jahre waren vergangen, seit König Wilhelm I. von Preußen gegen den österreichischen Kaiser Krieg geführt hatte, um die Vorherrschaft über das damals noch zersplitterte Deutschland zu erlangen und es unter seiner Führung zu vereinigen. Dabei war es den preußischen Armeen gelungen, die österreichischen Truppen am 3. Juli 1866 bei der Festung Königgrätz endgültig zu besiegen. Mit dem Prager Frieden vom 23. August 1866 hatte die besiegte Donaumonarchie die Auflösung des bisherigen Deutschen Bundes anerkennen müssen und eingewilligt, an einem neuen Bund deutscher Staaten nicht mehr teilzunehmen. Wien hatte ferner die Annexion folgender deutscher Gebiete durch Preußen anerkannt: Schleswig-Holstein, Hannover, Nassau, Kurhessen und die Freie Stadt Frankfurt am Main. Es hatte dem siegreichen preußischen Militärstaat gestatten müssen, unter Führung der Hohenzollern einen deutschen Staat nördlich der Mainlinie, den Norddeutschen Bund, zu schaffen. Schließlich mußte es eine für damalige Verhältnisse niedrige Kontribution zahlen und Venetien an Italien abtreten. Damit hatte sich unter preußischer Führung die sogenannte kleindeutsche Lösung der nationalen Frage in Deutschland endgültig durchgesetzt, und die deutschsprachigen Teile Österreichs schlugen von nun an eine nationale Sonderentwicklung ein.[1]

Daß all diese Erfolge Preußens in Österreich große Enttäuschung hervorgerufen und auch Haß erzeugt hatten, war selbstverständlich. Hans Lothar von Schweinitz, der von Bismarck im Dezember 1869 zum preußischen Gesandten, später zum Botschafter des Deutschen Reichs in Wien ernannt worden war, berichtete in seinen »Denkwürdigkeiten...« ausführlich über diese Stimmungen in der österreich-ungarischen Metropole, die seine diplomatische Tätigkeit in den ersten eineinhalb Jahren erschwerten.[2]

Trotzdem waren die Friedensbedingungen von Prag für Österreich relativ wenig erniedrigend gewesen. Das war sowohl der Haltung der Regierung von Zar Alexander II. von Rußland als auch der Napoleons III. zu verdanken, die es nicht gebilligt hätten, wenn

1 Vgl. Gustav Seeber/Heinz Wolter: Mit Eisen und Blut. Die preußisch-deutsche Reichsgründung von 1870/71, Berlin 1983, S. 72–74.

2 Vgl. Hans Lothar von Schweinitz: Denkwürdigkeiten des Botschafters General von Schweinitz, Bd. I, Berlin 1927, 250 ff.

Österreich durch Preußen empfindlich geschwächt worden wäre. Aber es war auch das Verdienst Bismarcks. Er hatte sich damals, als preußischer Ministerpräsident, im Juli 1866 im Hinblick auf die spätere Gestaltung der Beziehungen zwischen Berlin und Wien in entschiedener Auseinandersetzung mit der preußischen Armeeführung dafür eingesetzt, den Krieg möglichst umgehend zu beenden und den Frieden mit Österreich auf der Basis der territorialen Integrität Österreichs und ohne den Einmarsch der preußischen Truppen in Wien abzuschließen.

»Mir kam es«, schrieb Bismarck später in seinen Memoiren »Erinnerung und Gedanke«, »für unsre späteren Beziehungen zu Oesterreich darauf an, kränkende Erinnerungen nach Möglichkeit zu verhüten, wenn es sich ohne Beeinträchtigung unsrer deutschen Politik thun ließ. Der siegreiche Einzug des preußischen Heeres in die feindliche Hauptstadt wäre für unsre Militärs natürlich eine befriedigende Erinnerung gewesen, für unsre Politik war er kein Bedürfnis; in dem österreichischen Selbstgefühl hätte er gleich jeder Abtretung alten Besitzes an uns eine Verletzung hinterlassen, welche, ohne für uns ein zwingendes Bedürfnis zu sein, die Schwierigkeit unsrer künftigen gegenseitigen Beziehungen unnöthig gesteigert haben würde. Es war mir schon damals nicht zweifelhaft, daß wir die Errungenschaften des Feldzugs in ferneren Kriegen zu vertheidigen haben würden... Daß ein französischer Krieg auf den österreichischen folgen werde, lag in der historischen Consequenz.«[3]

Bismarck hatte im Juli 1866 jedoch nicht nur an Österreichs Haltung im bevorstehenden deutsch-französischen Kriege gedacht, sondern auch an die Gestaltung der Beziehungen Deutschlands zu Österreich nach der Vereinigung Deutschlands. Er ging davon aus, daß den herrschenden Klassen Deutschlands, wenn die Vereinigung durch Preußen und unter Preußens Leitung vollzogen war, an der Erhaltung und auch an der Festigung der Habsburger Monarchie und an gutnachbarlichen Beziehungen zwischen Berlin und Wien sowohl aus innenpolitischen als auch aus außenpolitischen Gründen gelegen sein mußte; denn erstens garantierte die Existenz eines starken österreichisch-ungarischen Vielvölkerstaats in gewissem Sinne die Vorherrschaft Preußens über Deutschland. Eine Ver-

3 Otto von Bismarck: Werke, Bd. 15, S. 272f.

nichtung der Donaumonarchie, ein Zerfall dieses Staates in selbständige slawische, ungarische und deutsche Nationalstaaten hätte eine derartige Stellung Preußens in Deutschland gefährdet oder geschwächt. Der Zerfall Österreich-Ungarns hätte aller Wahrscheinlichkeit nach die revolutionäre Bewegung in Deutschland verstärkt und außerdem sowohl die partikularistischen Bestrebungen in Deutschland als auch den Kampf der herrschenden Klassen Österreich-Ungarns um die Oberherrschaft in Deutschland sicherlich wieder aufleben lassen. Zweitens war, wie Bismarck selbst betonte, die »Erhaltung der österreichisch-ungarischen Monarchie als einer unabhängigen starken Großmacht ... für Deutschland ein Bedürfnis des Gleichgewichts in Europa«[4]. Ohne die Weiterexistenz Österreich-Ungarns und ohne gute Beziehungen zu ihm wäre das deutsche Kaiserreich nach dem Krieg gegen Frankreich im Jahre 1871, den das zaristische Rußland wohlwollend gebilligt hatte, in einem Maße von Petersburg abhängig geworden, daß es – zumindest in seiner ersten Zeit, der Zeit seiner Konsolidierung – weitgehend auf eine selbständige Außenpolitik hätte verzichten müssen. Mit der Donaumonarchie gemeinsam aber konnte das Deutsche Reich, wie Bismarck es formulierte, »Rußland in Schach halten«[5] und es vor allen Dingen von einem Bündnis mit Frankreich, das er besonders fürchtete, zurückhalten.

Wenn dieses Problem 1866 auch noch wenig aktuell war, so mußte Bismarck sich doch bereits damals darüber im klaren sein, daß die Habsburger Monarchie diese beiden Funktionen nur dann erfüllen konnte, wenn der Expansionsdrang ihrer herrschenden Klassen, der sich bisher vor allem auf ihre Nordwestgrenzen, auf Deutschland, gerichtet hatte, in eine andere Richtung verlagert werden konnte. An den südöstlichen Grenzen der Donaumonarchie, auf der Balkanhalbinsel, bot sich in der Tat das geeignete Feld, auf welches Bismarck seinen Nachbarn, zukünftigen Verbündeten und gleichzeitig auch Konkurrenten abdrängen konnte, wenn die Zeit dazu herangereift war. Die Balkanhalbinsel war neben Elsaß-Lothringen der wichtigste Brennpunkt möglicher europäischer Komplikationen. »Hier konnten«, wie dies der sowjetische Historiker Skaskin einmal schrieb, »ehrgeizige Dynastien Befriedigung fin-

4 Ebenda, S. 412.
5 Chlodwig zu Hohenlohe-Schillingfürst: Denkwürdigkeiten des Fürsten Chlodwig zu Hohenlohe-Schillingfürst, Bd. II, Leipzig–Stuttgart 1907, S. 202.

den, hier war die Arena für Heldentaten der Armee – zwei Kräfte, die in Österreich trotz des Konstitutionalismus noch eine große Rolle spielten –, hier war schließlich ein weites Feld für die Tätigkeit der österreichischen Industrie und der österreichischen Bankiers, für alle möglichen Eisenbahngründer und Kulturträger, die in so rührender Intimität mit den österreichischen herrschenden Kreisen standen. Ein Österreich, das im Osten beschäftigt war, war für Preußen in Deutschland ungefährlich.«[6]

Das bedeutete aber für die deutsche Diplomatie, daß sie in einigen wesentlichen Fragen der Balkanpolitik dann die österreichischen Interessen den russischen vorziehen mußte, daß Meinungsverschiedenheiten und Differenzen Deutschlands mit dem zaristischen Rußland (um dessen »Gunst« Bismarck aus außenpolitischen Gründen »buhlte«[7]) um Probleme des Nahen Ostens in der Perspektive nicht zu verhindern waren und daß die Berliner Regierung versuchen mußte, zwischen Wien und Petersburg auszugleichen. Diese Probleme sollten Bismarck aber erst einige Jahre nach der Reichsgründung, von Mitte der 70er Jahre an, stark beschäftigen.

Die Weitsicht des späteren deutschen Reichskanzlers im Juli 1866 sollte sich schon vier Jahre später auszahlen. Als Preußen seinen dritten und letzten Krieg um die Vereinigung Deutschlands gegen das Frankreich Napoleons III. führte und seine Armeen auch Frankreich besiegten, blieb Österreich-Ungarn neutral. Es hätte eine andere Haltung in diesem Krieg eingenommen, wenn es Revanche für verlorene Länder hätte nehmen müssen.

Natürlich bewirkten noch andere Faktoren damals diese Neutralität Wiens. Da war vor allem die Drohung des zaristischen Rußlands, Krieg gegen die Donaumonarchie zu führen, wenn sie Frankreich gegen Preußen militärisch unterstützen würde. Da war auch der Wiener Reichskanzler Graf Friedrich Ferdinand von Beust klug genug einzusehen, daß Österreich-Ungarn, wollte es nicht als Verräter an der durch Frankreich gefährdeten deutschen Nation dastehen, nicht gegen seine deutschen Verbündeten der Zeit der Napoleonischen Befreiungskriege auf der Seite des französischen »Erbfeinds« Krieg führen konnte. Dazu kam, daß sich die Regierung

6 S. D. Skaskin: Konez Awstro-Russko-Germanskogo sojusa, Bd. I, Moskau 1974, S. 43/44.

7 Vgl. Friedrich Engels: Einleitung [zu Karl Marx' »Bürgerkrieg in Frankreich« (Ausgabe 1891)]. In: Karl Marx/Friedrich Engels: Werke (im folgenden: MEW), Bd. 22, S. 189.

des Vielvölkerstaats militärisch und innenpolitisch zu schwach fühlte und zu sehr mit der Lösung innenpolitischer Probleme beschäftigt war, um sich auf einen neuen Krieg um die deutsche Frage einzulassen.

Nach der Niederlage im Krieg von 1866 hatte sich die Regierung der Habsburger Monarchie, wollte sie die Herrschaft über ihren Vielvölkerstaat nicht verlieren, zu größeren Zugeständnissen an die bürgerlich-demokratische und nationale Bewegung gezwungen gesehen. Sie hatte die Ereignisse der Revolution von 1848/1849 nicht vergessen und aus Angst vor neuen Aufständen in Ungarn und anderen Gebieten 1867 den von ihr geleiteten Staat geteilt. Ungarn, Siebenbürgen, Kroatien, slowenische Gebiete und die Slowakei wurden zum Königreich Ungarn beziehungsweise Transleithanien zusammengelegt, das eine eigene Regierung und ein eigenes Parlament erhielt. Österreich, Böhmen, Mähren, Schlesien, Istrien, Triest, Dalmatien, die Bukowina, Krain, Galizien und Görtz wurden unter der Bezeichnung Zisleithanien zusammengelegt. Zwischen den beiden Teilen des Staates bestand Personalunion: Der österreichische Kaiser war gleichzeitig König von Ungarn, und wichtige Teile der Regierungsgewalt blieben weiterhin zentralisiert. So behielten das Kriegs- und das Ministerium des Äußeren ihren Sitz in Wien, und ihre Vollmachten erstreckten sich auf beide Teile der Donaumonarchie. Um die österreichische Bourgeoisie, die sich durch diese Maßnahmen benachteiligt fühlte, zu beschwichtigen, wurden auch ihr größere politische Zugeständnisse gemacht. Mit der sogenannten Dezemberverfassung wurden die allgemeine Wehrpflicht eingeführt und dem Parlament Österreichs, dem Reichsrat, größere Vollmachten eingeräumt. Danach folgten eine Steuerreform, eine Verwaltungs- und Schulreform und die Anerkennung der Zivilehe. Außerdem wurde ein »zentralistisches Kabinett« gebildet, in dem neben Adligen auch einige bürgerliche Liberale wirkten.[8]

Damit waren jedoch die nationalen Widersprüche in der Habsburger Monarchie bei weitem nicht überwunden. Die unterdrückten slawischen Nationalitäten, vor allem die Vertreter der tschechischen Landesteile, forderten von Wien die gleichen Zugeständ-

8 Vgl. Ernst Engelberg: Deutschland von 1849 bis 1871. (Von der Niederlage der bürgerlich-demokratischen Revolution bis zur Reichsgründung), Berlin 1962, S. 187. – Eva Priester: Kurze Geschichte Österreichs, Wien 1949, S. 425ff.

nisse, wie sie Budapest erhalten hatte. In Dalmatien, Slowenien und Triest kam es wiederholt zu Aufständen, und die herrschenden Klassen Österreichs waren außerdem unzufrieden mit den Zugeständnissen an die Ungarn.

Die Lage Österreich-Ungarns komplizierte sich durch außenpolitische Probleme. Auch in den südlich an die Besitzungen der Donaumonarchie grenzenden Teilen der Balkanhalbinsel, die damals noch zum türkischen Reich gehörten, hatte sich die nationale Befreiungsbewegung der unterdrückten Völker verstärkt. Das einst so starke und gefürchtete osmanische Vielvölkergefängnis begann sich in den »kranken Mann am Bosporus« zu verwandeln. Der Zerfall des türkischen Reichs trat daher allmählich auf die Tagesordnung.

Teile der herrschenden Klassen der österreichisch-ungarischen Monarchie begannen nun, ihre Expansionsbestrebungen nach dem Scheitern ihrer großdeutschen Pläne auf die an ihren Staat grenzenden Gebiete der Türkei auf der Balkanhalbinsel zu orientieren. Doch ihr gefährlichster Nebenbuhler im Kampf um die Einflußnahme oder gar Annexion dieser Teile des Osmanischen Reiches war der starke Nachbar an den Nord- und Ostgrenzen der Donaumonarchie, das zaristische Rußland. Seit Jahrhunderten hatte die Petersburger Regierung versucht, für Rußland einen Ausgang aus dem Schwarzen Meer zu erkämpfen und die Meerengen, den Bosporus und die Dardanellen, zu erobern. Sie hatte zuletzt im Krimkrieg gegen die Türkei, England und Frankreich in den Jahren 1853 bis 1856 eine Niederlage erlitten und nutzte nun jede internationale Krise dazu aus, um die Realisierung dieses ihres außenpolitischen Zieles trotzdem voranzutreiben. Während des Deutsch-Französischen Krieges teilte sie am 31. Oktober 1870 den anderen europäischen Regierungen mit, daß Rußland die durch den Pariser Friedensvertrag nach dem Krimkrieg festgelegten Klauseln nicht mehr anerkenne, die sein Recht auf Befestigung seiner Küsten und zur Flottenstationierung am Schwarzen Meer beschränkten. Dies wurde ihm im Frühjahr 1871 von den anderen Großmächten zugestanden. Doch das Wiener Kabinett hatte nicht den geringsten Zweifel daran, daß dieser außenpolitische Erfolg im Nahen Osten der zaristischen Regierung bei weitem nicht ausreichte und sie ihr Ziel, schließlich die Meerengen doch zu erobern, beharrlich weiter verfolgen würde. Dieser Gegensatz zum Zarenreich zwang das Wiener Kabinett dazu, an seinen Nord-West-Grenzen, im erstarkenden Deutschen Reich, nach einem verständnisvollen Nachbarn zu suchen. Daß der deutsche Reichskanzler noch während des Krieges mit Frankreich damit begann, sein geplantes Nachkriegsbündnissystem – Verbesserung der Beziehungen zwischen Wien und Berlin und Wien und Petersburg – vorzubereiten, kam somit Habsburg sehr gelegen.

Bismarck ließ in den Hauptstädten der beiden Monarchien schon am 8. Oktober 1870 durchblicken, »daß wir nicht nur keine feindlichen Tendenzen gegen Österreich hegen, sondern es auch gern sehen würden, wenn das Vertrauen zwischen Österreich und Rußland sich befestigte«. Jede Verstimmung zwischen Wien und Petersburg sei ihm auch schon deshalb unerwünscht, »weil sie uns früher oder später in die unbequeme Lage bringen kann, zwischen beiden optieren zu müssen«.[9] Um seiner Idee einer Dreikaiserverständigung den Boden zu bereiten, bediente er sich in seiner Argumentation auch des monarchischen Prinzips. Besorgt über die Begeisterung, mit der die Ausrufung der französischen Republik am 4. September 1870 von der demokratischen Öffentlichkeit Europas begrüßt wurde, hatte er dem preußischen Gesandten in Petersburg, Prinz Heinrich VII. von Reuß, mitgeteilt: »Gegenüber dieser Solidarität der revolutionären republikanischen Interessen würde die sicherste Bürgschaft für die Sache der Ordnung und Zivilisation in einem festeren Zusammenhalten der Elemente liegen, welche wie Rußland, Deutschland und Österreich dem monarchischen Prinzip noch einen festeren Halt gewähren.«[10]

Sowohl in Petersburg als auch in Wien ließ er mitteilen, »daß jeder Monarchie heutzutage größere Gefahren von anderen Feinden drohten als von der benachbarten Dynastie«[11]. Auch der Gesandte Preußens in Wien, von Schweinitz, gab in der Donaumetropole von diesem Moment an zu verstehen, »daß gute Beziehungen zu den Bundesgenossen von 1813 und 14 nach unseren neuen Siegen über den gemeinschaftlichen Erbfeind in unseren Wünschen lägen«[12].

Von einer Annäherung an Petersburg wollte man in Wien damals aber noch nichts hören. Einsicht in die mit den unerwarteten Siegen Preußens gegen Frankreich für die Regelung der deutschen Frage entstandenen Folgen und in die mit der Reichsgründung ent-

9 Otto von Bismarck: Werke, Bd. 6b, S. 536, 535.
10 Ebenda, S. 486.
11 Ebenda, S. 536.
12 Hans Lothar von Schweinitz: Denkwürdigkeiten ..., Bd. I, S. 274.

stehende neue Situation in Zentraleuropa schien in Wien jedoch geboten. Daher wurden bereits im Dezember 1870 zwischen den Regierungen der beiden deutschen Monarchien Freundschaftsversicherungen ausgetauscht, und Kaiser Franz Joseph nahm es hin, daß sich der preußische König am 18. Januar 1871 in Versailles zum Kaiser des Deutschen Reichs proklamieren ließ. Im März 1871 sandte der Wiener Monarch zum Geburtstag Kaiser Wilhelms I. eine Spezialmission nach Berlin. Diese Geste Wiens in dem Monat, in dem das französische Volk mit der Errichtung der Pariser Kommune den ersten Versuch einer proletarischen Revolution in Europa unternahm, wurde in Berlin mit Genugtuung zur Kenntnis genommen.

Im Sommer 1871, als die Pariser Kommune mit Unterstützung der kaiserlich-deutschen Regierung niedergeschlagen worden war und sich das neugegründete Reich seine ersten Sporen auf internationaler Arena im Kampf gegen die Gefahr einer proletarischen Weltrevolution erworben hatte, machte die Berliner Regierung einen neuen Schritt zur weiteren Verständigung mit Wien. Auf Anraten Bismarcks entschloß sich Wilhelm I. zum erstenmal seit 1865 wieder dazu, einen Kuraufenthalt im österreichischen Kurort Gastein durchzuführen. Er beabsichtigte somit erstmals nach dem Krieg zwischen Preußen und Österreich und erstmals nach seiner Krönung zum Kaiser des Deutschen Reiches, das Territorium seines bisherigen Rivalen im Kampf um die deutsche Reichskrone zu betreten. Sein Besuch wurde von Berlin aus in Wien avisiert und traf dort am Hofe auf die erhoffte Resonanz. Franz Joseph erklärte sich – wenn auch zähneknirschend – dazu bereit, Wilhelm I. zu Beginn seines Kuraufenthaltes persönlich zu begrüßen. Zwischen den Reichskanzlern der beiden Monarchen, Bismarck und Beust, wurde auf Initiative Bismarcks daraufhin vereinbart, sich ebenfalls in Gastein zu treffen. Leicht fiel der Wiener Seite diese großzügige Geste nicht; doch sie wurde diktiert von der Überlegung, eine nach der Schwächung Frankreichs drohende diplomatische Isolierung der Donaumonarchie zu verhindern und monarchische Solidarität zu demonstrieren. So ließ es Franz Joseph über sich ergehen, den deutschen Kaiser Mitte August 1871 mit großem äußerlichem Pomp und wärmsten Worten auf dem Territorium seines Staates zu empfangen.

Wenn auch dieses erste Zusammentreffen der beiden Monarchen nach den Kriegen von 1866 und 1870/1871 im Mittelpunkt ausführlicher Zeitungsanalysen im In- und Ausland stand, so war doch der Gedankenaustausch zwischen den beiden Reichskanzlern und Außenministern noch wichtiger.

Das Angebot Bismarcks an seinen Wiener Kollegen, sich während der Begegnung der beiden Kaiser mit ihm in Gastein zu treffen, war von Beust, der durchaus kein Freund Preußens war, wohlwollend aufgenommen worden. Der Graf registrierte zufrieden, »daß dieses Entgegenkommen erfolgt, nachdem unser Nachbar in riesigen Proportionen mächtiger geworden ist, und nachdem die einzige europäische Macht, die neben ihm eine starke genannt werden kann, sich ihm freundlich, uns aber feindselig gezeigt hat, und daß endlich jenes Anerbieten der Freundschaft in eine Epoche fällt, wo unsere inneren Verhältnisse der deutschen Regierung eine leichte Handhabe zu feindlichen Einwirkungen bieten«[13].

Die Gespräche zwischen Bismarck und Beust begannen am 17. August, am Tage der Ankunft Bismarcks in Gastein, und wurden in den folgenden drei Wochen fortgesetzt. Beide Politiker wohnten im gleichen Hotel und nutzten die Gelegenheit, sich fast täglich über die wichtigsten Probleme der Beziehungen zwischen den von ihnen geleiteten Staaten auszutauschen. Beust verfaßte anschließend darüber einen ausführlichen Bericht für seinen Kaiser.

Bismarck versicherte seinem Gesprächspartner vor allem, daß er »eine Erstarkung der österreichisch-ungarischen Monarchie wünsche und brauche« und infolgedessen an der Überwindung der innenpolitischen Widersprüche in diesem Staate sehr interessiert sei. Dann gelang es ihm auch, Beust davon zu überzeugen, daß die deutsche Regierung die Erwerbung der deutsch-österreichischen Provinzen durch das Deutsche Reich entschieden ablehne. Es sei, meinte er, »eine schülerhafte Politik, auf eine Gewinnung der deutsch-österreichischen Provinzen zu spekulieren... Mit den österreichischen Ländern eine slavische Bevölkerung und einen Herd katholischer Opposition einzuführen, sei barer Unsinn und die sichere Auflösung des eben gegründeten Deutschen Reichs.«[14]

Bismarck brachte das Gespräch auch auf die türkische Frage. Er versicherte Beust entgegenkommend, »daß der Begriff einer Großmacht ihre Expansionsfähigkeit zu einer Lebensbedingung mache«.

13 Friedrich Ferdinand Graf von Beust: Erinnerungen und Aufzeichnungen. Aus drei Viertel-Jahrhunderten, Bd. II, 1866–1885, Stuttgart 1887, S. 485.
14 Ebenda, S. 486.

Die deutsche Regierung rechne damit und billige daher, daß die Donaumonarchie eine eventuelle, »dereinst mögliche« Auflösung des türkischen Reichs in ihrem Interesse ausnütze – riet jedoch davon ab, eine solche Auflösung selbst herbeizuführen. Auch das entsprach den Auffassungen des österreichischen Grafen.[15]

Noch wichtiger war es Beust, was ihm Bismarck über Preußen-Deutschlands Verhältnis zu Österreich-Ungarn und Rußland erklärte. Der deutsche Reichskanzler hatte sich zur Genugtuung seines Gesprächspartners über dessen Auffassungen zu diesem Fragenkomplex informiert, die dieser im Sommer 1871 in Wien in der Delegationssitzung des Reichsrats vertreten hatte, und billigte sie. »In Berlin will man nicht durch uns in eine feindliche Haltung gegen Rußland gezogen werden, aber man hofft durch das gute Verhältnis zu uns Rußland gegenüber eine freiere Stellung zu gewinnen«, berichtete Beust ausführlich an seinen Kaiser. Dabei hielt er es für wichtig hervorzuheben, daß das Deutsche Reich der Donaumonarchie ein solches Verhältnis zum Zarenreich anbiete.[16]

Auch über den gemeinsamen Kampf gegen die revolutionäre Arbeiterbewegung und speziell die Internationale tauschten sich die Regierungschefs Wiens und Berlins in Gastein – drei Monate nach der Niederschlagung der Pariser Kommune – aus. Beust bot Bismarck die Bildung einer »Gegen-Internationale« außerhalb der Regierungstätigkeit an, wozu dieser lebhaft zustimmte. Außerdem einigte man sich über die Bildung einer Regierungskommission, welche die Aufnahme neuer Bestimmungen in die Strafgesetze beider Staaten über die Vorbereitung »kommunistischer Verbrechen«, zum Beispiel Vortragstätigkeit von Propagandisten dieser Weltanschauung, ausarbeiten sollte.[17] Die monarchische Solidarität gegenüber der erstarkenden proletarischen Bewegung erhielt damit ein wichtiges Fundament.

Bismarck machte damals aber weder in Gastein noch am 7. September beim nächsten Treffen der beiden Monarchen in Salzburg, bei dem auf seine Anregung hin auch die beiden Ministerpräsidenten Österreichs und Ungarns, die Grafen Hohenwart und Andrassy (der wenige Wochen später in Wien Minister des Äußeren wurde) teilnahmen, Vorschläge über vertragliche Abmachungen mit der

15 Ebenda.
16 Ebenda, S. 485.
17 Ebenda, S. 489.

Donaumonarchie. Ihm war klar, daß im Spätsommer 1871 Wien dazu noch nicht bereit gewesen wäre. Dies um so mehr, als eine einseitige Bindung des Deutschen Reiches an die Donaumonarchie in Petersburg höchstes Mißfallen erregt und das deutsch-russische Verhältnis empfindlich getrübt hätte. Ein gegenseitiger Meinungsaustausch zu außenpolitischen Fragen und zum Problem der »revolutionären Gefahr«, die Wiederherstellung des persönlichen Kontakts zwischen den beiden Monarchen und ihren wichtigsten Staatsmännern, gegenseitige Loyalitäts- und Friedensversicherungen waren schon ein Fortschritt in den Beziehungen zwischen Wien und Berlin und erregten im In- und Auslande – besonders in Rußland – bereits genügend Aufmerksamkeit.

Die Sorge Petersburgs über eine weitere Annäherung Wiens an Berlin nahm schon in den nächsten Monaten zu.

Im Oktober 1871 wurde Graf Beust durch den ungarischen Grafen Julius Andrassy als Wiener Außenminister ersetzt. Andrassy hatte sich während der Revolution von 1848/1849 als Offizier am ungarischen Unabhängigkeitskampf beteiligt, war deshalb zum Tode verurteilt worden, hatte aber 1857 – amnestiert – aus dem Exil in Frankreich zurückkehren können. Er gehörte zum rechten Flügel der ungarischen Nationalisten, sah im zaristischen Rußland und in den Slawen die Hauptfeinde der Donaumonarchie und erhoffte sich ein Bündnis mit England und Deutschland gegen Rußland. Doch seine Versuche, ein österreichisch-englisches Bündnis gegen das Zarenreich in die Wege zu leiten, scheiterten. Das britische Kabinett unter Gladstone baute seine Hoffnungen auf wechselseitige Gegensätze zwischen den Kontinentalmächten und wich allen Bündnisverpflichtungen aus. So mußte Andrassy die Annäherung an das Deutsche Reich suchen. Doch das bedeutete, sich schließlich auch mit den bündnispolitischen Vorstellungen des deutschen Reichskanzlers abzufinden und mit dem mächtigsten Rivalen Österreich-Ungarns auf dem Balkan zu einer Verständigung zu kommen.

Vom Frühjahr 1872 an wurde von Berlin und Wien ein Besuch Kaiser Franz Josephs in Berlin vorbereitet. Noch einmal sollten sich – so wollte es Bismarck – die beiden Monarchen treffen, um nun von der Hauptstadt des deutschen Kaiserreichs aus zu demonstrieren, daß die Ereignisse von 1866 vergessen waren und Österreich-Ungarn die deutsche Reichsgründung begrüßte. Die Reisevorbereitungen wurden in Petersburg bekannt und verstärkten die Unruhe des dortigen Kabinetts über die Perspektive eines Zusammengehens zwischen dem Deutschen Reich und der Donaumonarchie – womöglich gegenüber Frankreich, womöglich auch gegenüber Rußland.

Nach dem Deutsch-Französischen Krieg und der Annexion Elsaß-Lothringens hatte sich die außenpolitische Stellung Rußlands zunächst verbessert. »Die zarische Diplomatie war nun in der beneidenswerten Lage, die beiden durch diese Losreißung auf den Tod verfeindeten Länder, Frankreich wie Deutschland, von Rußland abhängig zu wissen.«[18] Sie hatte die Entstehung eines ökonomisch und militärisch starken vereinigten Deutschen Reiches zugelassen – doch eine weitere Erstarkung des deutschen Nachbarn auf Kosten Frankreichs lag weder im Interesse des europäischen Gleichgewichts noch der Sicherheit der russischen Grenzen. Die russische Regierung verstärkte daher in den 70er Jahren ihre Westgrenzen und veränderte nach dem Frankfurter Frieden ihre Position gegenüber Frankreich. Sie wandte sich sowohl in den 70er als auch dann in den 80er Jahren energisch gegen einen erneuten Überfall Deutschlands auf Frankreich. Doch sie gedachte in dieser Zeit nicht, ihre Manövrierfähigkeit durch ein Bündnis mit Frankreich einzuschränken. Für ein enges Zusammengehen mit der französischen Republik fehlten damals noch die Voraussetzungen. Die herrschende Klasse Frankreichs war nach dem Krieg gegen Preußen-Deutschland, den Niederlagen der französischen Armee, den erniedrigenden und einschneidenden Friedensbedingungen des preußisch-deutschen Siegers und den Ereignissen der Pariser Kommune innen- und außenpolitisch und auch wirtschaftlich zu geschwächt, um dem zaristischen Rußland ein nützlicherer Verbündeter als das Deutsche Reich sein zu können. Außerdem verlagerte sich von Ende der 70er bis Mitte der 80er Jahre der Schwerpunkt der französischen Expansionspolitik auf kolonialpolitische Abenteuer. Diese Tatsache trennte die außenpolitischen Interessen der herrschenden Klassen des Zarenreichs von denen Frankreichs, verringerte gleichzeitig aber die Gegensätze zwischen dem Deutschen Reich und seinem westlichen Nachbarn für eine gewisse Zeit.

Eine Bindung an den erstarkenden deutschen Nachbarn versprach dem von der Dynastie der Romanows regierten russischen

18 Friedrich Engels: Die auswärtige Politik des russischen Zarentums. In: MEW, Bd. 22, S. 40.

Kaiserreich nach der preußisch-deutschen Reichsgründung für die nächsten Jahrzehnte die größten Vorteile. Das deutsche Kaiserreich konnte ihm nicht nur eine Stütze im Kampf gegen die revolutionäre und nationale Bewegung im eigenen Staat und in Europa sein – das hatte unter anderem dessen Verhalten zur Pariser Kommune gezeigt; es bot Petersburg nicht nur wirtschaftliche Unterstützung, sondern gab ihm auch die günstige Gelegenheit, das deutsche »Buhlen« seinen Interessen dienstbar zu machen, selbst zu manövrieren, »den deutsch-französischen Antagonismus zur Durchsetzung« seiner »eigenen Ziele auf dem Gebiet der Außenpolitik und der kolonialen Expansion auszunützen«.[19]

Nach den Mißerfolgen im Nahen Osten hatte Rußland in den 60er Jahren seine expansionistischen Bestrebungen vorwiegend auf Mittelasien gelenkt. Hier, wie gleichzeitig in Persien und der Türkei, stieß es auf den erbitterten Widerstand Englands. Der Gegensatz zu England spielte bis Mitte der 80er Jahre eine hervorragende Rolle in der Außenpolitik des Zarismus, bestimmte weitgehend sein Bedürfnis nach Verbündeten und war eine der Ursachen für das Zusammengehen des Zarismus mit Deutschland und schließlich auch mit Österreich-Ungarn. Bismarck erkannte die Bedeutung des englisch-russischen Gegensatzes für eine Verständigung beziehungsweise Annäherung zwischen den Kaisern von Petersburg, Berlin und Wien, für deren Regierungen und herrschende Klassen ihrer Reiche sowie auch – später – für die Realisierung der deutschen Kolonialpläne. Er war deshalb während seiner ganzen Reichskanzlerzeit bestrebt, diesen Gegensatz zu schüren.[20]

Dazu kam, daß große Teile der herrschenden Kreise Rußlands durchaus nicht beabsichtigten, sich in ihrem Kampf um die Meerengen mit den Ergebnissen des Jahres 1871 zufriedenzugeben. Auch hier erhoffte die zaristische Diplomatie, durch ein Bündnis mit Deutschland die notwendige Unterstützung zu erhalten. Die herrschenden Klassen Deutschlands hatten nach 1871 zunächst noch keine nennenswerten eigenen ökonomischen, machtpolitischen oder militärstrategischen Interessen auf dem Balkan und an der Tür-

19 A. S. Jerussalimski: Die Außenpolitik und die Diplomatie des deutschen Imperialismus zu Beginn des 20. Jh. In: Zeitschrift für Geschichtswissenschaft, Berlin (im folgenden: ZfG), 1962, H. 3, S. 596.
20 Vgl. Helmuth Stoecker: Zur Politik Bismarcks in der englisch-russischen Krise von 1885. In: ZfG, 1956, H. 6, S. 1187 ff.

kei. Bismarck konnte darum Rußland im Nahen Osten freie Hand geben, ja es hier in stärkerem Maße zur Aktivierung seiner Politik drängen, als der zaristischen Regierung, welche einen Krieg um das Erbe der Türkei mit Recht fürchtete und möglichst zu vermeiden suchte, lieb sein konnte. Bismarck bezweckte damit, das zaristische Rußland, den stärksten und gefährlichsten Nachbarn, bei »der Verwendung seiner überschüssigen Kräfte nach Osten hin«[21] voranzutreiben, um es nach Westen hin zu schwächen, um »die Kombination eventuell zu benützen, die Franzosen nochmals gründlich zu verarbeiten«.[22]

Im Nahen Osten stießen die Interessen Rußlands jedoch nicht nur mit denen Englands, sondern auch mit Österreich-Ungarns Expansionsbestrebungen zusammen. Österreich-Ungarn war nach dem Scheitern seiner großdeutschen Pläne zum gefährlichsten Nebenbuhler Rußlands auf dem Balkan geworden. Vor der Aktivierung seiner Politik im Nahen Osten – ganz gleich, in welcher Form diese stattfinden sollte – mußte die zaristische Diplomatie deshalb versuchen, diesen Gegner zu neutralisieren, seine Annäherung an England oder an Deutschland allein zu verhindern. Und dazu sah es nach den ersten Signalen über eine deutsch-österreichische Annäherung den besten Weg im Zusammengehen mit den Hohenzollern und den Habsburgern. Eine Verständigung zwischen Petersburg und Wien konnte auch dadurch erleichtert werden, daß beiden Regierungen an einer gewissen Kontrolle über die deutsche Außenpolitik, besonders Frankreich gegenüber, gelegen war. Dazu kam außerdem, daß Rußland damals mit England in Mittelasien, im Kampf um das Gebiet von Chiwa, in Konflikt geriet und der Zarenregierung deshalb sehr daran gelegen war, sich an ihren Südwestgrenzen Ruhe vor kriegerischen Auseinandersetzungen zu sichern.

Da von deutscher Seite im Frühjahr und Sommer 1872 keine Anstalten gemacht wurden, diese bündnispolitischen Vorstellungen beziehungsweise Erwartungen Petersburgs in die Tat umzusetzen, ergriff Zar Alexander II. selbst die Initiative. Dies geschah auch, um eine weitere alleinige deutsch-österreich-ungarische Annäherung – außerhalb der russischen »Kontrolle« – zu verhindern. Während der Besichtigung der baltischen Flotte Mitte Juli 1872 wandte sich der russische Zar daher plötzlich an den deutschen Botschafter in

21 Otto von Bismarck: Werke, Bd. 15, S. 151.

22 Lucius von Ballhausen: Bismarckerinnerungen, Stuttgart 1920, S. 93.

Petersburg, Prinz Heinrich VII. von Reuß, und fragte ihn »ohne weitere Einleitung und Veranlassung: ›Hat man Ihnen von Berlin nicht geschrieben, ob man mich gleichzeitig mit dem Kaiser von Österreich dort zu haben wünscht? Glauben Sie, daß dies dem Könige angenehm sein würde?‹«

Reuß schrieb umgehend an Kaiser Wilhelm I., empfahl ihm, dem Wunsche des russischen Zaren zu entsprechen und diesen einzuladen und versuchte gleichzeitig, seinem Kaiser die Beweggründe Alexanders II. zu erklären. Es sei dem Zaren »nicht erwünscht, wenn sein bester Freund ... mit einem dritten zusammenkommt, und er sozusagen vor der Tür seines Freundes stehen bleiben muß, während die zwei anderen miteinander verkehren«. Dies um so mehr, als er im »Zusammengehen der drei nordischen Mächte«, seiner Lieblingsidee, »die festeste Garantie für den Frieden in Europa« und besonders gegen die Revanchegelüste Frankreichs sehe. Alexander II. hatte sogar durchblicken lassen, ein Offensiv- und Defensivbündnis mit Deutschland abzuschließen.[23]

Bismarck war von dieser ohne sein Zutun erfolgten Wendung der Dinge zugunsten seiner Dreikaiseridee sehr angetan. Er sah darin einen willkommenen Anlaß, alle »auf Krieg und Unruhe spekulierenden Elemente in Europa« – er meinte damit sowohl Frankreich als auch die Internationale – entmutigen zu können und ließ nach Petersburg mitteilen, daß der Besuch des Zaren in Berlin hoch erfreuen werde.[24]

Das Dreikaisertreffen in Berlin fand vom 9. bis 11. September 1872 mit glanzvollsten höfischen Auftritten statt. In erster Linie war es eine politische Demonstration, die in der progressiven europäischen Öffentlichkeit düstere Erinnerungen an die Heilige Allianz heraufbeschwor. Gleichzeitig neben diesem Spektakel führten die leitenden Staatsmänner der drei Monarchen: Bismarck, Andrassy und der russische Kanzler und Außenminister Fürst Gortschakow lebhafte Besprechungen über eine russisch-österreichische Verständigung. Gegenstand dieser Beratungen war der Status quo auf dem Balkan, die französische Frage und die Haltung der drei Mächte zur revolutionären Arbeiterbewegung. In der Regel erörterten die Minister die meisten Fragen nicht zu dritt, sondern nur un-

23 Die Große Politik der Europäischen Kabinette 1871–1914, Erster Bd., Berlin 1922, Dok. Nr. 121, Reuß an Wilhelm I., 16. Juli 1872, S. 197–199.
24 Ebenda, Dok. Nr. 122, Bucher an das Auswärtige Amt, 20. Juli 1872, S. 199–200.

ter vier Augen. Nach langen Verhandlungen kamen Andrassy und Gortschakow zu einer mündlichen Verständigung über den Status quo auf dem Balkan und über das Prinzip der Nichteinmischung in ohne ihr Zutun stattfindende Verletzungen des Status quo in diesem Gebiet. Bismarck und Gortschakow jedoch konnten sich über die französische Frage nicht einigen. Der russische Kanzler war gegen eine weitere Schwächung Frankreichs, bemühte sich, die antifranzösische Tendenz, die Bismarck dem Dreikaisertreffen geben wollte, abzuschwächen, und traf sich daher demonstrativ mit dem französischen Botschafter in Berlin, um diesem zu versichern, daß Rußland an einem starken Frankreich sehr gelegen sei.

So kam es auch jetzt noch zu keiner schriftlichen Vereinbarung zwischen den drei Monarchen. Doch auch dieses Treffen war ein wichtiger Mosaikstein auf dem Wege zu dem von Bismarck angestrebten Dreikaiserabkommen.

Acht Monate später, Anfang Mai 1873, reiste Wilhelm I. zusammen mit Bismarck und seinem Generalstabschef Helmuth von Moltke zum Gegenbesuch nach Petersburg. Hier wurde am 6. Mai 1873 eine Militärkonvention über gegenseitigen militärischen Beistand im Falle eines Angriffskriegs unterzeichnet, die von russischer Seite vorbereitet worden war. Einen Monat später machte Alexander II. in Begleitung Gortschakows einen Besuch in Wien, der vor allem deshalb großes Aufsehen erregte, weil es der erste Besuch des Zaren nach dem Krimkrieg in der Hauptstadt der Donaumonarchie war. Es gelang den Gästen aus Petersburg jedoch nicht, die österreichische Seite zum Anschluß an die russisch-deutsche Militärkonvention zu bewegen, denn die Politiker Wiens fürchteten, durch einen solchen Vertrag in einen russisch-englischen Krieg hineingezogen zu werden. Statt der Militärkonvention unterzeichneten Franz Joseph und Alexander II. auf Empfehlung der österreich-ungarischen Seite jedoch am 6. Juni in Schönbrunn bei Wien ein Abkommen. Darin verpflichteten sie sich in allgemeinen Formulierungen zur Zusammenarbeit bei der »Aufrechterhaltung des europäischen Friedens gegen alle Erschütterungen, von welcher Seite sie auch kommen mögen«. Im Falle der Gefahr eines Angriffskrieges durch andere Mächte sicherten sie sich zu, »ohne Aufsuchung oder Abschließung neuer Bündnisse, sich zunächst untereinander zu verständigen, um sich so über eine gemeinsam zu verfolgende Linie zu einigen«.

Einige Monate später, am 23. Oktober 1873, unterzeichnete auch Wilhelm I. während eines Besuchs in Österreich diese Vereinbarung, die unter der Bezeichnung Dreikaiserabkommen in die Geschichte eingegangen ist.[25]

Bismarck hatte zwar mit dem Abschluß dieses Vertragswerkes nicht alles erreicht, was er von ihm erhofft hatte. Doch die Idee der monarchischen Solidarität zwischen den Romanows, den Hohenzollern und den Habsburgern gegenüber der »Revolutionsgefahr« und einer machtpolitischen Abstimmung zwischen ihren Regierungen hatte nun ein gewisses vertragliches Fundament gefunden. Das Abkommen garantierte dem deutschen Reichskanzler in bestimmtem Maße, wenn auch Frankreich in diesem Schriftstück nicht erwähnt wurde, eine zeitweilige Isolierung Frankreichs und hemmte profranzösische Tendenzen in der zaristischen Außenpolitik. Außerdem war es auch ein gewisser Schutz vor einem Krieg zwischen dem Zarenreich und der Donaumonarchie um die Aufteilung der türkischen Teile der Balkanhalbinsel. Es gab den Regierungen der drei Kaiserreiche somit eine gewisse innen- und außenpolitische Sicherheit – so lange, bis neue Ereignisse auf dem europäischen Kontinent diese ganz erheblich zu stören begannen und das Dreikaiserbündnissystem ernsten Prüfungen unterzogen. Das geschah bereits seit Mitte der 70er Jahre.

25 Ebenda, Dok. Nr. 129, Das Drei-Kaiser-Abkommen, 6. Juni 1873, 22. Oktober 1873, S. 206–207.

II.

Von der orientalischen Krise zum Zweibundvertrag zwischen Deutschland und Österreich-Ungarn (1875–1879)

Nach dem Deutsch-Französischen Krieg von 1870/1871 blieb das Verhältnis zwischen dem deutschen Kaiserreich und der französischen Republik äußerst angespannt, und es gab in den fast 20 Jahren der Reichskanzlerzeit Bismarcks wiederholt Situationen, wo mit dem Ausbruch eines zweiten Krieges zwischen diesen beiden Staaten zu rechnen war. Der erste derartige Fall trat bereits wenige Wochen nach dem Abschluß des Dreikaiserabkommens ein und veranschaulichte Bismarck deutlich dessen Grenzen.

Nachdem die französische Regierung Ende 1872 die allgemeine Wehrpflicht eingeführt hatte, mit Hilfe einer Staatsanleihe die letzten Raten der Kriegsentschädigung an Deutschland gezahlt hatte, die deutschen Besatzungstruppen vertragsgemäß im September 1873 das Territorium des besiegten französischen Staates verlassen mußten und Frankreich nun endlich seine volle Souveränität wiedererlangt hatte, konnte das Pariser Kabinett wieder zu einer unabhängigen Außenpolitik übergehen. Dies mußte Bismarck um so mehr mißfallen, als im Mai 1873 der bisherige Präsident Frankreichs, der Republikaner Thiers, durch Mac Mahon abgelöst worden war und durch die Erstarkung der monarchisch-klerikalen Kreise die Restauration der Monarchie in Frankreich wahrscheinlicher wurde. Das besonders beunruhigte den deutschen Reichskanzler. Seine »Treue« zum monarchischen System erwies sich Frankreich gegenüber nämlich als nicht haltbar. Der Kanzler ging dabei von dem nüchternen Gedanken aus, daß »eine französische Republik ... sehr schwer einen monarchischen Bundesgenossen gegen uns« finden wird[1] und setzte sich daher – aus der Erwägung

1 Die Große Politik..., Erster Bd., Dok. Nr. 95, Bismarck an Graf von Arnim, 20. Dezember 1872, S. 161.

heraus, daß die republikanische Staatsform Frankreich innenpolitisch instabil halten und seine internationale Stellung schwächen würde – damals und auch später indirekt beziehungsweise direkt dafür ein, daß die Republik in Frankreich erhalten blieb und die Rückkehr zur Monarchie verhindert wurde.

1873 bestand aber die Möglichkeit der monarchischen Restauration in diesem von Deutschland schwer verwundeten und erniedrigten Staat an seinen Westgrenzen. Damit trat für die Berliner Diplomaten die reale Gefahr auf, daß es zu einer Verständigung zwischen Frankreich und dem zaristischen Rußland gegen das Deutsche Reich kommen würde, zumal schon die republikanische Regierung unter Thiers ihre Fühler nach Petersburg ausgestreckt hatte und bei Gortschakow nicht ganz auf Ablehnung gestoßen war.

Bismarck nutzte daher die erste sich ihm bietende Gelegenheit aus, Frankreich mit einem zweiten Krieg zu drohen. Im August 1873 hatte der Bischof von Nancy einen Hirtenbrief erlassen, in dem er die katholischen Gläubigen dazu aufforderte, für die Wiedervereinigung Elsaß-Lothringens mit Frankreich auch in diesen beiden von Deutschland okkupierten französischen Provinzen zu beten. Die Berliner Regierung forderte das Pariser Kabinett zu Strafmaßnahmen gegen diesen Bischof und zur Unterdrückung jeder anderen Revanchepropaganda gegen Deutschland auf. Als Paris damit zögerte, eröffnete Bismarck von Ende Oktober 1873 an, unterstützt von den von ihm beeinflußten deutschen Presseorganen, einen demagogischen Feldzug gegen Frankreich und drohte ihm mit Krieg.[2] Nach den Reichstagswahlen vom 10. Januar 1874 und kurz vor der Thronrede vom 7. Februar, die eine neue deutsche Militärverstärkung ankündigte, versandte er außerdem eine Zirkularnote an die deutschen Gesandtschaften in allen europäischen Hauptstädten, die er auch in die Presse lancieren ließ. In dieser Note stellte er Frankreich einen deutschen Präventivkrieg in Aussicht.[3] Und als die französische Nationalversammlung im März 1875 ihrerseits, um die militärische Unterlegenheit ihres Staats gegenüber dem gefährlichen deutschen Nachbarn etwas auszugleichen, ein neues Militärgesetz verabschiedete, verlangte der preußisch-deutsche General-

2 Vgl. ebenda, Dok. Nr. 137, Bismarck an von Arnim, 30. Oktober 1873, S. 221.
3 Vgl. Schultheß' Europäischer Geschichtskalender, 15. Jg., Nördlingen 1875, S. 43.

stabschef Helmuth von Moltke einen sofortigen neuen, vernichtenden militärischen Schlag gegen Frankreich. Bismarck hielt es jedoch, gewarnt durch die internationale Reaktion auf die deutschen Präventivkriegsdrohungen, für ratsamer, sich im folgenden Monat auf eine offiziöse Pressekampagne gegen Frankreich zu beschränken, in der diesem Vorbereitungen eines Revanchekrieges gegen Deutschland vorgeworfen wurden. Diese Pressekampagne ging dadurch, daß am 9. April 1875 die Berliner »Post« einen aufsehenerregenden Artikel: »Ist der Krieg in Sicht?« veröffentlichte, als die »Krieg-in-Sicht«-Krise in die Geschichte ein.

Ende des Monats holte der französische Außenminister Decazes zum Gegenschlag aus. Er veranlaßte die französischen Botschafter, bei den Regierungen der europäischen Großmächte – in Wien, Rom, London und Petersburg – um Schutz vor einem neuen deutschen Angriff zu ersuchen. Er stieß damit in Wien und Rom auf wenig Interesse, fand jedoch in London und Petersburg größtes Verständnis und brachte die Regierungen dieser beiden Metropolen zu mahnenden Demarchen an Berlin. Am 11. Mai 1875 kamen Zar Alexander II. und Gortschakow als »Friedensvermittler« in die deutsche Hauptstadt. Bismarck beteuerte dem russischen Außenminister gegenüber seine Unschuld. Als die beiden Repräsentanten des Zarenreichs Berlin wieder verließen, schickte Gortschakow jenes berühmte Telegramm an die diplomatischen Vertretungen, in dem es hieß: »Der Kaiser verläßt Berlin, überzeugt von den hier herrschenden friedlichen Absichten. Die Erhaltung des Friedens ist gesichert.«[4] Der deutsche Reichskanzler, dessen Ziel es war, Frankreich zu isolieren, mußte nun erkennen, »daß Deutschland selbst völlig isoliert war, wenn es den Weg militärischer Einschüchterung oder gar kriegerischer Abenteuer weiter beschritt. Während Frankreich einen bedeutenden internationalen Prestigegewinn erzielte, hatte das Deutschland preußischer Nation eine empfindliche Schlappe einzustecken.« Die »reichsfeindliche Entente von 1914« hatte sich vorübergehend abgezeichnet.[5] Bismarck konnte seinem russischen Gegenspieler Gortschakow niemals verzeihen, daß er im Frühjahr 1875 so energisch zugunsten Frankreichs und des Friedens in

4 Die Große Politik..., Erster Bd., Dok. Nr. 182, Graf von Berchem an das Auswärtige Amt, 14. Mai 1875, S. 283.

5 Ernst Engelberg: Deutschland von 1871 bis 1897 (Deutschland in der Übergangsperiode zum Imperialismus), Berlin 1979, S. 104.

Europa eingegriffen hatte, und das Verhältnis zwischen den beiden Staatsmännern war von diesem Zeitpunkt an nachhaltig getrübt.

Wenige Wochen nach der »Krieg-in-Sicht«-Krise verlagerte sich die Aufmerksamkeit der Regierungen der europäischen Großmächte auf die südöstlichen Teile des Kontinents, auf die Balkanhalbinsel.

Anfang Juli 1875 erhob sich hier zunächst in zwei Provinzen des osmanischen Vielvölkergefängnisses, die an Österreich-Ungarn grenzten, in der Herzegowina und in Bosnien, die Bevölkerung gegen ihre feudal-absolutistischen Unterdrücker.

Die Völker der Balkanhalbinsel waren im 14. und 15. Jahrhundert nach und nach von den damals mächtigen Herrschern des türkischen Reichs unterworfen worden und hatten sich nahezu 400 beziehungsweise 500 Jahre lang unter osmanischem Joch befunden. Zu diesen Völkern gehörten unter anderen die Bulgaren, die Griechen, die Rumänen, die Makedonier, die Herzegowiner, die Bosnier, die Serben, die Montenegriner und die Albaner. Die meisten von ihnen hatten im Laufe der Zeit jegliche politische Selbstbestimmung verloren, ihre Gebiete waren zu türkischen Provinzen geworden. In den meisten der von der Türkei eroberten Teilen der Balkanhalbinsel wurden die einheimischen Feudalherren ihrer Privilegien beraubt, der Grund und Boden verstaatlicht, als Lehen an türkische Feudalherren übergeben und feudale Ausbeutungsmethoden der Osmanen mit Gewalt eingeführt, so zum Beispiel in Bulgarien, Serbien, Makedonien und Griechenland. Die einheimischen Bauern wurden von den fremden Eindringlingen brutal ausgebeutet. In allen von den Türken besetzten Gebieten wurde versucht, das Christentum auszurotten und den Islam mit Gewalt einzuführen. Alle Gebiete hatten an die Pforte hohe Tribute und Abgaben zu zahlen und waren von türkischem Militär besetzt. Die meisten Städte und Burgen, Kirchen und Klöster der besiegten Balkanvölker wurden dem Erdboden gleichgemacht, Handwerker und Händler umgebracht oder vertrieben und viele Schätze ihrer zum Teil hochentwickelten Kultur vernichtet.

Die jahrhundertelange feudale, nationale und religiöse Unterdrükkung der Völker des Balkans durch die Türkei hemmte deren gesellschaftliche Entwicklung außerordentlich. Wiederholt stellten sie sich ihrer Versklavung durch antifeudale nationale Erhebungen und

Aufstände entgegen – so zum Beispiel Ende des 16. Jahrhunderts in Bulgarien, Serbien und der Herzegowina und Ende des 17. Jahrhunderts in Bulgarien. Doch erst im 19. Jahrhundert, mit der verstärkten Entwicklung kapitalistischer Verhältnisse, der inneren Krise und dem allmählichen Zerfall des einst so mächtigen Osmanischen Reiches, gelang es den meisten von ihnen schließlich, sich von der türkischen Herrschaft zu befreien.

Das Fürstentum Montenegro hatte bereits im Jahre 1685 faktisch seine Autonomie erlangt. Diese wurde dann im Jahre 1798 auch formal vom Sultan anerkannt.

In Serbien brachen in den Jahren 1804 bis 1813 und 1815 bis 1817 große Volksaufstände gegen die türkische Fremdherrschaft aus. Im Ergebnis dieser Aufstände wurde Serbien im Jahre 1817 zum autonomen Fürstentum innerhalb des Osmanischen Reiches. 50 Jahre später, 1867, wurden die letzten türkischen Garnisonen aus Serbien abgezogen.

Das griechische Volk erhob sich in den Jahren 1821 bis 1829 gegen die Türkei. Es erlangte im Jahre 1829 nach dem Russisch-Türkischen Krieg durch den Frieden von Adrianopel die Unabhängigkeit. Ein Jahr später wurde Griechenland zum autonomen Königreich, welches unter dem Schutze Englands, Frankreichs und Rußlands stand. Es orientierte sich ökonomisch und politisch stark auf die Westmächte.

Die Oberherrschaft der Türkei über die beiden rumänischen Fürstentümer Moldau und Walachei wurde im Jahre 1807 eingeschränkt. Beide Fürstentümer wurden autonom. Der türkische Landbesitz wurde abgeschafft und 1829 die türkischen Festungen beseitigt. Im Jahre 1859 vereinigten sich beide Fürstentümer durch Personalunion und schufen zwei Jahre später das vereinigte autonome Fürstentum Rumänien.

Griechenland, Rumänien, Serbien und Montenegro hatten somit in der Mitte der 70er Jahre des 19. Jahrhunderts bereits eigene Nationalstaaten gebildet, die politisch relativ selbständig geworden waren. In völliger Abhängigkeit von der Türkei befanden sich jedoch zu dieser Zeit noch Bulgarien, Makedonien, Albanien, Bosnien und die Herzegowina.

Der Aufstand, der im Sommer 1875 in Bosnien und der Herzegowina begonnen hatte, breitete sich schnell aus. Im September 1875 erhoben sich Teile der bulgarischen Bevölkerung im Gebiet von

Stara Zagora. Es gelang den türkischen Truppen weder im Jahre 1875 noch in den ersten Monaten des folgenden Jahres, alle um ihre Befreiung kämpfenden Balkanslawen zu besiegen. Am 20. April 1876 brach in anderen Teilen der bulgarischen Provinzen des Osmanischen Reiches ein großer Aufstand aus, dessen Hauptzentrum im Gebiet um Plowdiw lag.

Die Türken schickten starke reguläre Truppenverbände in dieses neue Widerstandszentrum im Süden der Balkanhalbinsel, das nicht allzuweit entfernt war von Konstantinopel, ihrer Hauptstadt. Nach zehn Tagen erbitterter Kämpfe gelang es ihnen, mit brutalsten Mitteln diesen für sie besonders gefährlichen Aufstandsherd zu erstikken. Sie machten in dieser Gegend über hundert Städte und Dörfer dem Erdboden gleich und brachten über 30 000 bulgarische Patrioten um. Bis Anfang Juni hatten sie auch alle anderen Zentren des nationalen Befreiungskampfes in Bulgarien zerschlagen. Viele Teilnehmer an diesen Kämpfen emigrierten nun nach Rußland, Rumänien, Serbien und Montenegro, organisierten sich dort in Freischaren und bereiteten sich auf neue militärische Auseinandersetzungen mit den Türken vor.

Die grausamen Gemetzel in Bulgarien hatten die ganze progressive europäische Öffentlichkeit geweckt. In fast allen europäischen Staaten fanden Protestaktionen gegen die türkische Gewaltherrschaft statt. In vielen Ländern, darunter vor allem im zaristischen Rußland, entstanden Slawenkomitees, die den unterdrückten und um ihre nationale Selbstbestimmung kämpfenden Slawen allseitig Hilfe erwiesen.

Die Regierungen der europäischen Großmächte verfolgten die Ereignisse auf der Balkanhalbinsel mit der größten Aufmerksamkeit und entfalteten eine rege diplomatische Tätigkeit.

Die Machthaber der Habsburger Monarchie ließen sich dabei von folgenden Überlegungen leiten: Ein Zerfall der Türkei und die Entstehung neuer slawischer Nationalstaaten in der Nähe der slowenischen, kroatischen und dalmatinischen Grenzgebiete Österreich-Ungarns durch den Anschluß aufständischer Gebiete an Serbien und Montenegro oder durch die Bildung zusätzlicher autonomer Fürstentümer mußte den Interessen der Donaumonarchie widersprechen. Zudem konnten die Befreiungskämpfe der Balkanslawen im Osmanischen Reich nicht ohne Einfluß auf die nationale Bewegung vor allem der slawischen Völker in dem von Wien geleiteten Vielvölkerstaat sein; sie mußten das Selbstbewußtsein und die Kampfbereitschaft der Tschechen und Slowaken, der Kroaten, der Dalmatiner und der Polen in Galizien erhöhen und die Bemühungen der Slawen in Österreich-Ungarn um nationale Emanzipation mindestens in dem Maße, wie diese 1867 den Ungarn zugestanden worden war, verstärken. Die Machthaber der Donaumonarchie sahen dem Geschehen an den Südostgrenzen ihres Staates daher mit größter Besorgnis entgegen. Infolgedessen setzte sich Außenminister Andrassy zunächst dafür ein, der Pforte in Abstimmung mit den anderen Großmächten, vor allem dem zaristischen Rußland, ein gemäßigtes Reformprogramm vorzuschlagen, um Ruhe und Ordnung im Osmanischen Reich wiederherzustellen und dessen Integrität zu wahren, kurz gesagt, um den Status quo weitgehend zu erhalten. Gleichzeitig war das Wiener Kabinett aber auch dem Druck von Teilen der österreichischen Bourgeoisie, der Militär- und Hofkreise und des Klerus ausgesetzt. Diese hielten im Unterschied zu den ungarischen Grundbesitzern, die jeden Zuwachs des slawischen Elements in der Donaumonarchie ängstlich ablehnten, den Zeitpunkt nun für gekommen, der Habsburger Monarchie neue Gebiete, nämlich die südslawischen Gebiete des westlichen Teils der Balkanhalbinsel, vor allem die Provinzen Bosnien und die Herzegowina, anzugliedern. Hier war der ökonomische Einfluß der österreichischen Bourgeoisie bereits im Anwachsen; ein Anschluß dieser Gebiete konnte den schmalen dalmatinischen Küstenstreifen strategisch absichern und zugleich eine Kompensation sein für die in Italien und Deutschland im Krieg von 1866 erlittenen Verluste. Falls sich die Krise auf dem Balkan zuspitzte und sich die Politik des Status quo im türkischen Reich nicht mehr aufrechterhalten ließ, konnte sich Andrassy somit auf starke und einflußreiche Fürsprecher einer Expansionspolitik Österreich-Ungarns stützen.

Die zaristische Regierung sah Mitte der 70er Jahre die Chance gekommen, durch Unterstützung und mit Hilfe der aufständischen Balkanslawen Einfluß auf diejenigen Gebiete des europäischen Teiles der Türkei zu erhalten, die notwendig waren, um die Meerengen, den für ihre Handels- und Kriegsflotte wichtigen Verbindungsweg zwischen dem Schwarzen Meer und dem Mittelmeer, unter ihre Kontrolle zu bringen. Ein aktives Engagement für die Befreiung der »slawischen Brüder« konnte ihr gleichzeitig dabei helfen, der zunehmenden innenpolitischen Krise im eigenen Lande ein den Zarismus rettendes Ventil zu schaffen. Dies um so mehr, als große Teile der Bevölkerung des zaristischen Rußlands sich mit der Befreiungspolitik der Balkanslawen voll solidarisierten und den Aufständischen Hilfe leisteten. Doch nach den Erfahrungen des Krimkrieges von 1853 bis 1856, in welchem das Zarenreich gegen die Türkei, England und Frankreich in seinem Kampf um die Meerengen eine katastrophale Niederlage erlitten hatte, sah die Petersburger Regierung sich jetzt dazu gezwungen, sofort mit den anderen Großmächten Verhandlungen über die Haltung zu den Ereignissen im europäischen Teil der Türkei aufzunehmen, besonders mit Österreich-Ungarn. Dazu war sie ja auch durch das Dreikaiserabkommen verpflichtet.

Dies war für Rußland besonders auch deshalb wichtig, weil die herrschenden Kreise Großbritanniens seit jeher gegen das Vordringen Rußlands, ihres wichtigsten Konkurrenten und Gegenspielers im Kampf um große Teile der Welt, an die Meerengen und nach Konstantinopel waren. London wollte sich die Kontrolle über den Nahen Osten, in dem sowohl zu Lande als auch zu Wasser für das britische Empire wichtige Verbindungswege nach dem Fernen Osten, nach Südostasien und nach Indien lagen und an dem seine Unternehmer selbst ökonomische und territoriale Interessen hatten, erhalten und seinen Einfluß dort nicht mit dem zaristischen Rußland teilen. Die britische Regierung verteidigte daher zunächst energisch die territoriale Integrität der Türkei, stärkte dem Sultan bei Verhandlungen mit den anderen Großmächten wiederholt den Rükken und verfolgte im Osmanischen Reich insgeheim auch eigene Expansionsziele.

Auch Frankreich war an der Erhaltung des Status quo im Osmanischen Reich interessiert. Die französischen Großbanken hatten umfangreiche Kapitalien in die türkischen Staatsfinanzen investiert und fürchteten, diese beim Zerfall dieses Staates zu verlieren. Außerdem sahen die Politiker in Paris, daß eine ernste Krise im Orient die europäischen Großmächte von den Problemen Zentraleuropas ablenken und die Gefahr eines neuen Überfalls Deutschlands auf Frankreich verstärken würde. Sie versuchten daher, den russischen Interessen in der Türkei entgegenzuwirken. Das kühlte ihre Beziehungen zu Petersburg ab.

Für den deutschen Reichskanzler war der Aufstand in den an die Donaumonarchie grenzenden Gebieten des Osmanischen Reiches zu einem außerordentlich günstigen Zeitpunkt ausgebrochen. Die zentraleuropäischen Probleme, die mit der Entstehung des Deutschen Reiches und der Schwächung Frankreichs entstanden waren und die die Leiter der europäischen Kabinette und die europäische Öffentlichkeit in der ersten Hälfte der 70er Jahre in erster Linie beschäftigt hatten, waren nun in den Hintergrund getreten. Bismarcks Haltung zu den Ereignissen auf der Balkanhalbinsel mußte davon diktiert sein, das Ansehen des noch jungen Deutschen Reiches unter den europäischen Großmächten und dessen machtpolitische Stellung zu verbessern.

Dies wurde dadurch begünstigt, daß die Regierung und die herrschenden Klassen des im Jahre 1871 geschaffenen deutschen Staates Mitte der 70er Jahre im Unterschied zu ihren beiden Verbündeten im Dreikaiserabkommen noch keine nennenswerten eigenen machtpolitischen, militärstrategischen und wirtschaftlichen Interessen auf der Balkanhalbinsel und in der Türkei hatten. Infolgedessen interessierte sie auch das unerträglich schwere Los der seit Jahrhunderten vom osmanischen Staat und seinen Feudalherren politisch, sozial, national und religiös unterdrückten und schonungslos ausgebeuteten Völker, darunter das der aufständischen Balkanslawen, kaum. Bismarck konnte dem britischen Botschafter in Berlin, Lord Odo Russel, am 3. Januar 1876 daher zynisch sagen, Deutschland hätte an Reformvorschlägen in der Türkei nur in zweiter Linie Interesse. »Ob die Bosniaken, nachdem sie sich so lange von den Türken hätten mißhandeln lassen, dies noch länger würden, könne Deutschland gleichgültig sein.«[6] Im Dezember des gleichen Jahres, als Rußland bereits Kriegsvorbereitungen einleitete, äußerte sich der deutsche Reichskanzler öffentlich auf einem parlamentarischen Diner zu dieser Frage: »Im allgemeinen haben wir kein Interesse dahinten, allgemeine humane oder um mich intimer auszudrücken: christliche Interessen seien nicht bloß im Orient gefährdet, sondern auch anderwärts und meistens werde ja von beiden Seiten gefehlt.«[7] Kurz darauf erklärte er im Reichstag, daß er im Orient kein deutsches Interesse sehen könne, »welches auch nur ... die gesunden Knochen eines einzigen pommerschen Musketiers wert wäre«[8].

6 Die Große Politik ..., Zweiter Bd., Berlin 1922, Dok. Nr. 227, von Bülow an Graf Münster, 4. Januar 1876, S. 30.

7 Heinrich von Poschinger: Fürst Bismarck und die Parlamentarier, Bd. I, Breslau 1894, Tischgespräche des Reichskanzlers, S. 114.

8 Otto von Bismarck: Werke, Bd. 11, Berlin 1929, S. 476.

Diese betonte Gleichgültigkeit Bismarcks gegenüber dem Schicksal der Balkanvölker empörte die progressive deutsche Öffentlichkeit und die europäischen Kabinette, die an den Balkanfragen interessiert waren. Sie stieß selbst bei General von Schweinitz, der seit Beginn des Jahres 1876 deutscher Botschafter in Petersburg geworden war, auf Erstaunen. Überrascht stellte er fest, als er im Juni 1876, kurz nach der Niederschlagung des bulgarischen Aufstandes, in Berlin weilte, daß seine Regierung im Unterschied zur russischen »die türkischen Wirren nicht sachlich, das heißt nicht vom Standpunkte humaner und wirtschaftlicher Zweckmäßigkeit ansah« und daß er weder am Hofe noch bei den Regierungsstellen »noch überhaupt in Berlin ... Interesse oder Verständnis für die sich vorbereitenden Dinge« fand. »Der Scherz des Fürsten Bismarck über das ›bißchen Herzegowina‹ galt einem großen Teil des politisierenden Publikums als erschöpfende Kritik; das vorherrschende Gefühl war das einer wohl erklärlichen Freude darüber, daß endlich Europa mit einer Frage beschäftigt wurde, an der wir nicht direkt beteiligt waren.«[9] So war es in der Tat.

Dieses nach außen hin zur Schau gestellte Desinteresse an den Problemen des Nahen Ostens hinderte das Auswärtige Amt in Berlin jedoch nicht daran, die Ereignisse auf dem Balkan, die das weitere Schicksal des »kranken Mannes am Bosporus« und der von ihm unterdrückten Völker sowie das gesamte internationale Kräfteverhältnis maßgeblich beeinflussen konnten, mit größter Aufmerksamkeit zu beobachten, ja seit dem Beginn der orientalischen Krise im Sommer 1875 eine recht zielgerichtete diplomatische Tätigkeit zu betreiben. Es ließ sich dabei vor allem von dem Anliegen leiten, die revolutionäre Bewegung der Balkanvölker, wie das Botschafter von Schweinitz sehr richtig erkannte, »rein politisch« auszunutzen. Das bedeutet: Der aufopferungsvolle Kampf der Balkanslawen um ihre nationale Befreiung und um sozialen Fortschritt diente der deutschen Diplomatie unter Leitung Bismarcks dazu, »eine Gruppierung der Großmächte, beziehungsweise eine Beschäftigung derselben herbeizuführen, durch welche« dem preußisch-deutschen Staate »feindliche Koalitionen für lange Zeit unmöglich werden sollten«.[10]

Bismarck übersah nicht, daß die nationale Befreiungsbewegung der Balkanslawen und deren Zuspitzung auch Gefahren für die in-

9 Hans Lothar von Schweinitz: Denkwürdigkeiten ..., S. 318, 334.
10 Ebenda, S. 318.

nenpolitische Stabilität der drei im Kaiserabkommen vereinigten Monarchien und für das konservativ geprägte staatliche Ordnungssystem im südosteuropäischen Raum haben konnte.[11] Doch macht- und außenpolitische Überlegungen waren ihm damals wichtiger.

Die Krise im Nahen Osten stellte Bismarck umfangreiche und komplizierte neue diplomatische Aufgaben.

Der Begründer und Leiter des Deutschen Reiches hatte vor allem dafür Sorge zu tragen, daß der Konflikt im Orient sich nicht ausweitete und lokalisiert wurde. Es durfte sich aus ihm kein großer europäischer Krieg entwickeln, da ein solcher Deutschland unweigerlich in einen Zweifrontenkrieg gegen Frankreich und Rußland verstrickt hätte.[12] Infolgedessen war es wichtig, den Kabinetten der europäischen Großmächte Beweise von der Neutralität des deutschen Staates gegenüber den Interessen aller Großmächte, auch denen seiner Verbündeten am Nahen Osten, zu geben, sie von seinem Wunsche, den Frieden in Zentraleuropa zu erhalten, zu überzeugen und dadurch ihr Mißtrauen gegenüber Berlin zu zerstreuen. Infolgedessen erklärte der Fürst in den ersten Monaten der Balkankrise, im September 1875, einem Landtagsabgeordneten aus Wiesbaden, Karl Braun, welcher es für richtig hielt, den Einfluß Österreich-Ungarns auf Bosnien und die Herzegowina mit Hilfe Deutschlands zu erweitern, folgendes: »Das mächtige Deutschland hat große Aufgaben: vor allem aber die, Europa den Frieden zu erhalten. Dies ist für mich der oberste Gesichtspunkt, auch in der orientalischen Krisis. Ich gedenke mich ohne die äußerste Not nicht einzumischen. Denn gerade durch die Einmischung könnte eine europäische Konflagration entstehen ...«[13] Aktiv sollte sich die deutsche Diplomatie jedoch dann einschalten, wenn Verhandlungen zwischen den einzelnen an der Beibehaltung oder an der Veränderung des Status quo im Osmanischen Reich unmittelbar interessierten Großmächten während der Orientkrise zu Verständigungen führen würden, »welche das für uns weniger wichtige Gebiet der Verhältnisse der einzelnen Mächte zur Türkei überschreiten und das für uns wichtigere der künftigen Beziehungen der uns befreundeten

11 Vgl. Die Große Politik ..., Zweiter Bd., Dok. Nr. 250, Diktat Bismarcks, 20. Oktober 1876, S. 71.

12 Vgl. ebenda, Dok. Nr. 263, von Bülow an Graf Münster, 27. November 1876, S. 106. – Ebenda, Dok. Nr. 264, von Bülow an von Schweinitz, 29. November 1876, S. 109.

13 Otto von Bismarck: Werke, Bd. 8, Berlin 1926, Dok. Nr. 110, S. 155.

Großmächte untereinander betreffen«[14], oder wenn die Gefahr drohte, daß die orientalische Krise einen Verlauf nahm, durch den Deutschland mit England, mit Österreich-Ungarn und vor allem mit Rußland »in dauernde Verstimmung«[15] geriete. Denn das nach dem Deutsch-Französischen Kriege von 1870/1871 geschaffene Kräfteverhältnis in Europa dürfte sich durch diese Krise nicht in einer Richtung verändern, die die internationale Stellung des Deutschen Reiches verschlechtern würde. Dieses sollte sich vielmehr möglichst verbessern. Und die wichtigste Voraussetzung dazu sah Bismarck darin, daß das 1873 geschaffene Dreikaiserabkommen nicht gefährdet würde.

Trotz der Enttäuschung, die die zaristische Diplomatie Bismarck während der »Krieg-in-Sicht«-Krise gerade erst bereitet hatte, sah der deutsche Reichskanzler 1875/1876 im zaristischen Rußland weiterhin »den bisher nützlichsten und in Zukunft vielleicht wichtigsten und seinen inneren Verhältnissen nach *relativ* zuverlässigsten unserer Bundesgenossen«[16]. Doch an einer Ablenkung dieses wichtigsten Verbündeten Deutschlands von den Problemen Zentraleuropas, an einer stärkeren Konzentrierung seiner außenpolitischen Aktivitäten auf die Probleme des Nahen Ostens, ja sogar auch an einer gewissen Schwächung dieses Nachbarn war Bismarck durchaus gelegen. Die orientalische Krise kam dem deutschen Reichskanzler deshalb gelegen. Sie band Rußland im Nahen Osten und hinderte es dadurch daran, sich in dem Maße, wie dies 1875 geschehen war, um das deutsch-französische Verhältnis zu kümmern. Die deutsche Diplomatie unter Leitung Bismarcks gab dem zaristischen Rußland daher während der neuentstehenden Balkankrise freie Hand, ja es drängte diesen seinen Bundesgenossen hier in stärkerem Maße zur Aktivierung seiner Politik und schließlich sogar zum Kriege, als es der zaristischen Regierung lieb sein konnte. Denn diese war zwar an der Schwächung der Türkei außerordentlich interessiert, fürchtete in dieser Zeit jedoch einen Krieg um das »Osmanische Erbe«, der wie der Krimkrieg wieder zur Auseinandersetzung mit anderen europäischen Großmächten führen konnte, und suchte einen solchen daher möglichst zu vermeiden. Deutschlands wohlwollende

14 Die Große Politik ..., Zweiter Bd., Dok. Nr. 229, Diktat Bismarcks, 30. August 1876, S. 35.

15 Ebenda, Dok. Nr. 246, Diktat Bismarcks, 14. Oktober 1876, S. 64.

16 Ebenda, Dok. Nr. 256, Diktat Bismarcks, 9. November 1876, S. 88f.

Neutralität im Falle eines militärischen Konflikts im und um den Nahen Osten war ihm jedoch sicher.[17]

Das bedeutete aber keinesfalls, daß Bismarck an einer Lockerung des Dreikaiserverhältnisses interessiert sein konnte. Vielmehr sah er vom Ausbruch der Krise im Orient an den Zweck seiner Politik in der »Erhaltung des auf freier Entschließung beruhenden Drei-Kaiser-Bündnisses«[18]. Er war infolgedessen äußerst erfreut darüber, daß ihm Gortschakow, als dieser sich im Dezember 1875 auf der Durchreise in Berlin aufhielt, zusicherte, die Gemeinsamkeit der Behandlung der neuentstandenen Probleme auf dem Balkan zu fördern und »etwa in Petersburg bestehende kleine Verstimmungen gegen Österreich zu beseitigen und das Drei-Kaiser-Bündnis und damit den Frieden aufrechtzuerhalten in demselben Sinne, welcher den Verabredungen der Monarchen im Jahre 1872 zu Grunde lag und bisher maßgebend gewesen ist«[19]. Für Bismarck war es dabei von untergeordnetem Interesse, worüber sich Wien und Petersburg in ihrem Vorgehen gegenüber der Pforte einigten, sondern nur wichtig, daß sie sich einigten. Er beabsichtigte, mit Wien und Petersburg zu gehen, »soweit beide Kabinette einig sind« und von Berlin aus möglichst keine Initiativen gegenüber den Verbündeten zu ergreifen, um sie am deutschen Desinteresse im Nahen Osten nicht zweifeln zu lassen. Auf diese Weise könne selbst bei im Orient eintretenden Schwierigkeiten »die Gefahr, so lange die drei Kaiserreiche einig bleiben, nie sehr groß werden, niemals uns in erster Linie treffen, und, soweit sie eintritt, bei unseren Bundesgenossen nur der Wert unseres Beistandes in helleres Licht setzen«.[20] Bismarck sah also die Chance, die sich ihm durch die Balkankrise bot, seinen beiden Verbündeten bei der Lösung der dort entstehenden Probleme zu helfen und sie dadurch enger an das Deutsche Reich zu binden. In dem bereits zitierten Gespräch mit Karl Braun hatte er schon im September 1875 unverhohlen geäußert: »Ich habe zwei

17 Vgl. Die Große Politik ..., Zweiter Bd., Dok. Nr. 228, Bismarck an von Bülow, 14. August 1876, S. 31ff. – Ebenda, Dok. Nr. 229, Diktat Bismarcks, 30. August 1876, S. 34ff.

18 Ebenda, Erster Bd., Dok. Nr. 130, von Bülow an Alvensleben, 8. Dezember 1875, S. 208.

19 Ebenda.

20 Zit. in: Heinz Wolter: Bismarcks Außenpolitik 1871–1881. Außenpolitische Grundlinien von der Reichsgründung bis zum Dreikaiserbündnis, Berlin 1983, Diktat Bismarcks, 11. August 1875, S. 196.

mächtige Wappentiere an ihren Halsbändern. Ich halte sie auseinander, erstens damit sie sich nicht zerfleischen, zweitens damit sie sich nicht auf unsre Kosten verständigen können. Ich glaube damit nicht nur jedem der beiden, sondern auch Deutschland und Europa einen Dienst zu erweisen.«[21]

Um seine beiden Verbündeten zur Einigkeit zu zwingen, mußte Bismarck auch dafür sorgen, daß weder in Wien noch in Petersburg Illusionen darüber entstanden, bei Meinungsverschiedenheiten untereinander den Beistand des Deutschen Reiches erhalten zu können. Der Fürst gab den Regierungen beider Metropolen daher während der Krise deutlich zu verstehen, daß Deutschland dringend an der Erhaltung des Friedens zwischen ihnen gelegen sei und daß er nicht die Absicht habe, sich für eine der beiden Seiten in einen Krieg verwickeln zu lassen – ganz besonders nicht in einen Krieg zwischen Rußland und Österreich-Ungarn. So ließ er der Petersburger Regierung mitteilen – und ähnliche Informationen gingen auch nach Wien –: Würden amtliche Verhandlungen über Deutschlands Verhalten im Falle eines russisch-österreichischen Krieges geführt werden, so würden wir »mit Rücksicht auf die freundschaftlichen Beziehungen der drei Kaiser untereinander uns zunächst den Versuch vorbehalten müssen, Österreich zu bewegen, daß es auch im Falle eines russisch-türkischen Krieges mit Rußland Frieden halte, und diese Bemühungen würden nach dem, was bisher über Österreichs Ansichten bekannt ist, nicht aussichtslos sein.

Wenn sie aber mißlingen sollten, und wenn wir den Bruch zwischen Rußland und Österreich trotz aller unserer Bemühungen nicht hindern könnten, so läge an sich noch kein Grund für Deutschland vor, aus seiner Neutralität herauszutreten.

Ob ein solcher Krieg, namentlich wenn sich Italien und Frankreich an ihm beteiligten, nicht Ergebnisse haben könnte, die uns die Pflicht auferlegten, für unsere eigenen Interessen einzutreten, das läßt sich freilich nicht vorhersagen. Unseren Interessen kann es nicht entsprechen, durch eine Koalition des gesamten übrigen Europa, wenn das Glück den russischen Waffen ungünstig wäre, die Machtstellung Rußlands wesentlich und dauernd geschädigt zu sehen; ebenso tief aber würde es die Interessen Deutschlands berühren, wenn die österreichische Monarchie in ihrem Bestande als eu-

21 Otto von Bismarck: Werke, Bd. 8, Dok. Nr. 110, S. 155f.

ropäische Macht oder in ihrer Unabhängigkeit derartig gefährdet würde, daß einer der Faktoren, mit denen wir im europäischen Gleichgewicht zu rechnen haben, für die Zukunft auszufallen drohte.

Wir können daher vertragsmäßige Zusicherungen, die uns dauernd binden würden, nicht geben.«[22]

Bismarck nutzte außerdem die erste sich ihm bietende Gelegenheit, um in der durch die Zuspitzung der orientalischen Krise spannungsgeladen gewordenen Phase der internationalen Beziehungen am 5. Dezember 1876 vor dem Forum des Reichstags die Linie der Orientpolitik des Deutschen Reiches auch öffentlich kundzugeben. »... ich werde zu irgendwelcher aktiven Beteiligung Deutschlands an diesen Dingen nicht raten, so lange ich in dem Ganzen für Deutschland kein Interesse sehe ...«,[23] erklärte er dort. Es sei jedoch sehr wahrscheinlich, daß Rußland versuchen werde, »mit den Waffen der Pforte abzukämpfen, was sie friedlich nicht bewilligen würde«. Es fordere in diesem Fall von Deutschland angeblich »gar keine Unterstützung, es verlangt nur unsere Neutralität ... also etwas, was vollständig in unserem Interesse liegt«. Deutschland dürfe sich Rußland nicht drohend gegenüberstellen. »Ich gebe Ihnen die positive Versicherung, so lange wir auf diesem Flecke stehen, wird es Ihnen nie gelingen«, rief er der liberalen Opposition im Reichstag zu, was gleichzeitig auch an Wiens Adresse gerichtet war, »unser gutes und solides Verhältnis zu Rußland irgendwie zu alterieren und in die erprobte hundertjährige Freundschaft, die zwischen beiden Regierungen besteht, einen Riß zu machen.« Gleichzeitig betonte er: »... das Bündnis, welches die drei Monarchen seit langer Zeit vereinigt, besteht in voller Geltung ..., das Verhältnis zwischen Rußland und Österreich« ist »von jeder Trübung weit entfernt«, es verdient »noch heute seinen Namen in vollstem Maße« und befindet sich »im vollsten Bestande«.[24] Und er sah die Aufgabe der deutschen Diplomatie darin, dafür zu wirken, daß die Beziehungen Berlins zu den drei nächstbeteiligten europäischen Mächten »möglichst wenig getrübt aus dieser Krisis hervorgehen mögen«. Nur dadurch könne diese Aufgabe gestört werden, »wenn irgendeiner

22 Die Große Politik ..., Zweiter Bd., Dok. Nr. 251, von Bülow an von Schweinitz, 23. Oktober 1876, S. 76.
23 Otto von Bismarck: Werke, Bd. 11, S. 476.
24 Ebenda, S. 473, 475.

unserer Freunde von uns verlangte, unsere stärkere Freundschaft zu ihm dadurch zu betätigen, daß wir den anderen Freund, der uns ebenfalls nichts getan hat, der im Gegenteil unser Freund bleiben will, feindlich behandeln und unsere stärkere Liebe zu dem einen beweisen durch Haß gegen den anderen«. Denn Deutschlands Aufgabe sei es, unbeteiligt in dem Konflikt im Nahen Osten zu vermitteln und »zu hindern, daß aus dem orientalischen Kriege ein europäischer werde, ein Krieg zwischen zwei europäischen Mächten«.[25]

Wien und Petersburg sahen sich auch infolge dieser Haltung des deutschen Reichskanzlers von Beginn der Balkankrise an dazu gezwungen, miteinander in diplomatische Verhandlungen zu treten. Beiden Seiten mußte daran gelegen sein, den Standpunkt ihres Gesprächspartners zu erkunden und ihr Verhalten gegenüber der Türkei miteinander abzustimmen.

Auf Initiative der russischen Seite einigten sich Gortschakow und Andrassy, die Außenminister Rußlands und Österreich-Ungarns, nach langwierigen Verhandlungen von August bis Dezember 1875 über gemeinsame Vorschläge über administrative Reformen für die Aufständischen. Diese wurden Ende Dezember allen Mächten, die 1856 das Pariser Traktat, das heißt den Friedensvertrag nach dem Krimkrieg, unterzeichnet hatten, zugesandt. Die Realisierung dieser Vorschläge scheiterte jedoch.[26]

Daraufhin schlug Gortschakow seinem Amtskollegen in Wien und auch dem Leiter des Auswärtigen Amts in Berlin, Bismarck, vor, sich während des bevorstehenden Besuchs des Zaren in Berlin im Mai 1876 in der Hauptstadt des Deutschen Reiches zu treffen. Der Vorschlag wurde angenommen und realisiert. Die Regierungen des zaristischen Rußlands, Österreich-Ungarns und Deutschlands sandten dem Sultan Mitte Mai das sogenannte Berliner Memorandum, in dem sie diesen zum Waffenstillstand mit den Aufständischen und zu Reformen zu überreden versuchten. Italien und Frankreich schlossen sich den Forderungen der drei Kaisermächte an. Doch der Sultan setzte, gedeckt von der britischen Regierung, seinen brutalen Vernichtungsfeldzug fort.

Da erklärte Ende Juni 1876 Serbien und kurz darauf auch Montenegro, die den Aufständischen seit 1875 geholfen hatten, der Türkei

25 Ebenda, S. 476 f.

26 Vgl. W. M. Chwostow/I. I. Minz: Geschichte der Diplomatie, Zweiter Bd., Die Diplomatie der Neuzeit (1872–1919), Berlin 1948, S. 40 f.

den Krieg. Mit dem Einsatz ihrer Truppen, in deren Reihen sich auch Freiheitskämpfer der noch unterdrückten Balkanslawen befanden, wollten sie verhindern, daß es den osmanischen Heerscharen gelang, auch noch die Aufstände in Bosnien und in der Herzegowina niederzuschlagen. Sie wurden von Rußland durch die Entsendung von Freiwilligen, durch Geldspenden der Slawenkomitees und anderes unterstützt. Doch die türkischen Truppen waren ihnen überlegen und fügten ihnen schnell empfindliche Niederlagen bei. Damit wuchs die Wahrscheinlichkeit, daß das zaristische Rußland, welches mit Serbien und Montenegro befreundet war, wollte es seinen Ruf als Schirmherr und Beschützer der Balkanslawen nicht aufs Spiel setzen, in den Krieg hineingezogen werden würde.

Vorherige Absprachen mit Wien schienen dem Petersburger Kabinett nun dringend geboten. Schon am 8. Juli 1876, eine gute Woche nach dem Ausbruch des Serbisch-Türkischen Krieges, trafen sich Zar Alexander II. und Gortschakow in dem böhmischen Schloß Reichsstadt mit Kaiser Franz Joseph und Andrassy. Beide Seiten versicherten sich gegenseitig in großer Heimlichkeit und unverbindlicher Form (es wurde weder eine Konvention noch ein gemeinsam beglaubigtes Protokoll unterzeichnet), sich möglichst in diesen Krieg nicht einzumischen. Sollte jedoch ein aktives Eingreifen Petersburgs und Wiens nicht zu umgehen sein, so wollten sich die beiden Regierungen vorher über ihr Vorgehen verständigen. Österreich-Ungarn und Rußland einigten sich in Reichsstadt erstmalig darüber, im Falle eines Krieges Teile des türkischen Reichs aufzuteilen. Die zaristische Regierung wollte es dann unter anderem hinnehmen, daß Österreich-Ungarn die aufständischen türkischen Provinzen, Bosnien und die Herzegowina oder Teile davon besetze; Österreich-Ungarn wollte dann zustimmen, daß Rußland den südwestlichen Teil Bessarabiens, das es 1856 durch das Pariser Traktat verloren hatte, zurückerhalte und den Hafen Batum am Schwarzen Meer in Besitz nehme. Würde Serbien siegen, so sollte verhindert werden, daß ein großer slawischer Staat auf dem Balkan entstand. Gebietserweiterungen wurden Serbien und Montenegro jedoch zugestanden.[27]

Im August 1876, als die Serben mehrere empfindliche Niederlagen erlitten hatten, suchte Gortschakow bei Bismarck Hilfe: Er

27 Vgl. ebenda, S. 46f.

schlug ihm vor, die Initiative zur Einberufung einer internationalen Konferenz zu ergreifen, welche die Bedingungen für die Beendigung des Serbisch-Türkischen Krieges ausarbeiten sollte. Wäre auf diese Weise der Frieden auf dem Balkan wiederhergestellt worden, so hätte das Rußland einen Krieg gegen die Türkei erspart. Bismarck lehnte jedoch damals noch eine Vermittlerrolle ab. Er betrachtete es »als gefährlich für das Kaiserbündnis, für den Frieden und für die Stellung Deutschlands zu seinen Freunden, wenn jetzt ein Kongreß stattfindet«. Österreichs Interessen seien den englischen im Nahen Osten viel verwandter als den russischen, diese Differenz würde sich auf einem Kongreß sehr scharf akzentuieren und die Wahrscheinlichkeit eines Krieges zwischen seinen beiden Verbündeten zunehmen. Bismarck wollte es sich ersparen, zur Parteinahme genötigt zu werden und »zwischen den beiden feindlichen Gruppen des Kongresses das Schiedsrichteramt zu übernehmen«, denn er sah darin »das Undankbarste, was uns zufallen kann«. Deutschland sei die »einzige wirklich uninteressierte Macht«, sei »durch kein eigenes Interesse genötigt ..., sich zu einer der beiden Gruppierungen zu halten« und würde »allein die Verantwortlichkeit für den voraussichtlich üblen Erfolg des Kongresses zu tragen haben«.[28]

Arg enttäuscht über die mangelnde Bereitschaft Bismarcks, dem Zarenreich einen militärischen Konflikt im Nahen Osten zu ersparen, sah sich Gortschakow dazu gezwungen, vor Beginn der Kriegshandlungen gegen die Türkei sich der österreichisch-ungarischen Neutralität zu für Rußland recht ungünstigen Bedingungen zu versichern. Dies geschah am 15. Januar 1877 durch die Unterzeichnung einer Geheimkonvention in Budapest. Die Donaumonarchie erhielt nun das Recht, während eines russisch-türkischen Krieges Bosnien und die Herzegowina militärisch zu besetzen, und verpflichtete sich dazu, seine militärischen Operationen nicht auf Serbien, Montenegro, Bulgarien und Rumänien auszudehnen, und erklärte sich damit einverstanden, daß Serbien und Montenegro am Kriege gegen die Türkei auf der Seite Rußlands teilnahmen. Rußland wollte sich jedoch militärischer Operationen in Serbien und Montenegro sowie in Bosnien und in der Herzegowina enthalten. In einer Zusatzkonvention einigten sich beide Seiten außerdem über die Resultate des bevorstehenden Krieges. Diese entsprachen etwa dem

28 Die Große Politik ..., Zweiter Bd., Dok. Nr. 228, Bismarck an von Bülow, 14. August 1876, S. 32f.

Reichsstädter Abkommen. Es wurde unter anderem vereinbart, daß Österreich-Ungarn für seine Neutralität Bosnien und die Herzegowina, ausgenommen das Gebiet zwischen Serbien und Montenegro, den Sandschak Nowi Pazar, erhalten sollte. Rußlands Erwerbungen sollten sich auf Südwest-Bessarabien beschränken. Bulgarien sollte unabhängig werden, doch die Schaffung eines großen slawischen Staates auf dem Balkan wurde ausgeschlossen.

Noch zwei Versuche unternahm die zaristische Diplomatie, die Probleme auf der Balkanhalbinsel für ihren Staat ohne Krieg zu lösen. Es gelang ihr, im Dezember 1876 die Unterzeichner des Pariser Traktats auf einer Konferenz in Konstantinopel für gemeinsame Reformvorschläge, die die Autonomie für Bosnien, die Herzegowina und Bulgarien beinhalteten, zu gewinnen. Doch die Pforte widersetzte sich. Auch ein im Februar 1877 zwischen dem russischen Botschafter in London, Graf Pjotr Schuwalow, und dem britischen Außenminister, Lord Derby, abgefaßtes Protokoll über Reformvorschläge für die unterdrückten und aufständischen Balkanslawen, das im März von den Vertretern der sechs Großmächte in der britischen Hauptstadt unterzeichnet wurde, wurde am 12. April vom Sultan abgelehnt.[29]

Da griff das zaristische Rußland am 24. April 1877 zu den Waffen und erklärte der Türkei den Krieg. Die regulären Armeen Montenegros, Rumäniens und Serbiens schlossen sich den russischen an; mit ihnen zusammen kämpften Freischaren der Bulgaren, Bosnier und Herzegowiner.

Der Krieg der russischen Armee gegen das starke türkische Heer sollte zur großen Überraschung der europäischen Kabinette schließlich mit einem Sieg des Zarenreiches enden. Die russischen Truppen marschierten in Rumänien ein und drangen bis zur Donau vor. Im Mai und Juni gelang es ihnen, die türkische Donauflotte weitgehend zu vernichten. Mitte Juni überschritten sie die Donau. Die Türken zogen ihre Kräfte nun in Panik bei Plewna und Adrianopel zusammen. Die nun in Bulgarien einziehenden russischen Truppen und die slawischen und rumänischen Freischaren wurden von der Bevölkerung jubelnd als Befreier begrüßt und unterstützt.

Anfang Juli überschritten Teile der russischen Armee und der bulgarischen Freischaren sowie 30000 rumänische Soldaten Teile

29 Vgl. W. M. Chwostow/I. I. Minz: Geschichte der Diplomatie, Zweiter Bd., S. 56 f.

des Balkangebirges und besetzten dessen Hauptübergang, den Schipkapaß. Zur gleichen Zeit kapitulierte die türkische Festung Nikopol. Ende August begann die Entscheidungsschlacht der russischen und der erstklassig bewaffneten rumänischen Truppen um die Festung Plewna. Nach mehrmonatiger Belagerung der Festung ergaben sich dort Ende November 1877 34000 türkische Soldaten und Offiziere.

Seit Anfang August 1877 verteidigten die russischen Truppen zusammen mit bulgarischen Freiwilligen unter großen Opfern den Schipkapaß. Nach langen und erbitterten Kämpfen in tiefstem Schnee und bei grimmiger Kälte zwangen sie endlich am 28. Dezember die bei Scheinowo konzentrierten türkischen Angreifer des Schipkapasses zur Kapitulation. Damit war das Tor zur Befreiung ganz Bulgariens geöffnet. Ein großes Denkmal an dieser Stelle des Balkangebirges erinnert noch heute an die Heldentaten der russischen Soldaten.

Noch im Dezember wurde Sofia befreit, und im Januar 1878 begann an allen Fronten die Offensive der russischen Truppen. Am 5. und 6. Januar 1878 wurden bei Plowdiw (Philippopel) die Hauptkräfte der türkischen Armee geschlagen, am 8. Januar besetzten russische Truppen Adrianopel und drangen bis vor Konstantinopel vor. Die Türkei erbat nun den Frieden.

Am 31. Januar unterzeichneten Vertreter der türkischen Regierung den Waffenstillstand in Edirne, und am 3. März wurde in der etwa 12 Kilometer vor der türkischen Hauptstadt gelegenen Ortschaft San Stefano der Friedensvertrag zwischen Rußland und der Türkei abgeschlossen. Darin wurde vereinbart, einen großen und einheitlichen bulgarischen Nationalstaat, ein autonomes Fürstentum, zu schaffen. Seine Grenzen sollten im Norden die Donau (von Vidin bis Silistra), im Osten das Schwarze Meer, im Westen die albanischen Berge und im Süden die Gebiete westlich und nördlich von Saloniki, Teile des Ägäischen Meeres sowie Teile des Rhodopengebirges und seiner Ausläufer bilden. Es sollte somit Rumelien, Makedonien und Westthrakien mit einbeziehen. Die Südgrenzen dieses bulgarischen Fürstentums hätten somit in der Nähe von Konstantinopel und den Meerengen gelegen und diesem von Petersburg protegierten und kontrollierten bulgarischen Staat eine Schlüsselstellung auf der Balkanhalbinsel verschafft. Zwar sollte dieses große Fürstentum tributpflichtiger Vasall des Osmanischen Reiches werden und somit formell unter türkischer Oberhoheit bleiben.

Doch der Türkei sollte das Recht entzogen werden, ihre Truppen auf dem Gebiet dieses Staates zu stationieren. Durch all diese Festlegungen wollte sich das zaristische Rußland den entscheidenden Einfluß über Südosteuropa sichern. Außerdem verschaffte es sich in Transkaukasien mit der Annexion der Festungen Kars und Batum und der Städte Ardahan und Bayazit beträchtlichen Gebiets- und Machtzuwachs und schloß sich weiterhin das südwestliche Bessarabien, das es 1856 verloren hatte, wieder an. Dafür wurde Rumänien mit dem nördlichen Teil der Dobrudscha entschädigt. Den Verbündeten Rußlands – Serbien, Montenegro und Rumänien – wurde durch den Friedensvertrag von San Stefano ihre volle Souveränität von der Türkei zugesprochen; Bosnien und die Herzegowina wurden autonom. Serbien und Montenegro wurden Gebietserweiterungen in Bosnien und der Herzegowina zugestanden einschließlich des größten Teiles des südlich an Bosnien angrenzenden Sandschaks von Nowi Pazar. Dadurch wäre die für Österreich-Ungarn strategisch und handelspolitisch wichtige Eisenbahnlinie nach Saloniki und dem Ägäischen Meer unter die Kontrolle dieser beiden Staaten geraten.

Hier interessiert vor allen Dingen Bismarcks Stellung zum Verlauf und zu den Ergebnissen des Russisch-Türkischen Krieges.

Zwei Monate nach dem Ausbruch dieses Krieges, am 15. Juni 1877, hatte der deutsche Reichskanzler in Kissingen, wo er zur Kur weilte, seinem Sohn Herbert für internen Gebrauch die seiner Meinung nach für Deutschland wünschenswerten Ergebnisse dieses Krieges und der orientalischen Krise diktiert. Ihm schwebte für Deutschland nicht das Bild »irgend eines Ländererwerbes, sondern das einer politischen Gesamtsituation« vor, »in welcher alle Mächte außer Frankreich unser bedürfen, und von Koalitionen gegen uns durch ihre Beziehungen zueinander nach Möglichkeit abgehalten werden«. Denn »le cauchemar des coalitions«, der Alptraum von Koalitionen, den ihm kürzlich eine französische Zeitung vorgeworfen habe, würde in der Tat »für einen deutschen Minister noch lange, und vielleicht immer, ein sehr berechtigter bleiben. Koalitionen gegen uns können auf westmächtlicher Basis mit Zutritt Österreichs sich bilden, gefährlicher vielleicht noch auf russisch-österreichisch-französischer; eine große Intimität zwischen zweien der 3 letztgenannten Mächte würde der dritten unter ihnen jederzeit das Mittel zu einem sehr empfindlichen Drucke auf uns bieten.« Infolgedessen hoffte der deutsche Reichskanzler, daß sich durch die Orientkrise der Schwerpunkt »der russischen und der österreichischen Interessen und gegenseitigen Rivalitäten nach Osten hin« verlagern würde. Rußland sollte sich »eine starke Defensivstellung im Orient und an seinen Küsten« erobern und dadurch auf das Bündnis mit dem Deutschen Reich weiterhin und in stärkerem Maße als bisher angewiesen sein. Die Beziehungen zwischen seinen beiden Verbündeten, Rußland und Österreich-Ungarn, sollten sich so gestalten, daß es für beide schwierig sein würde, »die antideutsche Konspiration gegen uns gemeinsam herzustellen«, das heißt, sie sollten sich zwar über die wichtigsten Probleme der Balkanhalbinsel (Bulgarien, Bosnien und die Herzegowina) einigen, doch Reibungsflächen sollten zwischen ihnen dort erhalten bleiben. Bismarck hielt es auch im Interesse Deutschlands für angebracht, »einen Ausgleich zwischen England und Rußland zu fördern«, indem zum Beispiel »ersteres Ägypten, letzteres das Schwarze Meer« erhalten würde. Einigten sich diese beiden Mächte auf einen sie befriedigenden Status quo im Nahen Osten, so hätten sie beide »dasselbe Interesse an Erhaltung des Bestehenden ..., welches wir haben«. Doch gleichzeitig mit der Befriedigung partieller Interessen sollten durch den Russisch-Türkischen Krieg doch neue Rivalitäten im Orient entstehen, so daß keine der drei Mächte zu Koalitionen mit Frankreich gegen das Deutsche Reich in der Lage wäre. Dadurch sollte sich im Ergebnis der Orientkrise die internationale Position des Deutschen Reiches weiterhin verbessern.[30]

Bismarck war somit durchaus daran interessiert, daß das zaristische Rußland seine Positionen im Nahen Osten durch diesen Krieg verbesserte und weiter ausbaute. Dies um so mehr, als er durch seinen eigenen Aufenthalt als Gesandter Preußens in Petersburg wenige Jahre nach den russischen Niederlagen im Krimkrieg aus eigener Erfahrung wußte, welche verhängnisvollen innenpolitischen Folgen außenpolitische und militärische Mißerfolge für den Zarismus hatten. Infolgedessen hielt er es für wichtig, daß die russischen Truppen »einige eklatante Siege« erfochten, denn »ohne dieselben könne die russische Armee nicht nach Hause zurückkehren«.[31] Als

30 Die Große Politik ..., Zweiter Bd., Dok. Nr. 293, Graf von Münster an von Bülow, 6. Juni 1877, S. 152 f.

31 Heinz Wolter: Bismarcks Außenpolitik 1871–1881, (Fußnote 287: Tagebuchaufzeichnung Christoph von Tiedemanns, 20. Mai 1877), S. 247.

im Dezember 1877 Plewna nach langen Kämpfen eingenommen wurde, schrieb der russische Botschafter in Berlin, Oubril, an Gortschakow: »Von allen Seiten bekomme ich Glückwünsche. Radowitz hat mich besucht, um mir Grüße im Namen Bismarcks zu übergeben ... Unser glänzender Erfolg wird hier mit Zufriedenheit aufgenommen.«[32] Nachdem der Waffenstillstand von Edirne zwischen Rußland und der Türkei abgeschlossen worden war, berichtete Oubril am 3. Februar 1878, Bülow habe ihm im Auftrag Bismarcks zu den russischen Siegen und deren Ergebnissen begrüßt. Das sei »ein großes Ereignis, das eine normale Atmosphäre in Europa sichert«. Der »unnormalen Lage, bei der die Türkei ihre christlichen Untertanen weder zu regieren noch zu befriedigen vermochte«, sei nun ein Ende gesetzt.[33] Zwei Wochen später, am 19. Februar, brachte Bismarck selbst in einer Reichstagsrede die Haltung der deutschen Regierung zum Waffenstillstand auch in der Öffentlichkeit zum Ausdruck. Er sah das Wichtigste dieses Abkommens darin, daß es »der russischen Armee eine zusammenhängende Stellung von der Donau bis zum Marmarameer« gäbe, »mit der Basis, die ihr früher fehlte, nämlich den Donaufestungen«.[34]

Der deutsche Reichskanzler war somit bereit, sich schützend vor die von Rußland in diesem Krieg errungenen Erfolge zu stellen, soweit diese nicht zu schwerwiegenden neuen internationalen Konflikten führten, den Frieden im Zentrum Europas bedrohten und die von ihm angestrebte Mächtekonstellation in Frage stellte. Doch eben das taten die von Rußland der Türkei im Frieden von San Stefano auferlegten Friedensbedingungen.

Die Regierungen Österreich-Ungarns und Großbritanniens hatten den Russisch-Türkischen Krieg mit größter Aufmerksamkeit verfolgt und waren nun empört darüber, daß das zaristische Rußland nach seinen grandiosen Siegen die Abmachungen mit der Donaumonarchie von Reichsstadt und Budapest und mit den anderen europäischen Großmächten in Konstantinopel und London übergangen hatte. Ganz besonders widersprachen ihnen die Schaffung eines großen bulgarischen Staats und die relativ großen Gebietser-

32 Konstantin Kosew: Die Orientpolitik Preußen-Deutschlands in den 60er und 70er Jahren des 19. Jahrhunderts und die Befreiung Bulgariens. In: Der Berliner Kongreß von 1878, Wiesbaden 1982, S. 75.

33 Ebenda, S. 76.

34 Otto von Bismarck: Werke, Bd. 11, S. 521.

weiterungen für Serbien und Montenegro. Und sie waren gewillt, gegen die ihre Großmachtstellung im Nahen Osten beeinträchtigenden Festlegungen dieses Friedensvertrages mit allen Mitteln vorzugehen. Am 8. Februar 1878 erhielt die englische Flotte den Befehl ihrer Regierung, ins Marmarameer einzulaufen, und von Mitte Februar an standen sich britische und russische Kampfverbände in der Nähe der Hauptstadt der Türkei gegenüber. Es bestand die unmittelbare Gefahr, daß ein Krieg zwischen diesen beiden Großmächten entflammte. Das Wiener Kabinett seinerseits stellte Petersburg vor die Alternative: Krieg oder Konferenz der europäischen Großmächte in Wien oder Berlin zur Überprüfung der Festlegungen des Friedensvertrages von San Stefano. Rußland sah sich gezwungen, einzulenken, und Gortschakow akzeptierte notgedrungen die Forderung Wiens, daß Fragen von europäischem Interesse mit den anderen Großmächten auf einer Konferenz abgestimmt werden sollten. Der russische Außenminister lehnte jedoch den Vorschlag Andrassys ab, Wien zum Konferenzort zu bestimmen, und schlug Berlin vor. Schließlich einigten sich die betroffenen Mächte Anfang März 1878, einen Kongreß der Regierungschefs der Unterzeichner des Pariser Friedens von 1856 in der Hauptstadt des Deutschen Reichs einzuberufen.

Bismarck nahm zunächst die Konferenzidee des Wiener Außenministers zurückhaltend auf. Er hielt sie »für ungeschickt und unpraktisch« und fürchtete, daß »Graf Andrassy darüber zu Fall kommen könne«.[35] Er war ungehalten darüber, daß seine beiden Verbündeten sich nicht früher konkret über die Resultate eines russisch-türkischen Krieges geeinigt hatten und er über ihre konkreten Vorstellungen über die Gebietsaufteilungen auf der Balkanhalbinsel nur ungenügend informiert war. Offensichtlich existiere »zwischen beiden eine gewisse Summe fehlerhafter Politik, von der man noch nicht wissen kann, wie sie sich zwischen beiden verteilt«. Er wollte möglichst nicht zu einer Parteinahme für den einen oder anderen seiner beiden Verbündeten gezwungen werden und hielt daher Wien als Tagungsort für richtig. »Wir sollten uns mit dieser Aufgabe nicht belasten.«[36] Doch als dem deutschen Kanzler von Botschafter von Schweinitz aus Petersburg mitgeteilt wurde, Gortscha-

35 Die Große Politik..., Zweiter Bd., Dok. Nr. 304, Herbert von Bismarck an von Bülow, 29. Januar 1878, S. 173.

36 Ebenda, Dok. Nr. 305, Bismarck an von Bülow, 30. Januar 1878, S. 174.

kow füge sich dem Vorschlag einer Konferenz nur dann, wenn diese nicht in Wien oder London, sondern in Berlin stattfinde,[37] und ihn kurz darauf London wissen ließ, »daß in schleunigem Zusammentritt« der geforderten Konferenz »die einzige noch vorhandene Aussicht auf Möglichkeit der Verhütung des Krieges liege«[38] und dabei die akute Gefahr eines Zusammengehens Englands und Österreich-Ungarns gegen Rußland bestand, stimmte Bismarck zu, die diplomatische Vermittlung zwischen den streitenden Parteien aufzunehmen. Der Zerfall des Dreikaiserabkommens und der Ausbruch eines Krieges zwischen den europäischen Großmächten war unbedingt zu verhindern. Und dies nicht nur aus machtpolitischen Erwägungen. Es gab genug Signale aus Petersburg, daß im zaristischen Rußland eine innenpolitische Krise heranreifte. Anfang Februar 1878 verübte Vera Figner im Auftrag der Volkstümler ein Attentat auf den Chef der Petersburger Polizei, General F. F. Trepow; zwei Monate später wurde sie durch ein Geschworenengericht freigesprochen; im März 1878 fand ein Prozeß gegen Mitglieder einer revolutionären Gruppe statt, die in Moskau und anderen russischen Industriestädten unter den Arbeitern sozialistische Propaganda getrieben hatte, und Friedrich Engels stellte zur gleichen Zeit in der Presse fest, daß im Zarenreich, wenn dies seine Siege gegen die Türkei in einem großen europäischen Krieg verteidigen müsse, eine Revolution ausbrechen würde. Diese aber führe nicht nur zu einem Regierungswechsel in Rußland. »Sie bedeutet das Verschwinden einer gewaltigen, aber schwerfälligen Militärmacht, die seit der Französischen Revolution stets das Rückgrat des verbündeten europäischen Despotismus gebildet hat. Sie bedeutet die Befreiung Deutschlands von Preußen« und eine »Veränderung der ganzen Lage Europas«.[39]

Beim preußischen Junker Bismarck und getreuen Diener und Verteidiger der preußisch-deutschen Reichskrone bildete sich während dieser orientalischen Krise der Jahre 1875 bis 1878 die Überzeugung heraus, die sich bei ihm in den folgenden Jahren noch festigen sollte: daß die gemeinsame Wahrung des »System[s] der Ordnung

37 Vgl. ebenda, Dok. Nr. 307, von Schweinitz an das Auswärtige Amt, 1. Februar 1878, S. 175.

38 Ebenda, Dok. Nr. 321, Bismarck an von Schweinitz, 20. Februar 1878, S. 194.

39 Friedrich Engels: Die europäischen Arbeiter im Jahre 1877. In: MEW, Bd. 19, S. 136, 137.

auf monarchischer Grundlage... den noch lebenskräftigen Monarchen näher liegen sollte, als die Rivalität um den Einfluß auf die nationalen Fragmente, welche die Balkanhalbinsel bevölkern«[40].

Dem deutschen Reichskanzler bot sich am 19. Februar 1878, als die Differenzen zwischen den europäischen Großmächten um die Ergebnisse des Russisch-Türkischen Krieges ihren Höhepunkt erreicht hatten, die Möglichkeit, seinen Standpunkt zu diesen Problemen der Öffentlichkeit mitzuteilen. Wie schon im Dezember 1876 hielt er es für notwendig, das Desinteresse Deutschlands am Erbe der Türkei zu betonen. Er ging auf die im Ergebnis dieses Krieges eingetretenen Veränderungen auf der Balkanhalbinsel ein und hob hervor: »Alle diese Sachen berühren meiner Überzeugung nach das deutsche Interesse nicht in dem Maße, daß wir darüber die Beziehungen zu unseren Grenznachbarn, zu unseren Freunden aufs Spiel setzen könnten. Wir vermögen uns die eine oder die andere Bestimmung darüber gefallen lassen, ohne an unseren Interessen Schaden zu leiden.« Er forderte die beiden Verbündeten Deutschlands zur Mäßigung in ihren Forderungen an die besiegte Türkei auf, um den Frieden zwischen den europäischen Großmächten zu bewahren. Die Meinungsverschiedenheiten zwischen Rußland einerseits und Österreich-Ungarn und Großbritannien andererseits seien zwar nicht unwichtig, aber doch nicht so wesentlich, »daß man deshalb Europa sollte in Brand stecken können«.[41] Er sprach sich nun öffentlich für eine baldige internationale Konferenz auf deutschem Boden unter deutscher Leitung aus. Seine eigene Funktion sah er dabei vor allen Dingen darin, soweit wie möglich weitere Konflikte ausschließende Friedensbedingungen zu vermitteln. Deutschland habe dabei kein festes Programm über die im Nahen Osten anzustrebenden neuen Grenzziehungen und Gebietsaufteilungen, aber es sei dort an Waffenruhe interessiert. »Die Vermittlung des Friedens denke ich mir nicht so, daß wir nun bei divergierenden Ansichten den Schiedsrichter spielen und sagen: So soll es sein, und dahinter steht die Macht des Deutschen Reiches, sondern ich denke sie mir bescheidener...« Er wollte auf dem Kongreß mehr die Rolle »eines ehrlichen Maklers, der das Geschäft wirklich zustandebringen will«, spielen. Eine solche Rolle entspreche »den freundschaftlichen Verhältnissen..., in denen wir in erster Li-

40 Otto von Bismarck: Werke, Bd. 15, S. 398.
41 Ebenda, Bd. 11, S. 522, 523.

nie mit unseren befreundeten Grenznachbarn, Grenznachbarn auf langgedehnten Grenzstrecken, überhaupt leben...« Und er forderte vor allem Rußland zu freiwilligen Konzessionen an den europäischen Frieden auf. Er wolle nicht eine Richterrolle in Europa spielen, doch er zweifle nicht daran, »daß Rußland das, was nach seinem Nationalgefühl, nach seinem eigenen Interesse, nach dem Interesse von achtzig Millionen Russen möglich ist, dem europäischen Frieden zum Opfer bringt«.[42]

Nachdem sich Bismarck dazu durchgerungen hatte, die Rolle des »ehrlichen Maklers« zu übernehmen, war er dringend daran interessiert, daß die Konferenz in Berlin nicht mit einem Mißerfolg endete und daß die orientalische Krise zu einem Abschluß gebracht würde, mit dem sich alle Beteiligten einverstanden erklären konnten.

In den ersten Wochen nach dem Abschluß des Friedensvertrages von San Stefano, der aller Welt den großen Machtzuwachs Rußlands demonstriert hatte, gingen die Konferenzvorbereitungen Wiens, Londons und Petersburgs nur schleppend voran, und die akute Kriegsgefahr war nicht beseitigt. Bismarck fürchtete zu Recht, daß bei der unmittelbaren Konfrontation der englischen Flotte und des russischen Heeres vor Konstantinopel »unvorhergesehene Zufälle... Konflikte« herbeiführen könnten, »welche weder in der Berechnung noch in den Wünschen beider Mächte liegen und welche dennoch für den Frieden beider und für die Ruhe Europas verhängnisvoll werden können«.[43] Er bot daher am 9. April die deutsche »freundschaftliche Vermittlung« in London an, durch welche ein Auseinanderrücken der Streitkräfte der beiden Kontrahenten am Bosporus vertraglich geregelt werden könne. Sein Vorschlag wurde angenommen. So war die unmittelbare Kriegsgefahr gebannt. Es gelang Bismarck außerdem durch die Stimulierung zwar langwieriger, doch ergiebiger Einzelverhandlungen, die Hauptkontrahenten England und Rußland sowie Österreich-Ungarn und Rußland bereits vor der Konferenz in den wesentlichsten Streitfragen Kompromisse finden zu lassen, die von der Gesamtkonferenz dann nur noch zu bestätigen waren.

Am 13. Juni 1878 versammelten sich in Berlin im Reichskanzler-

42 Ebenda, S. 526 ff.

43 Die große Politik..., Zweiter Bd., Dok. Nr. 381, Bismarck an Graf Münster, 9. April 1878, S. 262.

palais in der Wilhelmstraße die Vertreter der wichtigsten europäischen Großmächte zu einem mehrwöchigen internationalen Treffen, das als »Berliner Kongreß« in die Geschichte eingegangen ist. Die Leitung dieser Veranstaltung lag in der Hand des deutschen Reichskanzlers Otto von Bismarck. Die Delegationen der anderen Großmächte wurden geführt vom Fürsten Gortschakow, Außenminister des zaristischen Rußlands, und dessen engstem Berater, Graf Pjotr Schuwalow, dem Außenminister der österreich-ungarischen Monarchie, Graf Andrassy, dem Ministerpräsidenten des britischen Empire, Lord Beaconsfield, und seinem Außenminister, Lord Salisbury, dem französischen Minister des Auswärtigen, Waddington, und dem Außenminister Italiens, Graf Corti. Außerdem waren auf dem Kongreß Vertreter der Türkei und auch der Balkanstaaten zugegen. Letztere galten jedoch nicht als vollberechtigte Kongreßteilnehmer und wurden nur gelegentlich konsultiert.

Bismarck führte den Vorsitz mit fast militärischer Straffheit, der sich die Vertreter aller Mächte beugten. Er war darum bemüht, sich in einzelnen Sachfragen selbst wenig zu engagieren und setzte durch, daß strittige Punkte zuvor auf Sonderzusammenkünften der drei Hauptkontrahenten geregelt und erst nach Übereinkunft dem Kongreß vorgelegt wurden. Konnten sich die Mächte jedoch nicht einigen, so war er bestrebt, den von Rußland im Krieg gegen die Türkei errungenen Machtzuwachs möglichst wenig einzuschränken, um die Beziehungen zwischen Deutschland und dem Zarenreich nicht ernsthaft zu gefährden. Gleichzeitig versuchte er auf dem Kongreß, zwischen seinen beiden Verbündeten zu vermitteln und so die monarchische Solidarität zu erhalten. Hauptthemen der 20 Vollsitzungen des Kongresses waren die bulgarische und die bosnisch-herzegowinische Frage.

In der am 13. Juli 1878 unterzeichneten Schlußakte des Berliner Kongresses stand die bulgarische Frage an erster Stelle. An Stelle eines großbulgarischen Staates, der alle Gebiete mit bulgarischer Bevölkerungsmehrheit vereinigen sollte, wurde diese Nation in drei Teile aufgespalten. Es wurde ein stark verkleinertes, unter russischem Schutz stehendes bulgarisches Fürstentum geschaffen, dessen Territorium etwa nur ein Drittel dessen ausmachte, was in San Stefano vereinbart worden war und die Gebiete zwischen Donau und Balkangebirge umfaßte. Dies Fürstentum blieb Vasall der Türkei; sein Herrscher mußte von den Großmächten und der Pforte bestätigt werden. Der südlich des Balkangebirges liegende Teil Bulgariens, das sogenannte Ostrumelien, blieb als autonome Provinz unter der Oberhoheit des Osmanenreichs und von dessen Truppen besetzt. Es hatte keinen Zugang zum Ägäischen Meer, seine Westgrenze verlief östlich des Rilagebirges, seine Südgrenze am Nordhang der Rhodopen. Die übrigen befreiten Gebiete, Makedonien und ein Teil Westthrakiens, wurden wieder ganz der Herrschaft des Osmanischen Reiches unterstellt. Rumänien, Serbien und Montenegro erhielten ihre volle Souveränität. Doch die in San Stefano vorgesehenen territorialen Erweiterungen auch dieser beiden slawischen Staaten wurden stark beschnitten. Österreich-Ungarn erhielt Bosnien und die Herzegowina. Der Sandschak von Nowi Pazar blieb unter türkischer Verwaltung, doch Wien erhielt das Recht auf militärische Kontrolle und die Errichtung von Handelsstraßen in diesem umstrittenen Gebiet. Rumänien verlor Bessarabien, erhielt dafür aber die Dobrudscha. Das zaristische Rußland gewann im asiatischen Teil der Türkei Kars und Ardahan; Batum jedoch wurde zum Freihafen erklärt. England bekam die Insel Zypern zugesprochen. In der Meerengenfrage wurde der Londoner Vertrag von 1871 bekräftigt.[44]

So war mit Bismarcks Vermittlung die Orientfrage vorläufig gelöst und der Ausbruch eines großen Krieges, den der deutsche Reichskanzler vor allem gefürchtet hatte, verhindert worden. Doch die durch den Berliner Kongreß festgelegten Grenzziehungen verwandelten die Balkanhalbinsel in ein ständig weiter schwelendes »Pulverfaß Europas«, in einen Spielball der europäischen Großmächte, der neue Konflikte um das Erbe der Türkei hervorrufen und unausbleiblich zu neuen Kriegen in diesem und um dieses Gebiet führen mußte, gleichzeitig aber – wie es Bismarck gewollt hatte – die Großmächte weiterhin von den Problemen Zentraleuropas ablenkte.

Das Ansehen Bismarcks in der internationalen Politik war durch diesen Kongreß erheblich gewachsen. Er hatte bewiesen, daß der von ihm geschaffene Staat an neuen Gebietserweiterungen selbst nicht interessiert war, daß er bereit war, für die friedliche Regelung internationaler Konflikte einzutreten und sich sogar dafür einsetzte, anderen Großmächten zu Gebietserweiterungen zu verhelfen. Das

44 Vgl. W. M. Chwostow/I. I. Minz: Geschichte der Diplomatie, Zweiter Bd., S. 67ff.

Mißtrauen der britischen Regierung gegenüber dem Deutschen Reich ließ nach; Österreich-Ungarn biß sich mit deutscher Hilfe auf der Balkanhalbinsel fest, wurde in seiner Außenpolitik auch fernerhin von Deutschland abhängig und war auf dessen Unterstützung angewiesen. Doch um das internationale Gleichgewicht zu erhalten, hatte Bismarck den Zarismus um einen Teil der Früchte seines Sieges bringen und ihm zeigen müssen, daß er dessen Nahostprogramm nicht bedingungslos zu unterstützen bereit war und bereit sein konnte. Der deutsche Reichskanzler hatte Rußland zwar durch seine geschickte Diplomatie alle Hindernisse für einen siegreichen Marsch bis vor die Tore Konstantinopels aus dem Wege geräumt und hatte mit dazu beigetragen, daß eine Wiederholung des Krimkrieges und neuer russischer militärischer Niederlagen im Nahen Osten verhindert wurde. Doch er hatte sich gleichzeitig einer gewissen außenpolitischen Schwächung des Zarismus nicht entgegenstellen können. Die Freundschaft zwischen den beiden Kaiserreichen erfuhr dadurch eine ernste Trübung.

Dies fand seinen eklatantesten Ausdruck in folgendem: Kurz nach der Unterzeichnung des Berliner Vertrags und dessen Bekanntgabe in Rußland brach in Petersburg eine wilde nationalistische Pressekampagne gegen Deutschlands und vor allem gegen Bismarcks Politik während des Russisch-Türkischen Krieges und des Berliner Kongresses aus. Dabei wurde geflissentlich übersehen, daß die Alternative zu diesen Ergebnissen des Berliner Kongresses wahrscheinlich ein größerer Krieg gewesen wäre, auf den das zaristische Rußland nicht vorbereitet war. Zornig und sich selbst bemitleidend interpretierten die meisten russischen Zeitungen den Vertrag von Berlin in dem Sinne, daß sie ihre Landsleute davon zu überzeugen versuchten, es wäre England und Österreich-Ungarn, den beiden Hauptkontrahenten Rußlands, in Berlin mit Bismarcks Hilfe gelungen, das Zarenreich um die wichtigsten Früchte seines Sieges im Russisch-Türkischen Krieg zu bringen. Insbesondere warf man dem deutschen Reichskanzler vor, er habe Rußland auf dem Kongreß verraten und verkauft und Undankbarkeit für dessen damalige Haltung im Deutsch-Französischen Krieg bewiesen. Im »Nowoje Wremja«, dem Organ A. S. Suworins, konnte man damals lesen, daß nur Bismarck mit den Ergebnissen des Berliner Kongresses zufrieden sein könne. »Das von ihm geschaffene Friedenswerk entspricht seiner gesamten Politik, die darin besteht, daß die Großmächte England, Rußland und Österreich die Hauptaufmerksamkeit auf den Südosten Europas und nicht auf den Westen richten, wo Deutschland die völlige Herrschaft besitzen könnte.«[45] In den »St. Petersburgskije Wedomosti« erklärte man Bismarck zum Hauptschuldigen für die Ergebnisse des Berliner Kongresses. Der deutsche Reichskanzler habe immer davon geträumt, »Österreich ins Slawentum hinabzudrängen«, um eine politische Kombination zu erlangen, die er für notwendig hielt, um das von ihm geschaffene einheitliche Deutschland zu sichern.[46] Und Fürst W. P. Meschtscherski schrieb später in seinen Erinnerungen: Überall in Rußland war man damals enttäuscht und protestierte »gegen das Schicksal, das aus den heldenhaften Taten des russischen Heers und aus Tausenden Leichen russischer Krieger ein Piedestal und eine Aureole für einen neuen Triumph Bismarcks, Berlins, Deutschlands« machte.[47] Es kam somit in breiten Kreisen der herrschenden Schichten in Rußland »zu einer Geisteshaltung, die in gewisser Weise eine Parallele zu der Bitterkeit darstellte, die nach dem preußisch-französischen Kriege die französische öffentliche Meinung ausgezeichnet hatte«. Wie damals in Frankreich war die Öffentlichkeit in Rußland nun gegen Bismarcks Deutschland verstimmt, und es entstand ein starkes »Gefühl nationaler Erniedrigung durch fremde Gewalt«,[48] durch Deutschland, schrieb vor einigen Jahren der amerikanische Diplomat und Historiker George F. Kennan, der es sich heute zum Lebenswerk gemacht hat, die Keime der russisch-deutschen Entfremdung auch in der Bismarckschen Regierungszeit sowie die Ursachen der Entstehung des ersten Weltkrieges zu ergründen, um die Menschheit vor neuen Weltkonflikten zu bewahren.

Zar Alexander II. und seine Regierung hätten es damals wohl vermocht, diese Flut verletzender Hetze und Vorwürfe gegen die Politiker des Deutschen Reiches zu bremsen. Doch sie unterließen dies. Rußland war im Innern so geschwächt, daß sie es für geschickter hielten, dem Druck der nationalistischen Kräfte nachzugeben, den

45 Nowoje Wremja, Moskau, 4./16. Juli 1878.

46 St. Petersburgskije Wedomosti, 26. Juni/8. Juli 1878.

47 W. P. Meschtscherski: Moi Wospominanija, Teil 2 (1865–1881), St. Petersburg 1898, S. 388.

48 George F. Kennan: Bismarcks europäisches System in der Auflösung. Die französisch-russische Annäherung, Frankfurt am Main – Berlin – Wien 1981, S. 54.

antideutschen Stimmungen freien Lauf zu lassen und sich selbst auf diese Weise etwas Ruhe zu verschaffen. Die zaristische Regierung verstärkte in dieser Zeit an ihrer Westgrenze auch noch ihre Truppen und bemühte sich geheim um antideutsche Koalitionen in Paris und in Rom. Das Dreikaiserabkommen begann zusammenzubrechen.

All das versetzte den deutschen Reichskanzler in große Unruhe. Seine Sorge, daß Deutschland durch eine französisch-russische Annäherung in die Zange genommen werden könne, nahm zu, als ein Brief Zar Alexanders II. vom 15. August 1879 an Kaiser Wilhelm I. eintraf. In diesem Schreiben des Zaren an seinen Onkel wurden Vorwürfe über die Haltung der kaiserlich-deutschen Diplomatie und vor allem Bismarcks wiederholt und unverhüllt mit einem für Deutschland »unheilvollen« Kurswechsel der russischen Politik gedroht. Nun war Bismarck fest entschlossen, sich einen starken Gegenpol gegen das Zarenreich zu schaffen, den »Beziehungen zu Österreich eine noch eifrigere Pflege angedeihen zu lassen als bisher«[49] und die Donaumonarchie zum wichtigsten Bundesgenossen Deutschlands zu machen.

Bereits Ende August hatte der Kanzler mit Andrassy in Gastein eine erste Besprechung über ein engeres Bündnis zwischen Wien und Berlin. Diese Idee wurde vom Außenminister der Donaumonarchie wärmstens befürwortet, nicht jedoch von Kaiser Wilhelm I., der die Freundschaft mit Rußland durch einen solchen Schritt nicht gefährden wollte.

Bismarck mußte daher, um seinen Monarchen auf seine Seite zu bringen, mehrere Denkschriften über die Notwendigkeit eines alleinigen Bündnisvertrages zwischen Österreich-Ungarn und Deutschland ausarbeiten und trug darin unter anderem folgende Argumente zusammen: Ein derartiger Vertrag würde der österreichischen Politik einen festen Halt geben und könne »allein die Möglichkeit der Herstellung jener bedrohlichen Triplealliance aus dem siebenjährigen Kriege verhindern«[50]. Er verwies auf die sich bietende einmalige Gelegenheit, »in einer europäischen Situation, deren Schwierigkeit für Deutschland seit mehreren Jahren im Steigen ist und im Steigen bleiben wird, den Gefahren, zu welchen diese

49 Die Große Politik ..., Dritter Bd., Berlin 1922, Dok. Nr. 447, Bismarck an Wilhelm I., 24. August 1879, S. 20.

50 Ebenda, Dok. Nr. 455, Bismarck an Wilhelm I., 31. August 1879, S. 31.

Schwierigkeiten sich in Zukunft ausbilden werden, eine Assekuranz gegenüberzustellen, die wir so günstig später schwerlich wiederfinden werden«. Und er sah den »einzigen sicheren Schutz« gegen die in Petersburg zu Einfluß gekommenen gefährlichen panslawistischen Kräfte »in dem Zusammenschließen der bedrohten Nachbarn Rußlands zu gegenseitiger Verteidigung«.[51] Trotzdem hat Bismarck auch in diesen Wochen – sehr gegen den Willen des kaiserlich-deutschen Generalstabschefs von Moltke – nie sein Ziel aufgegeben, trotz der wachsenden Spannungen den »Draht nach Rußland« zu erhalten, wenn auch nach den Ereignissen von 1878/1879 in veränderter Form. So hatte er unmittelbar nach seinem ersten Gespräch mit Andrassy über einen Zweibund eine »aggressive oder bedrohliche Tendenz gegen Rußland« abgelehnt und hervorgehoben, daß das Zarenreich »auch künftig ... jederzeit der Dritte in diesem Bunde der beiden deutschen Mächte wiederum werden« könne, »wenn es sich nur entschließen kann, ebenso wie zur Zeit des Deutschen Bundes auf seiner Westgrenze Frieden zu halten«.[52]

Schon Ende September 1879 entwarfen Andrassy und Bismarck – letzterer noch ohne Einverständnis Wilhelms I. – in Wien den Text des Bündnisvertrages. Es gelang dem deutschen Reichskanzler schließlich danach in harten Auseinandersetzungen, bei denen er Moltke und den Kronprinzen für seinen Standpunkt gewann und sogar mit seinem Rücktritt und dem des ganzen Staatsministeriums drohte, den Widerstand seines Kaisers gegen das Bündnis mit der Donaumonarchie zu brechen.

So konnte am 7. Oktober 1879 in Wien der Zweibund zwischen Österreich-Ungarn und dem Deutschen Reich unterzeichnet werden. Artikel I dieses Vertrages lautete: »Sollte wider Verhoffen und gegen den aufrichtigen Wunsch der beiden Kontrahenten eines der beiden Reiche von seiten Rußlands angegriffen werden, so sind die hohen Kontrahenten verpflichtet, einander mit der gesamten Kriegsmacht ihrer Reiche beizustehen und demgemäß den Frieden nur gemeinsam und übereinstimmend zu schließen.« Beim Angriff durch eine andere Macht verpflichteten sich beide Seiten nur zu wohlwollender Neutralität; unterstützte Rußland diesen Aggressor, so trat sofort Artikel I in Kraft, und jeder der beiden Vertragspartner verpflichtete sich, auf der Seite seines Verbündeten in den Krieg

51 Ebenda, Dok. Nr. 461, Bismarck an Wilhelm I., 7. September 1879, S. 56ff.
52 Ebenda, Dok. Nr. 455, Bismarck an Wilhelm I., 31. August 1879, S. 30.

einzutreten. Der Vertrag galt zunächst für fünf Jahre und sollte geheim bleiben.[53]

Der Abschluß des Zweibundes war ein außenpolitischer Erfolg des deutschen Reichskanzlers. Da mit einem alleinigen Angriff Frankreichs auf Deutschland nicht zu rechnen war, »hatte die deutsche Politik durch den Bündnisvertrag eine gewisse Rückendeckung gegen einen Zweifrontenkrieg gewonnen«. Die »Belastung der außenpolitischen Stellung Deutschlands mit dieser Gefahr« hatte aber durch diesen Vertrag grundsätzlich nicht verringert werden können.[54]

Infolgedessen mußte Bismarck versuchen, das Bündnissystem des von ihm geschaffenen Deutschen Reiches weiter auszubauen. Und wiederum konzentrierte sich seine Hauptaufmerksamkeit dabei auf den starken Nachbarn an Deutschlands Ostgrenzen, auf das zaristische Rußland.

53 Ebenda, Dok. Nr. 485, Entwurf zum deutsch-österreich-ungarischen Bündnisvertrag, 24. September 1879, S. 103. – Vgl. ebenda, Fußnote zu Dok. Nr. 501, Bismarck an von Bülow, 7. Oktober 1879, S. 119.

54 Ernst Engelberg: Deutschland von 1871 bis 1897 ..., S. 206.

III.

Rückkehr zum Prinzip der Dreikaiserpolitik (1879–1884)

Die Wiederherstellung vertraglich garantierter Beziehungen zwischen dem deutschen Kaiserreich und dem zaristischen Rußland nach 1878/1879 wurde dadurch erschwert, daß zwischen den herrschenden Klassen beider Monarchien seit der zweiten Hälfte der 70er Jahre auch noch wirtschaftliche Gegensätze aufzutreten begannen. Diese vertieften die durch die Nahostkrise und den Berliner Kongreß entstandenen Widersprüche zwischen den beiden Staaten. Das war in den ersten Jahren nach der Reichsgründung anders gewesen:

Die unterschiedliche wirtschaftliche Struktur, der unterschiedliche Entwicklungsgrad und das unterschiedliche Entwicklungstempo des Kapitalismus in Rußland und Deutschland hatten sich bis in die Mitte der 70er Jahre hinein äußerst befruchtend auf die Handels- und Finanzbeziehungen zwischen den beiden Ländern ausgewirkt und mit zur politischen Annäherung zwischen den beiden Staaten beigetragen.

Für die rasch erblühende deutsche Industrie hatte sich im benachbarten Rußland, welches in dieser Zeit ein ausgedehntes Eisenbahnnetz zu bauen begann, sein eigenes Industriepotential erweiterte und Waffen, Schiffe und Munition für seine im Krimkrieg geschlagene Armee brauchte, ein vielversprechender Absatzmarkt geboten. Die deutschen Industriellen hatten ihre Erzeugnisse in wachsendem Maße nach Rußland exportiert. Deutsche Großunternehmer – Krupp, Siemens, Löwe, Henckel von Donnersmarck und andere – hatten ihr Vermögen in dieser Zeit in nicht geringem Maße ihren Geschäften mit Rußland zu verdanken. Der deutsche Industriewarenexport war durch den deutschen Kapitalexport ergänzt und gefördert worden. Deutsche Banken hatten in großem Umfange russische Eisenbahnpapiere und Staatsanleihen aufgekauft und damit indirekt den deutschen Industrieexport gefördert. Mitte der 70er Jahre hatte Rußland 24 Prozent des gesamten deutschen Warenexports absorbiert, und Deutschland nahm nun den ersten Platz im russischen Importgeschäft ein.[1]

Die Warenbewegung zwischen den beiden Ländern war jedoch nicht einseitig geblieben. Deutschlands rasch erblühende Industrie hatte in wachsendem Maße landwirtschaftliche Rohstoffe, seine sich stark vergrößernden Großstädte Holz und Lebensmittel, vor allem Roggen, gebraucht. Für die russischen Gutsbesitzer, die nach der Abschaffung der Leibeigenschaft immer mehr für den Export produzierten, hatte sich hier ein günstiger Absatzmarkt geboten. In der Mitte der 70er Jahre hatte Deutschland 34 Prozent des gesamten russischen Exports – das waren 8,6 Prozent des deutschen Imports – absorbiert und war damit für Rußland zum wichtigsten Handelspartner geworden.[2]

Die guten außenpolitischen Beziehungen zwischen dem kaiserlichen Deutschland und dem zaristischen Rußland hatten also zunächst auch eine solide handelspolitische Grundlage. Diese sollte jedoch bald erschüttert werden.

Mit dem ökonomischen Erstarken der russischen Bourgeoisie war deren Bestreben verbunden, sich den eigenen russischen Markt zu sichern und ihn vor der Konkurrenz der ökonomisch wesentlich stärkeren ausländischen, insbesondere auch der deutschen Bourgeoisie zu schützen. Dies verstärkte sich vor allem nach der Weltwirtschaftskrise der ersten Hälfte der 70er Jahre, welche vor allem für die russische Textilindustrie sehr negative Folgen hatte.

In dieser Situation sah der damalige russische Finanzminister Michael von Reutern den besten Ausweg in einer Maßnahme, durch die sowohl »die Fabrikindustrie geschützt und ein kräftigender Einfluß auf sie ausgeübt«[3] als auch den mit der Weltagrarkrise und der Vorbereitung des Krieges gegen die Türkei zusammenhängenden

1 Vgl. Jürgen Kuczynski/Grete Wittkowski: Die deutsch-russischen Handelsbeziehungen in den letzten 150 Jahren, Berlin 1957, S. 26.

2 Vgl. ebenda, S. 24.

3 Michael von Reutern: Die finanzielle Sanierung Rußlands nach der Katastrophe des Krimkrieges 1862–1878 durch den Finanzminister Michael von Reutern, Berlin 1914, S. 116.

fiskalischen Schwierigkeiten entgegengetreten werden konnte. Er ging ab 1877 zur verstärkten Schutzzollpolitik vor allem für Industriewaren über und erhöhte die Zollabgaben um etwa 50 Prozent.

Diese russischen Schutzzollerhöhungen belasteten den deutschen Export nach Rußland. Daher verlangten Vertreter der deutschen Exportindustrie und der Handelsbourgeoisie von der kaiserlichen Regierung seit 1876, die russische Seite zu zollpolitischen Zugeständnissen an Deutschland zu zwingen. Im Dezember 1876 forderte zum Beispiel der Abgeordnete Eugen Richter aus Hagen im Reichstag Gegenmaßnahmen gegen die bevorstehenden russischen Zollerhöhungen. Deutschland sollte, wenn Rußland seine Zollpolitik fortsetzen würde, sich den russischen Staatspapieren gegenüber »neutraler« verhalten. Während des Russisch-Türkischen Krieges schlugen im Dezember 1877 einige deutsche Handelskammern vor, Rußlands Zwangslage zu handelspolitischen Zugeständnissen an Deutschland auszunutzen. Zwei Jahre später bemühte sich der Zentralverband Deutscher Industrieller, wie bereits 1876, wieder um Konzessionen von Rußland und schlug vor, Petersburg durch Zwangszölle zum Nachgeben zu zwingen. 1880 forderten einige Reichstagsabgeordnete im Auftrage des Vereins Deutscher Eisen- und Stahlindustrieller Bismarck dazu auf, einer bevorstehenden Erhöhung der russischen Eisenzölle entgegenzuwirken. Im gleichen Jahr wurde in vielen der Industrie nahestehenden deutschen Zeitungen eine Wende in der deutschen Wirtschaftspolitik gefordert. Im Jahr darauf schlug der Zentralverband Deutscher Industrieller der Berliner Regierung vor, mit dem Nachbarstaate Rußland möglichst bald in Verhandlungen zu treten, um mit ihm einen den beiderseitigen Verkehr erleichternden Handels- und Zollvertrag abzuschließen.[4]

Mit ihrem Kampf gegen die russische Zollpolitik wollte die industrielle Großbourgeoisie Deutschlands verhindern, daß ihre Exportprofite sanken, daß das Wachstumstempo ihrer Ausfuhr von Industrieerzeugnissen nachlassen oder daß sie gar vom russischen Markt verdrängt würde. Sie verteidigte ihre Positionen auf dem russischen Markt gegen die entstehende russische Bourgeoisie und wollte sich noch weitere Positionen erobern. Damit wurde sie zu ei-

4 Vgl. Sigrid Kumpf-Korfes: Bismarcks »Draht nach Rußland«. Zum Problem der sozial-ökonomischen Hintergründe der russisch-deutschen Entfremdung im Zeitraum von 1878 bis 1891, Berlin 1968, S. 14.

nem der Hauptkonkurrenten der russischen Industriebourgeoisie auf dem russischen Markt. Der Kampf der deutschen Großbourgeoisie gegen die russischen Zollerhöhungen war ein Teil ihres Kampfes um neue Absatzmärkte, ein Teil ihrer ökonomischen Expansionsbestrebungen.

Die Bemühungen der deutschen Industrie- und Handelsbourgeoisie um erweiterten Absatz wurden von der deutschen Regierung nun ihrerseits durch eine eigene Schutzzollpolitik gefördert.

Das Deutsche Reich ging im Juli 1879 zum kombinierten Industrie- und Agrarschutzzoll über, der von Friedrich Engels zu Recht als »Von allen Arten Zollschutz ... die schlimmste«[5] bezeichnet wurde. Er verteuerte die Lebenshaltung der deutschen Bevölkerung und war eine der wichtigsten ökonomischen Grundlagen des Klassenbündnisses zwischen den preußischen Junkern und der deutschen Großbourgeoisie mit allen seinen für die deutsche Nation tragischen Folgen. Gegner dieses Schutzzolls war deshalb die deutsche Sozialdemokratie. Bismarck legte dem preußisch-deutschen Reichstag die Gesetzesvorlage über den Schutzzoll daher erst vor, nachdem er das Sozialistengesetz ein knappes Jahr vorher, am 19. Oktober 1878, durchgepeitscht hatte.

Durch den Industrieschutzzoll wurde der deutschen Großbourgeoisie »die ausschließliche Exploitation des inneren Marktes« gesichert. Damit konnte sie sich durch hohe Preise im Innern, das heißt auf Kosten des Volkes, den äußeren Absatzmarkt zu Schleuderpreisen bewahren und erweitern.[6] Der deutsche Industrieschutzzoll diente somit – im Gegensatz zum russischen – nicht dazu, eine noch junge Bourgeoisie vor der ausländischen Konkurrenz zu schützen, sondern half vielmehr einer wirtschaftlich bereits sehr starken Bourgeoisie, die schon in erheblichem Maße zum Export übergegangen war, den eigenen Markt zu monopolisieren und neue Absatzmärkte, darunter auch den russischen, zu erobern. Der deutsche Schutzzoll diente somit der aggressiven Wirtschaftspolitik des entstehenden Monopolkapitals. Nachdem die deutschen Großindustriellen Schutzzölle durchgesetzt hatten, begannen sie den Kampf um Handelsverträge. Dadurch mußten immer stärkere Widersprüche zwischen der deutschen Bourgeoisie und der Bourgeoi-

5 Friedrich Engels: Schutzzoll und Freihandel. Vorwort zur amerikanischen Ausgabe von Karl Marx' »Rede über die Frage des Freihandels«. In MEW, Bd. 21, S. 368.

6 Friedrich Engels: Der Sozialismus des Herrn Bismarck. In: Ebenda, Bd. 19, S. 167 ff.

sie jener Länder, die von der ökonomischen Expansion der deutschen Industrie betroffen waren, so auch zwischen der deutschen und der russischen, entstehen.

Der deutsche Agrarschutzzoll kam den Forderungen der preußischen Junker und damit der Klasse entgegen, aus der Bismarck hervorgegangen war und deren ökonomische Interessen ihm daher ganz besonders am Herzen lagen – auch deshalb, weil er selbst Besitzer umfangreichsten Grundbesitzes war. Die Erweiterung und auch die Rentabilität dieses seines Eigentums auf dem Lande beschäftigte ihn immer sehr stark. Denn als Realist und geschickter Taktiker war sich der Junker Otto von Bismarck zeit seines Lebens – sowohl in den Jahrzehnten seiner politischen Karriere vor der Reichsgründung, während seiner Reichskanzlerzeit und dann auch in den 90er Jahren, als er seine staatliche Funktion verloren hatte, – darüber im klaren gewesen, »daß die materielle Basis seiner beruflichen Entscheidungsfreiheit sein Landbesitz war«[7].

Nach der Reichsgründung hatte sich Bismarcks Grundbesitz noch erweitert. Kaiser Wilhelm I. hatte ihn nicht nur mit dem Fürstentitel, sondern außerdem noch mit riesigem Landbesitz beschenkt. Der Kanzler hatte von seinem Monarchen eine staatliche Domäne im Herzogtum Lauenburg bei Hamburg, den Sachsenwald, erhalten, zu dem 25 000 Morgen Wald und 2 000 Morgen Land, meist Wiesen, gehörten und der damals auf eine Million Taler geschätzt wurde. Diese als Friedrichsruh bekannt gewordene Gabe machte den Reichskanzler zu einem der größten Gutsbesitzer in Deutschland. Dazu besaß er noch Schönhausen in der Nähe der Elbe (nicht weit von Tangermünde) mit 1 370 Morgen und Varzin in Hinterpommern, nicht weit von der Ostsee. Varzin allein umfaßte 9 200 Morgen, davon über 6 400 Morgen Wald, dazu kamen noch sieben Nachbargüter mit über 20 000 Morgen. Diese drei großen Komplexe umfaßten zusammen über 60 000 Morgen, was allein einen Grundstückswert von etwa 5 bis 6 Millionen Mark ausmachte. Varzin und Friedrichsruh hatten einfache Wohnhäuser, aber weite Wälder mit großem Viehbestand. Der fürstliche Sachsenwald bildete eines der größten zusammenhängenden Waldgebiete des Deutschen Reiches mit erstklassigem Baumbestand. Bismarcks Einkünfte aus seinen Landbesitzungen kamen daher kaum aus Getrei-

7 Ernst Engelberg: Bismarck ..., S. 209.

deanbau oder Viehzucht, sondern aus der Forstwirtschaft und auch aus den Fabriken: Ziegeleien, Kalkwerken, Mühlen, Sägewerken und anderen, die auf seinen Gütern betrieben wurden. Er erzielte im Laufe der Jahre aus dem Verkauf seines Holzes mehr, als sein Gehalt ausmachte. Infolgedessen war er immer auch mit dem Problem beschäftigt, daß sein Holz im In- und Ausland einen zuverlässigen, aufnahmefähigen Markt fand.[8] Das beeinflußte natürlich auch seine Stellung zu den Getreide-, Vieh- und Holzzöllen.

Im Zusammenhang mit der Weltagrarkrise seit 1875 begannen die preußischen Junker, den englischen Markt an ihre Konkurrenten aus Übersee zu verlieren, und stießen auch auf dem großen Absatzmarkt für Agrarprodukte im Deutschen Reich auf die wachsende Konkurrenz Rußlands, Österreich–Ungarns, Kanadas und der USA. Wollten sie ihre Stellung auf dem deutschen Markt nicht verlieren und ein Absinken der Getreide- und Holzpreise in Deutschland auf das Niveau des Weltmarktes verhindern, so mußten sie ihre freihändlerischen Positionen aufgeben und sich durch Zölle vor der ausländischen Konkurrenz schützen. Die Junker sahen im Schutzzoll ein Mittel, welches ihnen auf Kosten des deutschen Volkes ihre ökonomische Basis, eine der wesentlichsten Voraussetzungen für ihre politische Herrschaft, erhalten sollte. Dieses Mittel mußte jedoch zum verschärften Konkurrenzkampf zwischen ihnen und den russischen Großagrariern um den deutschen Markt führen.

Hauptinitiatoren des deutschen Protektionismus waren von seiten der Industriellen die Führer der Reichspartei, des Zentralverbandes Deutscher Industrieller und des Vereins Deutscher Eisen- und Stahlindustrieller, der rechte Flügel der Nationalliberalen und die Führer des Zentrums sowie von seiten der Großagrarier die Deutsch-Konservativen und die Reichspartei. Auf Ablehnung stießen die Schutzzölle aber, abgesehen von der Sozialdemokratie, bei jenen Parteien, die die Interessen weiter Teile der Handelsbourgeoisie und der exportierenden Fertigwarenindustrie sowie des mit diesen verbundenen Bankkapitals und des Mittelbürgertums vertraten. Dazu gehörten der linke Flügel der Nationalliberalen, die späteren Sezessionisten, und die Fortschrittspartei.

Bismarck, der früher Freihändler gewesen war, unterstützte die Schutzzollbewegung der deutschen Großbourgeoisie von dem Zeit-

8 Vgl. Fritz Stern: Gold und Eisen. Bismarck und sein Bankier Bleichröder, Frankfurt a. M. – Berlin – Wien 1978, S. 349 ff., 360 f., 368.

punkt an, als die Agrarkrise die preußischen Junker zu schädigen begann und auch diese einen Schutzzoll forderten. Er nutzte die Schutzzollbewegung der Großindustrie »zum Vorteil des grundbesitzenden Adels«[9], zur Durchsetzung der Agrarzölle aus. An den äußerst lebhaften Reichstagsdebatten zur Schutzzollvorlage von Anfang Mai bis Mitte Juli 1879 beteiligte er sich selbst sehr rege. Der kombinierte Industrie- und Agrarschutzzoll schien ihm ein geeignetes Mittel zur Förderung des Bündnisses zwischen Junkern und Großbourgeoisie zu sein. Er versprach sich von den Schutzzöllen gesicherte Profite und Einnahmen für die beiden Ausbeuterklassen des von ihm geleiteten Staates, zusätzliche Staatseinnahmen und eine stärkere finanzielle Unabhängigkeit des Reiches. Ganz besonders setzte er sich als reicher preußischer Junker für die Agrarzölle ein – auch und gerade gegenüber der Agrarkonkurrenz aus Rußland. In seiner Rede vor dem Reichstag vom 21. Mai 1879 schürte er massiv Bedrohungsgefühle in Deutschland, vor allem gegenüber der Getreidekonkurrenz aus dem Osten, und verstieg sich dabei so weit, seine Rede mit Beispielen aus seinem eigenen Lebensbereich zu illustrieren: Die Bäcker würden ihm »das aus russischem Roggen gebackene Brot ins Haus auf dem Lande verkaufen«, und er müsse in Friedrichsruh russisches Brot essen. Ausführlich malte er den Augenblick aus, an dem die deutsche Landwirtschaft nicht mehr existenzfähig sein würde, weil ausländische Getreideerzeugnisse ihr den inneren Markt streitig machen würden. Wenn dies eintrete, »so geht dabei nicht bloß die Landwirtschaft zugrunde, dabei geht der preußische Staat, das Deutsche Reich zugrunde ...«, erklärte er. Denn die etwa 20 Millionen deutschen Landwirte hätten auch »den Vorzug, eine geduldige und staatlich treue, konservativ erhaltend gesinnte Bevölkerung zu sein ..., sie geben dem Staate Sicherheit der Steuerkraft, sie sind in Gefahren, welche eintreten, die zuverlässige Quelle, auf welche der Staat zurückgreifen muß, mag es in Kriegslieferungen sein, mag es in Pferdeställen sein ...«[10]

Sehr energisch setzte sich Bismarck auch für den Schutzzoll auf Holz ein. Er warf den deutschen Holzhändlern vor, am russischen, nicht aber am deutschen Holzexport zu verdienen. Das sollte uns politisch nicht erregen, »aber es ist ein altes Sprichwort, daß in Geldsachen die Gemütlichkeit aufhört«. Es gäbe ja »Gott sei Dank,

9 Friedrich Engels: Schutzzoll und Freihandel. In: MEW, Bd. 21, S. 370.
10 Otto von Bismarck: Werke, Bd. 12, Berlin (1929), S. 79–97.

noch solche Holznarren in Deutschland, und zu denen gehöre ich selbst, die Freude haben am Wachstum des Waldes, ohne sich die Kosten Zins auf Zins zu berechnen, aber wenn es nicht mehr lohnt, Holz zu ziehen, so wird und muß der Wald verfallen ...« Die ausländischen, besonders die russischen Holzimporte seien eine ernste Konkurrenz für Deutschlands Holzproduzenten. Ginge das so weiter, so würde bald niemand mehr, dem am Geldverdienen liegt, Forstwirtschaft betreiben, und mit der Zeit würden aus den Wäldern Wüsten werden. Infolgedessen vertrat er den Standpunkt: »Der Holzzoll, gerade weil das Holz gebunden ist an diesen Wasserweg (Elbe und Oder – *S. W.-K.*), eignet sich Rußland gegenüber ganz vorzüglich zu einem Kampfzoll ...«[11]

Bismarck sah somit in den Agrarzöllen neben dem Schutz für die deutschen Junker auch ein hervorragendes Kampfmittel, um der deutschen Exportindustrie den russischen Markt zu öffnen, das heißt die zaristische Regierung zu zollpolitischen Zugeständnissen an Deutschlands Großindustrie zu zwingen. Dies war auch eine der Folgeerscheinungen des Klassenkompromisses zwischen den preußischen Junkern und den führenden Kräften der deutschen Großbourgeoisie, eine der Grundlagen der bonapartistischen Diktatur des Reichskanzlers. Dieser Kompromiß zwischen den beiden herrschenden Ausbeuterklassen des Reiches zwang Bismarck besonders im folgenden Jahrzehnt zu einem wirtschafts- und handelspolitischen Kurs gegenüber Rußland, der seinem außenpolitischen Konzept gegenüber diesem Staate widersprach und dieses in wachsendem Maße untergrub.

Daß sich der deutsche Reichskanzler in der Zeit zwischen dem Berliner Kongreß und dem Abschluß des Zweibundvertrages mit Österreich-Ungarn auch noch zum engagierten Wortführer der Klassenkräfte des Deutschen Reiches machte, die auf Kosten der ökonomischen Interessen der wichtigsten herrschenden Klasse im zaristischen Rußland, der Großgrundbesitzer, der noch jungen russischen Bourgeoisie sowie auch der nach dem Russisch-Türkischen Krieg ohnehin geschwächten russischen Staatskasse ihre Handelsbeziehungen zu ihrem »Freund« im Osten gestalten wollten, machte Bismarck im Zarenreich natürlich nicht beliebter und untergrub in bestimmtem Maße damals bereits seine eigene Rußlandpoli-

11 Ebenda, Rede Bismarcks vor dem Reichstag, 27. Mai 1879, S. 101–107. – Vgl. ebenda, Rede vom 21. Mai 1879, S. 89.

tik. Und Teile der herrschenden Klassen im Zarenreich forderten und erhielten zu Beginn der 80er Jahre weitere Zollerhöhungen auf Kosten der deutschen Exportindustrie. Doch in dem Wechselverhältnis von Handels- und Außenpolitik in den deutsch-russischen Beziehungen dominierte in dieser Zeit eindeutig das Gewicht der Außenpolitik, da trotz der entstandenen zollpolitischen Widersprüche beide Seiten nach wie vor handelspolitisch stark aufeinander angewiesen blieben.

Trotz der negativen Resonanz großer Teile der russischen Öffentlichkeit und der zaristischen Regierung auf Deutschlands Haltung zum Russisch-Türkischen Krieg und zur Politik des deutschen Reichskanzlers auf dem Berliner Kongreß, trotz der Annäherung Berlins an Wien und trotz der handelspolitischen Widersprüche zwischen den herrschenden Klassen des preußisch-deutschen Kaiserreichs und des zaristischen Rußlands hatte Bismarck sein Ziel, wieder zu einer vertraglichen Bindung auch mit Petersburg zu kommen, nicht aufgegeben. – Wußte er doch, daß beiden Seiten trotz aller entstandenen Differenzen daran gelegen sein mußte.

Der Regierung des preußisch-deutschen Kaiserreiches war auch zu dieser Zeit an einem Bündnis mit Österreich-Ungarn allein nicht gelegen. Ein solches Bündnis hätte einmal die Gefahr einer russisch-französischen Annäherung verstärkt und die Wahrscheinlichkeit eines Zweifrontenkrieges für das Deutsche Reich erhöht. Zum anderen mußte die preußisch-deutsche Reichsregierung aber auch von einem Bündnis mit der Donaumonarchie allein befürchten, daß – wie Bismarck dies in »Erinnerung und Gedanke« schrieb – »in Wien die Ansprüche wachsen« würden, »die man an die Dienste des deutschen Bundesgenossen glauben würde stellen zu können, erstens in Erweiterung des casus foederis, der sich bisher ... doch nur auf die Abwehr eines russischen Angriffes, auf Oesterreich erstreckt, und zweitens in dem Verlangen, dem bezeichneten casus foederis die Vertretung österreichischer Interessen im Balkan und im Orient zu substituiren«.[12]

Das Weiterbestehen des deutschen »Drahts nach Rußland« ermöglichte es den Berliner Machthabern auch nach der Nahostkrise und dem Russisch-Türkischen Krieg in der zweiten Hälfte der 70er Jahre auch im folgenden Jahrzehnt, die Beziehungen zwischen dem

12 Otto von Bismarck: Werke, Bd. 15, S. 411.

Zarenreich und der Habsburger Monarchie zu kontrollieren und die beiden nach wie vor am Nahen Osten interessierten Staaten in gewisser Beziehung von sich abhängig zu wissen. Unter Umständen konnte die deutsche Reichsregierung durch Beibehaltung guter Beziehungen zum Zarenreich auch mit dazu beitragen, daß dieses den Schwerpunkt seiner Expansionspolitik vom Nahen Osten nach Mittelasien verlagerte, daß dadurch die britisch-russischen Widersprüche verstärkt und eine Verständigung zwischen London und Petersburg verhindert würde und daß Deutschland der Rücken für seine eigene Kolonialpolitik freigemacht würde.

Das politische Zusammengehen mit Rußland entsprach außerdem den wirtschaftlichen Interessen jener Teile des deutschen Kapitals, die stark am russischen Absatzmarkt interessiert waren und in guten politischen Beziehungen zum Zarenreich die Voraussetzung dazu sahen, das trotz der Zollerhöhungen noch sehr rentable Geschäft mit Rußland nicht zu verlieren. Zugleich kam es auch den innenpolitischen Bedürfnissen der preußischen Junker und der reaktionärsten Teile der deutschen Bourgeoisie unter den damaligen Bedingungen am besten entgegen; denn einerseits gewährten »die übereinstimmenden Bedürfnisse in der polnischen Frage«, das heißt die weitere, seit 1815 auf dem Wiener Kongreß festgelegte Spaltung und Aufteilung der polnischen Nation zwischen diesen Monarchien und die Unterdrückung der polnischen nationalen Befreiungsbewegung, sowie »die Nachwirkung der hergebrachten dynastischen Solidarität im Gegensatz zu den Umsturzbestrebungen Unterlagen für eine gemeinsame Politik beider Cabinette«,[13] wie Bismarck dies später formulierte. Andererseits mußte dem Leiter der Außenpolitik eines monarchisch geeinten Deutschen Reiches, eines Staates, der im Kampf gegen die Revolution entstanden war und in dem ein kampferfahrenes und gut organisiertes Proletariat schon eine bedeutende politische Rolle spielte, auch aus innenpolitischen Motiven an guten Beziehungen zu den Habsburgern und Romanows gelegen sein. Bismarck sah, daß »die Erhaltung eines Elements monarchischer Ordnung in Wien und Petersburg und auf der Basis beider in Rom ... für Deutschland eine Aufgabe« ist, »die mit der Erhaltung der staatlichen Ordnung« in Deutschland zusammenfällt.[14] Das Zusammengehen mit den anderen Kaiserreichen

13 Ebenda, S. 411.
14 Ebenda, S. 410.

konnte die Herrschaft der Junker in Preußen, die Vorherrschaft Preußens in Deutschland, die Erhaltung der bestehenden sozialpolitischen Ordnung ungemein festigen. Infolgedessen war dem deutschen Reichskanzler auch der gemeinsame Kampf der drei Monarchien gegen die Gefahr der »antimonarchischen Entwicklung«, der »sozialen Republik«, wichtiger für die »noch lebenskräftigen« Kaiserreiche als deren Rivalität um den Einfluß auf andere Nationen,[15] weil letztere immer revolutionäre Bewegungen und soziale und politische Veränderungen, das heißt die Bedrohung der Machtpositionen der herrschenden Klassen in einem oder in allen drei Staaten in sich bargen.

Die monarchischen Bestrebungen Bismarcks stießen auch bei den herrschenden Kreisen der Donaumonarchie auf Resonanz. Für sie war das Dreikaiserabkommen und der Kampf um die Legalität die beste Möglichkeit, ihre Status-quo-Prinzipien durchzusetzen und einen Zerfall des Reiches zu verhindern. Und für die herrschenden konservativen Kreise des Zarenreichs war das Zusammengehen mit den Hohenzollern und Habsburgern nach dem Russisch-Türkischen Krieg eine wichtige Voraussetzung, um die revolutionäre Situation im Lande zu überwinden und der liberalen Kräfte Herr zu werden.

Die bündnispolitischen Vorstellungen Bismarcks fanden daher im herrschenden Lager des zaristischen Rußlands schließlich Gehör und Entgegenkommen, hatte es dazu auch einer gewissen Zeit und gewisser Anstrengungen von deutscher Seite bedurft.

Die meisten Zeitungen des Zarenreichs waren, wie bereits gesagt wurde, mit den Ergebnissen des Russisch-Türkischen Krieges und des Berliner Kongresses äußerst unzufrieden, kritisierten die Rolle Bismarcks auf diesem Kongreß heftig und brachten auch ihr Mißfallen über Bismarcks Zollpolitik zum Ausdruck. Es gab zwischen ihnen jedoch unterschiedliche Auffassungen über die Ursachen der Mißerfolge der zaristischen Expansionspolitik im Nahen Osten sowie über die außenpolitischen Zielstellungen ihres Staates nach dem Russisch-Türkischen Krieg, die Bismarck nicht unbekannt blieben und die er auszunutzen verstand.

Die konservative Presse des Zarenreichs, zum Beispiel der »Grashdanin« unter Leitung des Fürsten W. P. Meschtscherski,

15 Ebenda, S. 398.

das Organ der ultrakonservativen Hofkreise und der rechtesten Kreise der russischen Großgrundbesitzer, und die »Moskowskije Wedomosti« M. N. Katkows, das Organ der konservativen, vor allem Moskauer Großbourgeoisie, sahen die Hauptursache für die Mißerfolge des zaristischen Rußlands auf dem Berliner Kongreß nicht im Verhalten des deutschen Reichskanzlers – obwohl sie diesen heftig angriffen –, sondern in der Nachgiebigkeit der zaristischen Diplomatie unter Leitung Gortschakows. Während der »Grashdanin« nun vor allem aus innenpolitischen Gründen zu einer friedlichen Außenpolitik riet, forderte Katkow eine Aktivierung der zaristischen Eroberungen in Mittelasien. Beide Zeitungen traten in dieser Zeit jedoch noch sowohl aus innen- als auch aus außenpolitischen Motiven für eine Festigung der Beziehungen zum deutschen Kaiserreich ein. Sie lehnten eine Annäherung Rußlands an das republikanische Frankreich damals noch kategorisch ab und waren sich klar darüber, daß Rußland das Bündnis mit Deutschland brauchte, um nicht in die Isolierung zu geraten und um seine expansive Außenpolitik fortsetzen zu können. Daran konnte die deutsche Diplomatie anknüpfen.

Dies möglichst bald zu tun war vor allem deshalb geraten, weil die panslawistische Presse in Rußland nach dem Krieg gegen die Türkei erstarkte. Ihr außenpolitisches Programm, das zum Beispiel in dem von J. S. Aksakow und A. A. Kirejew herausgegebenen »Russki Mir« vertreten wurde, war dem deutschen Reichskanzler besonders unsympathisch. Der russische Panslawismus bildete nämlich jenen Teil der konservativen nationalistischen Ideologie des Zarenreichs, der die Expansion in Richtung auf den Balkan auch nach dem Berliner Kongreß forderte. Rußland sollte alle Balkanslawen »befreien« und sie an das Zarenreich binden. Das bedeutete nicht nur den Kampf um die Beseitigung des osmanischen Jochs, sondern auch um die Loslösung aller zur Donaumonarchie gehörenden Balkanslawen und hieß Krieg gegen die Türkei und gegen Österreich-Ungarn. Derartige Vorstellungen waren um so gefährlicher für die Realisierung der bündnispolitischen Pläne Bismarcks, als panslawistische Auffassungen auch innerhalb der zaristischen Regierung Anhänger hatten.

Bevor Fühlungnahmen mit der zaristischen Regierung über eine Erneuerung des Bündnisses zwischen Deutschland und Rußland beziehungsweise auch mit Österreich-Ungarn aufgenommen wurden, galt es von deutscher Seite aus daher zu sondieren, welche Petersburger Diplomaten und andere einflußreiche Persönlichkeiten in der Nähe des Zaren am weiteren Zusammengehen der Monarchien interessiert und bereit waren, sich dafür auch einzusetzen.

Schon einige Wochen nach der Beendigung des Berliner Kongresses beriet die Petersburger Regierung unter Leitung von Zar Alexander II. über die neuen außenpolitischen Aufgaben Rußlands. Bereits dort wurden verschiedene Standpunkte vertreten, die sich dann in den folgenden Monaten vertiefen und konkretisieren sollten. Das wurde in Berlin bekannt.

Es herrschte unter den Petersburger Politikern Einigkeit darüber, daß auch in Zukunft die zaristische Außenpolitik den Problemen des Nahen Ostens starke Aufmerksamkeit zu schenken hatte. Es bestanden auch keine Zweifel darüber, daß Großbritannien sowohl dort als auch in Mittelasien der Hauptgegner aller russischen Expansionspläne war. Die Außenpolitiker des Zaren sahen daher ihre wichtigste Aufgabe darin, die Koalition der europäischen Großmächte, die den Expansionsplänen Rußlands in Berlin entgegengetreten war, zu spalten, um England zu isolieren.

Meinungsverschiedenheiten gab es in Petersburg jedoch über die nächsten Aufgaben der zaristischen Außenpolitik auf der Balkanhalbinsel und gegenüber der Türkei sowie über die Methoden, mit welchen diese Aufgaben realisiert werden sollten – mit friedlichen Mitteln oder durch einen neuen Krieg, mit oder ohne Verbündete.

Gegen die Vorbereitung eines neuen Krieges Rußlands im Nahen Osten waren vor allem der Außenminister des Zaren, Gortschakow, sein Stellvertreter, N. K. Giers, der bisherige Botschafter des Zaren in London, Graf Pjotr Schuwalow, sowie – mit Einschränkungen – auch der russische Kriegsminister D. A. Miljutin und Botschafter P. A. Saburow. Für sie gab es keinen Zweifel daran, daß Rußland militärisch zu schwach und außenpolitisch zu isoliert war, um eine neue militärische Auseinandersetzung mit der Türkei wagen zu können. Dies um so mehr, als die Gefahr neuer innenpolitischer Komplikationen nach neuen militärischen oder diplomatischen Mißerfolgen, wie sich dies sowohl nach dem Krimkrieg als auch nach dem Russisch-Türkischen Krieg gezeigt hatte, zu groß war.

Gortschakow, der über zwei Jahrzehnte lang Außenminister des Zarenreichs gewesen war, mußte seine diplomatische Karriere nach dem Berliner Kongreß als beendet betrachten und hatte, wenn er auch im Amt blieb, nur noch wenig Einfluß. Er haßte den deutschen Reichskanzler seit dem Berliner Kongreß, sah in Bismarck den Hauptschuldigen für die Ergebnisse dieser Zusammenkunft der europäischen Großmächte und vertrat nun die Auffassung, die zaristische Diplomatie solle in Zukunft auf ein Bündnis mit dem Deutschen Reich verzichten, ihr außenpolitisches Programm ohne Verbündete realisieren oder sich an ein starkes Frankreich anlehnen. Bismarck machte daher den russischen Außenminister zur Hauptzielscheibe seiner Attacken und versuchte sogar über den Militärbevollmächtigten des Kaisers beim Zaren, General Bernhard von Werder, die Absetzung Gortschakows bei Alexander II. durchzusetzen.[16]

Wesentlich bessere Chancen für eine Zusammenarbeit sah der deutsche Reichskanzler in Giers und Schuwalow. Beide waren kompromißlose Monarchisten und wurden von den konservativen Kreisen Petersburgs, zum Beispiel dem Fürsten Meschtscherski und seinem »Grashdanin«, unterstützt. Für sie war es auch nach 1878 unumstritten, daß man weiterhin ein Bündnis mit den Hohenzollern und den Habsburgern, nicht jedoch mit der französischen Republik anstreben sollte.

Während seiner Tätigkeit als Stellvertreter des stark gealterten Gortschakows und auch als er 1882 russischer Außenminister wurde, klammerte sich Giers an das Status-quo-Prinzip im Nahen Osten, setzte nach 1879 all seine Kräfte ein, um einen vorzeitigen Zerfall der Türkei zu verhindern und ein neues Aufkommen der nationalen Befreiungsbewegung der Balkanslawen zu unterbinden. Vor allen Dingen aus innenpolitischen Gründen, aus Angst vor revolutionären Unruhen im Zarenreich, war ihm daran gelegen, einer Lösung der Probleme des Nahen Ostens durch einen neuen Krieg aus dem Wege zu gehen. In Bündnissen sah er den wichtigsten Weg zu außenpolitischen Erfolgen Rußlands. Anlehnung an Berlin und Wien, Weiterführung der Dreikaiserpolitik, Isolierung Großbritanniens, Verbesserungen der Beziehungen Petersburgs zu Konstantinopel waren seine Devisen. Das deutsche Kaiserreich sollte dem Zarismus den Status quo im Nahen Osten gewährleisten: nicht die Besetzung, sondern nur die Schließung der Meerengen; nicht

16 Vgl. Zentrales Staatsarchiv Potsdam (im folgenden: ZStA Potsdam), Reichskanzlei (RK) 5/4, Bl. 1–3, Werder an Wilhelm I., 27. März 1879.

die Eroberung neuer Gebiete auf der Balkanhalbinsel, sondern die Beibehaltung der dort nach 1878 entstandenen Grenzen. Mit Hilfe Deutschlands sollte Österreich-Ungarn in Schach gehalten werden, und mit den Regierungen dieser beiden Monarchien wollte er sich bei eventuellen Veränderungen auf der Balkanhalbinsel verständigen, in Abstimmung mit ihnen vorgehen und sich dabei an die Prinzipien des Reichsstädter Abkommens halten.[17]

Den Auffassungen von Giers sehr ähnlich waren die von Graf Pjotr Schuwalow, der Rußland mit auf dem Berliner Kongreß vertreten hatte. Er war ein enger Vertrauter des deutschen Botschafters in Petersburg, von Schweinitz, und galt für Bismarck als einer der zuverlässigsten und tatkräftigsten Diplomaten des Zaren. Daher setzte der deutsche Reichskanzler große Hoffnungen auf ihn.[18]

Schuwalows Hauptanliegen auf dem Berliner Kongreß war es gewesen, einen Krieg Rußlands mit Großbritannien oder mit der Donaumonarchie unbedingt zu verhindern. Wie Giers trat er auch danach für eine friedliche Außenpolitik des Zarismus im Nahen Osten aus innen- und außenpolitischen Gründen ein, sei es auch auf Kosten neuer Zugeständnisse. In der Reise des deutschen Reichskanzlers nach Wien im Herbst 1879, die mit dem Abschluß des Zweibundes endete, sah Schuwalow »den größten Dienst«, den der Fürst Petersburg erwiesen hätte. Er habe das Zarenreich nun »in die Unmöglichkeit« versetzt, »sich in neue Verwicklungen auf der Balkanhalbinsel einzulassen«.[19] Im Bündnis mit den Habsburgern und den Hohenzollern gegen Großbritannien sah Schuwalow die Grundlage erfolgreicher zaristischer Außenpolitik. Rußland dürfe sich, wolle es nicht in Isolierung geraten, »weder von Österreich noch von Deutschland trennen; denn im Falle eines Bruches mit ersterem sei es sehr zweifelhaft, ob Deutschland, wenn es zur Wahl genötigt würde, für Rußland optieren werde ... Die Interessen Deutschlands drängten dieses weit mehr nach Österreich hin als zu Rußland, und von Deutschland, welches Rußlands natürlicher Bundesgenosse sei, sich zu trennen, würde sehr gefährlich sein.«[20]

17 Vgl. Sigrid Kumpf-Korfes: Bismarcks »Draht nach Rußland« ..., S. 22f.
18 Vgl. Lucius von Ballhausen: Bismarckerinnerungen, S. 70f., 140f.
19 Hans Lothar von Schweinitz: Denkwürdigkeiten ..., Bd. II, Berlin 1927, S. 92. – Vgl. ebenda, S. 59, 386.
20 Die Große Politik ..., Dritter Bd., Dok. Nr. 441, Reuß an von Bülow, 13. September 1878, S. 6/7.

Weniger sympathisch als Giers und Schuwalow war den Berliner Machthabern Rußlands Kriegsminister Miljutin, denn mit seinem Namen waren russische Heeresreformen, Rüstungen sowie auch Truppenkonzentrationen und Festungsbauten an der Westgrenze Rußlands verbunden. Doch Miljutin gehörte nicht zu denjenigen, die eine Verschlechterung der deutsch-russischen Beziehungen nach 1878 anstrebten. Vielmehr versuchte er, die russische Öffentlichkeit mit den Ergebnissen des Berliner Kongresses auszusöhnen, um Rußland im Nahen Osten zur Ruhe kommen zu lassen. Die Fortsetzung kolonialer Eroberungen in Mittelasien jedoch hielt er für richtig. Obwohl er Bismarck mißtraute, unterstützte er nach 1878 die Annäherungsversuche der russischen Diplomaten ans Deutsche Reich, denn er war überzeugt davon, daß Rußland unter den damaligen Bedingungen keinen anderen Verbündeten finden könne. »Wenn es uns nicht gelingen würde, mit Deutschland übereinzukommen, so würde die Koalition ganz Europas gegen uns drohen«, schrieb er im September 1879 in sein Tagebuch.[21] Deutschland sollte Rußland, so wie dies auch den Vorstellungen von Giers entsprach, die Unantastbarkeit des Ottomanischen Reiches und Ruhe und Frieden auf der Balkanhalbinsel garantieren, denn er schätzte richtig ein, daß das innen- und außenpolitisch, militärisch und ökonomisch geschwächte Zarenreich zu einer aktiven Nahost- und Balkanpolitik für eine ganze Reihe von Jahren nicht in der Lage sei, obwohl er dies zutiefst bedauerte.

P. A. Saburow, von 1870 bis Ende 1879 Botschafter Rußlands in Griechenland und somit engstens vertraut mit den Problemen der Balkanhalbinsel, darüber hinaus mit dem deutschen Botschafter in Athen, Joseph Maria von Radowitz, befreundet, wurde im Spätsommer 1879 von der Petersburger Regierung mit dem Spezialauftrag nach Deutschland geschickt, die Stimmung der Berliner Machthaber Rußland gegenüber sowie speziell die Frage zu sondieren, ob man dort die Wiederherstellung enger vertraglicher Beziehungen zu Petersburg für möglich hielte. Er wurde dann im Januar 1880 zum russischen Botschafter in Berlin ernannt und führte in dieser Eigenschaft alle Verhandlungen mit der Berliner Regierung über den Abschluß eines Abkommens, das schließlich im Sommer 1881 in der Form eines Dreikaiserbündnisses zustande kam.

21 D. A. Miljutin: Dnewnik Miljutina 1873–1880, Bd. I, Moskau 1947, S. 167f.

In Gesprächen mit Bismarck in Kissingen und mit von Radowitz in Berlin Mitte August 1879 – das heißt zur gleichen Zeit, als Wilhelm I. den vorwurfsvollen Brief Alexanders II. erhalten hatte und Bismarck sich dazu gezwungen sah, so bald wie möglich zu einem Abkommen mit der Donaumonarchie zu kommen – hatte Saburow sich von der Richtigkeit des Urteils Schuwalows und anderer deutschfreundlicher Kreise in Petersburg überzeugt, nämlich, daß Rußland durch Gortschakows Verschulden völlige außenpolitische Isolierung drohte, wenn es nicht seine Beziehungen zum Deutschen Reich sofort verbesserte.[22] Hieran konnte Bismarck im weiteren anknüpfen.

Noch während der Verhandlungen zwischen Berlin und Wien über den Abschluß des Zweibundes, am 29. September 1879, erschien Saburow in besonderer Mission beim deutschen Kanzler in Berlin, um in Erfahrung zu bringen, ob Bismarcks »Gesinnungen für Rußland noch immer die gleichen seien, wie 1877«. Er versicherte, daß Rußlands Politik »in Zukunft nur eine defensive auf der Basis des Berliner Kongresses sein werde«.[23] Nachdem das Abkommen mit Österreich-Ungarn unterzeichnet war, schickte Wilhelm I. dem Zaren am 4. November 1879 ein vorher zwischen Bismarck und Andrassy vereinbartes Schreiben über dieses Bündnis zu. Darin wurde besonders der alte Leitsatz von der monarchischen Solidarität gegenüber der Revolution wieder hervorgehoben. Es sei notwendig, gemeinsam Widerstand gegen die »nihilistische Partei« zu leisten, »die im Einklang mit dem Panslawismus eine gegen die benachbarten Länder feindliche Sprache führt, um aus jedem bösen Konflikt für ihre umstürzlerischen Pläne Nutzen zu ziehen«. Alexander II. wurde aufgefordert, sich diesen Prinzipien anzuschließen »und damit das Einvernehmen der drei Kaiser neu« zu »festigen«, welches »seit dem Jahre 1873« Europa »so ausgezeichnete Dienste geleistet« habe.[24]

Hinter diesem Aufruf zur Wahrung der konservativen Grundsätze verbargen sich natürlich auch wieder die machtpolitischen Überlegungen Bismarcks. Der deutsche Kanzler gab selbst im Januar 1880 zu, daß sich seine Politik in die einfache Formel bringen lasse: »Ver-

22 Vgl. Die Große Politik ..., Dritter Bd., Dok. Nr. 514, von Radowitz an Herbert von Bismarck, 15. August 1879, S. 139/140.

23 Ebenda, Fußnote S. 113.

24 Ebenda, Dok. Nr. 509, Wilhelm I. an Alexander II., 4. November 1879, S. 127.

suche zu Dreien zu sein, solange die Welt durch das unsichere Gleichgewicht von fünf Großmächten regiert wird.«[25] Mit dem Appell zur Beibehaltung der monarchischen Solidarität sollten auch die bestehenden macht- und handelspolitischen Gegensätze zwischen den drei Kaiserreichen so lange wie möglich zurückgedrängt werden, um Deutschland vor feindlichen Koalitionen zu schützen und den herrschenden Klassen des preußisch-deutschen Staates weiter die Hegemonie in Europa zu sichern.

In seinen Unterredungen mit Botschafter Saburow am 31. Januar und 1. Februar 1880 über die weiteren Beziehungen zwischen den drei Monarchien betonte Bismarck nachdrücklich den deutschen Wunsch, trotz der nach 1878/1879 entstandenen Differenzen »mit Rußland in Frieden und Freundschaft weiterzuleben« und wiederholte, »daß es für Deutschland bei russisch-deutschem Kriege einen Kampfpreis überhaupt nicht gäbe. Wir seien Rußland gegenüber lediglich auf die Defensive angewiesen.«[26] Doch er lehnte Saburows Idee ab, ein alleiniges Bündnis zwischen Deutschland und Rußland abzuschließen.

Was das weitere Verhältnis zwischen Petersburg und Wien betraf, so beschäftigte den russischen Botschafter vor allem das Problem, »daß nach der zwischen Deutschland und Österreich bestehenden Übereinstimmung auch die russische Politik sich jetzt darauf angewiesen sähe, ihrerseits über alle die russischen Interessen im Orient betreffenden Fragen in erster Linie die Verständigung mit Österreich-Ungarn zu suchen«, und er erhoffte sich dabei die Vermittlung Berlins. Bismarck gab dies nur für solche Fragen zu, »in denen das deutsche Interesse vorwiege«. Im Orient lägen aber solche Interessen nicht vor. Rußland und Österreich sollten sich daher direkt verständigen, »Deutschland jedoch dann, wie auch früher, an der Politik festhalten, daß es gern den Ergebnissen der russisch-österreichischen Entente sich anschlösse«. Bismarck hoffte somit, nicht noch einmal die undankbare Rolle des »ehrlichen Maklers« zwischen seinen beiden Verbündeten spielen zu müssen. Saburow stimmte dem ebenso zu wie dem, was Bismarck über das deutsch-österreichische Verhältnis sowie über »die Notwendigkeit der un-

25 Richard Fester: Saburow und die russischen Staatsakten über die deutsch-russischen Beziehungen 1879–1890. In: Die Grenzboten, Leipzig, 80. Jg., 1921, H. 1, S. 60.
26 Die Große Politik ..., Dritter Bd., Dok. Nr. 515, Aufzeichnung Bismarcks über Unterredungen mit Saburow, 3. Februar 1880, S. 141.

eingeschränkten Fortexistenz der österreichisch-ungarischen Monarchie« sagte.[27]

Wenige Tage nach diesem Gespräch, am 6. Februar 1880, übermittelte Saburow dem deutschen Kanzler einen ersten Entwurf eines Dreikaiserabkommens.[28] Wenn es auch zu Teilfragen dieses Vertragsentwurfs noch unterschiedliche Vorstellungen gab, über die in den folgenden Monaten verhandelt wurde, so war Rußlands Bereitschaft zu einem solchen Dreikaiserbund damit im Prinzip bereits vier Monate nach Abschluß des Zweibundes sichergestellt. Die Furcht vor isolierter Stellung in Europa und die innenpolitischen Komplikationen, deren beredtes Anzeichen der von den Volkstümlern im Winterpalais in Petersburg Mitte Februar 1880 ausgeführte Bombenanschlag war, hatten die Petersburger Diplomaten verständigungsbereit gemacht.

Schwieriger und langwieriger als mit Rußland sollten sich die Verhandlungen Bismarcks mit der Donaumonarchie gestalten. Doch auch die Wiener Außenpolitiker gaben schließlich nach. Dabei spielte zweifellos eine nicht unwesentliche Rolle, daß auch sie durch die Anzeichen einer revolutionären Situation im zaristischen Rußland erschreckt waren, zumal diese von Bismarck in seiner Argumentation für das Zusammengehen der drei Kaiser geschickt ausgenutzt wurden. So schrieb der deutsche Kanzler zum Beispiel Anfang April 1880 nach Wien: Wenn man sich in Rußland »konstitutionellen Velleitäten hingeben, es etwa einstweilen mit einer Notabelnversammlung, wie 1789 in Frankreich, versuchen sollte«, wenn dort »die revolutionäre Tendenz Elemente in den Besitz der Regierungsmaschine brächte, welche im panslawistischen Sinne Händel suchen würden«, so seien Konflikte um den Orient nicht ausgeschlossen. Es könnte in Rußland auch »der napoleonische Gedanke zur Annahme gelangen, innere Krisen durch Kriege zu beschwichtigen«. Man solle sich daher sowohl in Wien als auch in Berlin darum bemühen »den Kaiser Alexander den inneren Gefahren gegenüber durch entgegenkommendes Verhalten zu ermutigen«.[29] Dabei war sich Bismarck darüber klar und gab dies auch Wien gegenüber zu, daß trotz eines Übereinkommens die Widersprüche zwischen Ruß-

27 Ebenda, S. 141f.

28 Vgl. ebenda, Dok. Nr. 518, Saburow an Bismarck, 6. Februar 1880, S. 146f.

29 Heinz Wolter: Bismarcks Außenpolitik 1871–1881 ..., Bismarck an Reuß, 6. April 1880, S. 339, 341.

land und Österreich-Ungarn auf der Balkanhalbinsel weiterbestehen würden, daß der »Kampf der diplomatischen Rivalität« auch »zwischen den besten Freunden und Bundesgenossen nicht immer abgeschafft werden« könnte. »Vertrauen zu Rußlands Dispositionen« wäre allerdings »mit Vertrag doch immer noch mehr als ohne« angebracht.[30]

Nach langwierigen Verhandlungen wurde schließlich am 18. Juni 1881 in Berlin im Namen der »drei Höfe« von Bismarck, dem Botschafter Österreich-Ungarns, Széchényi, und Saburow das Dreikaiserbündnis unterzeichnet.

Dieser Vertrag war im Unterschied zum Dreikaiserabkommen von 1873 kein allgemein gehaltener Konsultationspakt, sondern ein geheimer Neutralitätsvertrag, der eine Wirkungsdauer von drei Jahren hatte. Er verpflichtete die drei unterzeichnenden Mächte zu wohlwollender Neutralität, wenn einer der Vertragspartner in einen Krieg mit einer vierten Großmacht verwickelt werden sollte. Deutschland verschaffte sich dadurch die Neutralität Rußlands, falls es zu einem Kriege Deutschlands mit Frankreich käme; Rußland die Neutralität der beiden Zweibundstaaten in einem Krieg gegen England oder die Türkei. Die drei Mächte sicherten sich zu, die gegenseitigen Interessen auf der Balkanhalbinsel zu respektieren und Veränderungen im territorialen Besitz der europäischen Türkei nur auf der Basis gemeinsamer Abmachungen vorzunehmen. Die Vertragspartner bekräftigten den Grundsatz der Schließung der Meerengen, was für Rußland besonders wichtig war. In einem Zusatzprotokoll wurde festgelegt, daß sich die Donaumonarchie zu einem ihr genehmen Zeitpunkt die Provinzen Bosnien und Herzegowina einverleiben könne. Außerdem erklärten die drei Mächte, sich einer etwaigen Vereinigung Bulgariens mit Ostrumelien nicht zu widersetzen.[31] Dies war im Vergleich zu den Festlegungen des Berliner Kongresses ein neues wichtiges Zugeständnis an die Balkanpolitik der zaristischen Regierung.

Die Unterzeichnung des Dreikaiserbündnisses im Juni 1881 war ein großer außenpolitischer Erfolg Bismarcks. Es war jene diplomatische Kombination, durch welche die außenpolitischen Aufgaben der herrschenden Klassen Deutschlands nach 1878 am besten ge-

30 Die Große Politik ..., Dritter Bd., Dok. Nr. 521, Bismarck an Reuß, 22. Dezember 1880, S. 152.

31 Vgl. Handbuch der Verträge 1871–1964, Berlin 1968, S. 55.

löst werden konnten. »Es verhinderte die französisch-russische Annäherung, garantierte den Bestand Österreichs, öffnete ihm günstige Aussichten auf dem Balkan und fügte die drei östlichen Mächte zusammen, von denen sich zwei weniger wegen der Gemeinsamkeit als der Gegensätzlichkeit ihrer Interessen einander annäherten, und gab der dritten von ihnen (Deutschland) das Mittel in die Hand, die eine gegen die andere auszunützen. Nur im Bündnis der drei erwies sich die russische Freundschaft für Deutschland als vollwertig, weil ihre vorteilhaften Seiten in vollem Maße erhalten blieben und ihre unvorteilhaften durch die Anwesenheit Österreichs paralysiert wurden.«[32] Der »Draht nach Rußland« drängte den Zarismus vom Nahen Osten nach Mittelasien ab, schürte die englisch-russischen Widersprüche, verhinderte eine englisch-russische Annäherung, welche vor allem auch von der Donaumonarchie gefürchtet wurde, und machte Deutschland den Rücken frei für seine eigene Kolonialpolitik. Das politische Zusammengehen mit Rußland entsprach auch den wirtschaftlichen Interessen jener Teile der deutschen Bourgeoisie, die stark am russischen Markt interessiert waren und die in guten politischen Beziehungen zu Rußland die Voraussetzung sahen, den russischen Absatzmarkt nicht zu verlieren. Zugleich kam es auch den innenpolitischen Bedürfnissen der preußischen Junker und der reaktionärsten Teile der deutschen Bourgeoisie unter den damaligen Bedingungen am besten entgegen. Vor allen Dingen aber erhielten die Bürgschaften für den allgemeinen Frieden zu Bismarcks Genugtuung erfreulichen Zuwachs. Sowohl die Gefahr militärischer Konflikte zwischen Rußland und Österreich-Ungarn um Probleme der Balkanhalbinsel als auch die eines französisch-deutschen Krieges war für drei Jahre gebannt.

Für die herrschenden Klassen Rußlands hingegen war das Dreikaiserbündnis recht zwiespältiger Natur. Es stellte einen außenpolitischen Erfolg dar, weil es Rußlands diplomatische Isolierung nach dem Russisch-Türkischen Krieg beseitigte und dadurch seine außenpolitische Stellung verbesserte. Es garantierte ihm Deutschlands und Österreich-Ungarns wohlwollende Neutralität bei einem russisch-englischen Krieg um Mittelasien und verhinderte die Besetzung der Meerengen durch England. Zugleich war es ein innenpoli-

32 S. D. Skaskin: Konez Awstro-Russko-Germanskogo sojusa, Bd. I, S. 51.

tischer Erfolg der konservativen Kräfte Rußlands, ein Sieg der Reaktion über die revolutionäre Bewegung Europas.

Gleichzeitig jedoch war der Abschluß des Dreikaiserbündnisses ein Ausdruck der außenpolitischen Schwäche des zaristischen Rußlands. Entgegen seinen Interessen mußte Rußland dem Deutschen Reich im Krieg mit Frankreich wohlwollende Neutralität garantieren. Im Widerspruch zu den Interessen eines Teiles seiner herrschenden Klassen mußte es die Freundschaft der Donaumonarchie suchen, um sich innenpolitisch zu festigen, um Zeit für die Verbesserung seines Militärapparates zu gewinnen und um sich auf innen- und außenpolitischem Gebiet Deutschlands Hilfe zu sichern. Der Vertrag garantierte dem Zarismus nur einige wenige Erfolge auf dem Balkan und schränkte den russischen Einfluß auf die Türkei ein. Er zwang den Zarismus, auf eine aktive Außenpolitik im Nahen Osten weitgehend zu verzichten, die Eroberung der Meerengen aufzugeben und die Lösung der Balkanfrage zunächst weitgehend aufzuschieben. Er versinnbildlichte die Anerkennung des Rückgangs der Macht, des Sinkens der internationalen Bedeutung des einst so mächtigen »Gendarms Europas«.

Das Dreikaiserbündnis beseitigte keineswegs die Widersprüche zwischen den herrschenden Klassen der drei Monarchien, sondern zögerte den offenen Ausbruch und die Lösung des Konflikts nur für eine gewisse Zeit hinaus. Es war das Produkt »einer ganz bestimmten, konkreten und ihrerseits wirtschaftlich bedingten Konstellation ..., mit deren Veränderung es unmöglich wurde«.[33] Es konnte nur dann verlängert werden, wenn es auf dem Balkan zu keinen neuen ernsthaften Komplikationen kam und die wirtschaftlichen und außenpolitischen Gegensätze zwischen den herrschenden Klassen der an diesem Vertrag beteiligten Staaten nicht überhand nahmen. Dazu verblieben nur wenige Jahre.

Der deutsche Reichskanzler selbst gab sich keinen Illusionen darüber hin, mit diesem Abkommen ein Vertragswerk geschaffen zu haben, daß von allzu langer Dauer sein könnte.

Er sah seine wichtigste außenpolitische Aufgabe daher darin, die folgenden Jahre dazu auszunutzen, das Bündnissystem des deutschen Reiches durch Abkommen mit noch anderen Staaten Europas weiter auszubauen. Er wollte dadurch Deutschlands Vormachtstel-

33 G. W. F. Hallgarten: Imperialismus vor 1914, Bd. I, München 1963, S. 207.

lung in Europa zusätzlich absichern, bei möglichst allen neuen außenpolitischen Konflikten einen für Deutschland günstigen Vertrag in Reserve haben und dadurch einen größeren Krieg im Zentrum des Kontinents verhindern. Dabei war er wie in den 70er Jahren brennend an Widersprüchen zwischen den anderen europäischen Großmächten interessiert und schürte diese mit der ihm eigenen Skrupellosigkeit. Es störte ihn auch nicht im geringsten, wenn seine einzelnen außenpolitischen Vertragswerke einander im Inhalt widersprachen – Hauptsache war ihm, sie den außenpolitischen Interessen des von ihm geschaffenen Reiches dienlich zu machen.

Das im Sommer 1881 nach all den außenpolitischen Komplikationen und Reibereien der zweiten Hälfte der 70er Jahre mit großer Mühe wiedergewonnene »Einvernehmen« zwischen Berlin, Wien und Petersburg galt zwar offiziell als geheim, und auch Deutschland hatte sich dazu verpflichtet, die Geheimhaltung zu wahren. Doch schon am 21. Juli 1881 instruierte Bismarck seinen Botschafter in Wien, von Reuß: »... wenn das Geheimnis absolut gewahrt bliebe, so würde das Verhältnis seine Wirkung auf die Erhaltung des Friedens, auf welche wir gerechnet haben, doch nur unvollkommen üben können. Unser Hauptzweck ist Erhaltung des Friedens zwischen Österreich und Rußland, und in England und Frankreich den Eindruck zu machen, daß die drei Kaiserhöfe über ihre gemeinsame Politik einig sind.«[34] Das erleichterte es ihm, gegenüber den beiden letzteren Staaten und auch gegenüber Rußland »Keime von Verstimmungen zwischen den genannten Mächten vorsichtig zu pflegen, ohne Absichtlichkeit erkennbar zu machen«.[35] Die wachsenden kolonialen Widersprüche zwischen England und Frankreich kamen ihm daher äußerst gelegen. Die deutsche Diplomatie unterstützte die Annexionspolitik Englands in Ägypten und Frankreichs in Tunis und begünstigte außerdem die Expansionsbestrebungen Frankreichs in Westafrika und Indochina. Die mit den wachsenden Aktivitäten Frankreichs auf dem afrikanischen Kontinent verbundenen Rivalitäten zwischen Italien und Frankreich um den Mittelmeerraum konnten vom Berliner Kanzler außerdem ausgenutzt werden, um Italien an den Zweibund zu binden. Die Regierung des Königreiches Italien sah sich in der Tat dazu gezwungen, trotz ihrer Diffe-

34 Wolfgang Windelband: Bismarck und die europäischen Großmächte 1879–1885, auf Grund unveröffentlichter Akten, Essen 1940, Bismarck an Reuß, 21. Juli 1881, S. 286.
35 Ebenda, Bismarck an Hatzfeld, 2. August 1884, S. 591.

renzen mit der Donaumonarchie um Südtirol, Triest, am Adriatischen Meer und auf der Balkanhalbinsel eine Annäherung an Berlin und Wien zu suchen. Italiens Botschafter in Berlin, Graf de Launay, sondierte Ende Januar 1882 bei Bismarck dessen Haltung in dieser Frage. Der Kanzler erklärte ihm, »daß Italien sich zunächst mit Österreich über dessen und Italiens eigene Interessen verständigen müsse«, ... »daß wir alles, was Italien für Österreich tun werde, als uns erwiesen betrachten würden, und daß der Schlüssel der Tür, die zu uns führe, für Italien in Wien zu finden sei«.[36] Bismarck wollte somit auch in diesem Falle nicht die undankbare Aufgabe übernehmen, die Beilegung der Differenzen zwischen Wien und Rom selbst in die Hand zu nehmen.

Am 20. Mai 1882 kam es schließlich nach mehrmonatigen Verhandlungen zwischen den Vertretern Italiens und der Donaumonarchie, über die Bismarck ständig auf dem laufenden gehalten worden war, zur Unterzeichnung des Dreibundes. Darin versprachen Deutschland und Österreich-Ungarn ihrem neuen Verbündeten militärischen Beistand im Falle eines Angriffs Frankreichs auf Italien. Die gleiche Zusicherung gab Italien für den Fall eines unprovozierten direkten Angriffs Frankreichs auf Deutschland. Bei Angriffskriegen einer Dreibundmacht gegen andere Staaten, außer gegen Frankreich, sicherten sich die Unterzeichner wohlwollende Neutralität zu. Beim gleichzeitigen Angriff von zwei Großmächten auf einen der Partner waren alle drei Staaten zu militärischer Unterstützung verpflichtet. Die Vertragspartner betonten ihr gemeinsames Interesse an der Aufrechterhaltung der monarchischen Ordnung, versprachen einander, keine gegeneinander gerichteten Bündnisse abzuschließen und vereinbarten gegenseitige Unterstützung in allgemeinen politischen und wirtschaftlichen Fragen.[37]

Der Aufbau dieses außenpolitischen Bündnissystems in den Jahren von 1879 bis 1882 – Zweibund, Dreikaiserbündnis und Dreibund – war zweifellos ein Erfolg der Bismarckschen Diplomatie und trug dazu bei, die internationale Stellung des preußisch-deutschen Reichs weiter zu sichern. Doch der Kanzler war sich gleichzeitig darüber klar, daß Deutschlands Stellung in Europa nach wie vor gefährdet blieb: »Unsere Gefahr für die Zukunft liegt, trotz der gegen-

36 Die Große Politik ..., Dritter Bd., Dok. Nr. 545, Aufzeichnung Bismarcks vom 31. Januar 1882, S. 208.
37 Vgl. W. M. Chwostow/I. I. Minz: Geschichte der Diplomatie, Zweiter Bd., S. 86.

wärtig günstigen Beziehungen zu Rußland, bei der Unberechenbarkeit der russischen Politik, in der russisch-französischen Koalition und in der Frage, ob England einer solchen eventuell angehört oder nicht.« Er stellte in diesem Zusammenhang nüchtern fest, daß die »Gegnerschaft von Frankreich für uns, von Rußland für Österreich-Ungarn ohnehin schon durch politische Ursachen, die keine menschliche Macht beseitigen kann, zu den Wahrscheinlichkeiten der näheren oder entfernteren Zukunft gehört«.[38]

Daß in den Jahren nach dem Abschluß des Dreikaiserbündnisses die Gegnerschaft des zaristischen Rußlands zur Donaumonarchie sehr rasch zunahm, lag sowohl an der »Unberechenbarkeit« der Politiker Petersburgs als auch an den Aktivitäten Österreich-Ungarns auf der Balkanhalbinsel. Geschützt durch die Friedenszusicherungen Rußlands im Dreikaiserbündnis entwickelten österreichisch-ungarische Politiker und Militärs, Klerikale und Finanziers, Eisenbahngründer und Händler auf der Balkanhalbinsel eine außerordentliche Regsamkeit.

Schon von Anfang der 80er Jahre an begann sich die Wiener Länderbank im Bündnis mit deutschen Banken zum Finanzier der serbischen Regierung zu machen. Auch auf den Eisenbahnbau dieses Staates erhielt Wien Einfluß: Die Österreich-Ungarische Staatseisenbahngesellschaft in Berlin baute ihre Linie südöstlich von Budapest bis nach Belgrad aus. Hinzu kam 1881 ein Handelsvertrag, der den serbischen Markt für lange Zeit den herrschenden Klassen der Habsburger Monarchie fast völlig unterwarf. Dem Handelsvertrag folgte im gleichen Jahr ein politisches Bündnis, das Serbien faktisch zum Vasallen Österreich-Ungarns machte. Es verbot Serbien, auf seinem Territorium gegen die Donaumonarchie gerichtete nationale Befreiungsbewegungen zuzulassen, untersagte ihm, ohne Einverständnis Wiens politische Verträge mit anderen Staaten abzuschließen und sagte ihm militärische Hilfe durch Österreich-Ungarn zu, wenn es sein Territorium an seinen Südgrenzen, das heißt auf Kosten Bulgariens, erweitern wolle.

Ähnliche Aktivitäten entwickelten Vertreter der Zweibundstaaten in Rumänien, dem unmittelbaren Nachbarn des zaristischen Rußlands. Hier hatten Berliner Bankhäuser, die Discontogesellschaft und Bleichröder, schon 1871 die wichtigsten Eisenbahnlinien über-

38 Wolfgang Windelband: Bismarck und die europäischen Großmächte ..., Bismarck an Reuß, 10. August 1882, S. 409f.

nommen und ihre Leiter – Hansemann und Bleichröder – waren im Aufsichtsrat der Rumänischen Eisenbahngesellschaft vertreten. Diese Gesellschaft verfügte schon 1881 über ein fast 1 000 Kilometer langes Eisenbahnnetz, welches Bukarest mit der rumänisch-russischen Grenze entlang des Pruth verband, somit also auch militärstrategische Bedeutung hatte. Auch den Bau dieser Strecke hatte die Österreich–Ungarische Staatseisenbahngesellschaft übernommen. Sie hatte ihr eigenes Netz in Südungarn bis an die rumänisch-ungarische Donaugrenze, nahe dem Endpunkt der rumänischen Eisenbahnen, erweitert und damit Dečin an der deutsch-österreichischen Grenze über Prag, Wien, Budapest und Bukarest mit der rumänisch-russischen Grenze verbunden. Wiener und Berliner Banken machten sich außerdem zu Finanziers der Bukarester Regierung. Die beiden Zweibundstaaten schlossen mit Serbien Handelsverträge ab, durch die sie sich vorteilhafte Absatzbedingungen verschafften. Im Herbst 1883 wurde eine gegen Rußland gerichtete geheime Militärkonvention zwischen Österreich–Ungarn und Rumänien abgeschlossen, der sich Deutschland anschloß. Dieses Abkommen, das gegen den eigenen Verbündeten, Rußland, gerichtet war, erschien Bismarck »nützlich und möglich«, um »unsere Friedensliga mit Italien auch nach Osten hin zu erweitern und dadurch die Politik von Rumänien, eventuell auch Serbiens und der Pforte, in feste Bahnen zu leiten. Außer Rußland und Frankreich« sei »in ganz Europa kein Staat, der heutigen Tages nicht für die Erhaltung des Friedens interessiert wäre.«[39] Der deutsche Reichskanzler betrat damit ohne Skrupel den schlüpfrigen Boden der »Rückversicherung« gegen den eigenen Verbündeten – eine Politik, die er bis ans Ende seiner Regierungszeit beibehielt.

Schon die Aktivitäten Wiens und Berlins in Serbien und Rumänien mußten Rußland beunruhigen. Noch stärkeren Grund zur Sorge gab ihm jedoch die wachsende Einmischung der Donaumonarchie in das Fürstentum Bulgarien, die »Domäne Rußlands«. Auch hier begann zuerst das österreichisch–ungarische Finanzkapital sich ökonomisch zu engagieren. Es gelang ihm, sich in Bulgarien einen Absatzmarkt für seine Industrie zu schaffen und auf einen großen Teil der bulgarischen Großbourgeoisie Einfluß auszuüben. Mit ihrer Hilfe und mit der der deutschen Diplomatie setzten die Wiener

39 Die große Politik ..., Dritter Bd., Dok. Nr. 583, Bismarck an Reuß, 19. August 1883, S. 263.

Politiker gegen den Willen Petersburgs im Jahre 1883 beim Fürsten Bulgariens, Alexander von Battenberg, durch, die bulgarische Eisenbahnlinie, die die Bahnen der österreichisch–ungarischen Eisenbahnen und der in Bulgarien endenden Linie von Konstantinopel nach Belova verbinden sollte, zu bauen und dadurch – wie dies auf dem Berliner Kongreß beschlossen worden war – einen direkten Schienenweg von Wien über Serbien und Bulgarien nach Konstantinopel zu schaffen.

Derartige, Rußlands Vorstellungen widersprechende Entwicklungen auf der Balkanhalbinsel hatten zur Folge, daß sich schon eineinhalb Jahre nach dem Abschluß des Dreikaiserbündnisses innerhalb der russischen Öffentlichkeit und der Regierungskreise die Bedenken an der Zweckmäßigkeit des im Sommer 1881 geschaffenen Vertragswerkes verstärkten. Da gab es in der zaristischen Armee einflußreiche Offiziere, die nach neuen Kriegen, neuem Ruhm und persönlicher Macht strebten. General M. D. Skobelew zum Beispiel, Held des Russisch-Türkischen Krieges und Liebling der Panslawisten, hielt im Februar 1882, als ein Aufstand in Bosnien und in der Herzegowina ausgebrochen war, in Paris vor serbischen Studenten eine Rede. Er hetzte dort gegen Deutschland und forderte Krieg der Slawen gegen die Teutonen und eine schnelle Lösung der Balkanfrage. Da war die gewichtige Stimme des Moskauer Zeitungsmagnaten Katkow nicht zu überhören, der im Sommer 1882 die russischen Staatsmänner daran erinnerte, daß Rußland – mit Deutschlands Hilfe – aus militärischen und ökonomischen Gründen den Bosporus besitzen müsse. Da standen in der »Retsch« Aufrufe des Journalisten Aksakow an die Zarenregierung, den Aufständischen in Bosnien und in der Herzegowina gegen Österreich–Ungarn zu helfen. Graf N. P. Ignatjew, ehemaliger russischer Botschafter in Konstantinopel und Verfasser des Friedensvertrages von San Stefano, konsequenter Vertreter der außenpolitischen Forderungen der Panslawisten, entwarf und besprach 1883 mit dem türkischen Botschafter in Petersburg einen russisch-türkischen Bündnisplan, der im Fall eines Krieges mit der Donaumonarchie in Kraft treten sollte. Und der russische Diplomat A. I. Nelidow, seit Juli 1882 Berater, seit Mai 1883 russischer Botschafter in Konstantinopel, forderte im Dezember 1882 die Zarenregierung auf, alles für die Eroberung der Meerengen vorzubereiten. Nur als Besitzer der Meerengen könne Rußland seine Schwarzmeergrenzen und kaukasischen Eroberungen sichern und entscheidenden Einfluß auf die Entwicklung der Balkanslawen – auch auf Kosten der Interessen der Donaumonarchie – sichern.[40]

Auch innerhalb der zaristischen Regierung beriet man über die weitere Außenpolitik Rußlands. Besonders wichtig war eine Besprechung über das weitere Schicksal des Dreikaiserbündnisses, die Zar Alexander III. während der Krönungsfeierlichkeiten in Moskau am 20. Mai 1883 einberufen hatte. An ihr nahmen der neue Außenminister Giers, die Botschafter in Wien und Berlin, Fürst A. B. Lobanow-Rostowski und Saburow, der Mitarbeiter des Außenministeriums und Nahostspezialist A. Jomini, sowie der inzwischen beurlaubte Kriegsminister Miljutin teil.

Im Auftrage des Zaren hatte Saburow bereits Anfang Februar 1883 vertraulich die Meinung Bismarcks über die Verlängerung dieses Vertrages in Erfahrung gebracht und dessen positive Antwort nach Petersburg gemeldet. Auch die russischen Regierungsvertreter waren sich auf ihrer Beratung einig darüber, daß dieses Abkommen verlängert werden sollte. Lobanow und Giers deshalb, weil sie in ihm die beste Möglichkeit zur Erhaltung des Friedens in Europa und des Status quo im Nahen Osten sahen. Miljutin, weil er in diesem Vertrag das beste Mittel sah, den österreich–ungarischen Expansionsbestrebungen auf dem Balkan einen Riegel vorzuschieben.

Über die Bedingungen beziehungsweise den Inhalt dieses Abkommens gab es auf der Beratung jedoch unterschiedliche Meinungen. Wenn sich damals auch der Standpunkt derjenigen durchsetzte, die für eine Erneuerung in alter Form eintraten, so sind die Meinungen der Andersdenkenden doch wichtig, weil sie gut drei Jahre später – unter neuen Bedingungen – realisiert wurden.

Saburow, der offensichtlich Nelidow und Ignatjew nahestand, war schon in den ersten Monaten des Jahres 1883 für eine Veränderung des alten Abkommens dahingehend eingetreten, daß es dazu dienen sollte, die endgültige Lösung der Orientfrage im Interesse Rußlands herbeizuführen. In Moskau erklärte er nun, es sei notwendig, das Abkommen mit Berlin und Wien in dem Sinne zu verändern, daß ein völliges Gleichgewicht der Vorteile für Rußland und Deutschland geschaffen werde. Der Vertrag von 1881 sei jedoch für Deutschland wesentlich vorteilhafter als für Rußland, denn Deutsch-

40 Vgl. Sigrid Kumpf-Korfes: Bismarcks »Draht nach Rußland«..., S. 44 f.

land erhielte volle Handlungsfreiheit im Westen, während Rußland durch die Verpflichtung, sich mit Österreich-Ungarn und Deutschland zu verständigen, im Nahen Osten die Hände gebunden würden. Er trat daher dafür ein, Berlin und Petersburg völlige Handlungsfreiheit zu geben oder aber auch diejenige Deutschlands einzuschränken. Rußland müsse von Berlin und Wien das Recht erhalten, beim Zerfall der Türkei die Meerengen zu besetzen. Dann könnte keine europäische Koalition gegen Rußland entstehen.

Während sich Miljutin Saburows Auffassungen anschloß, hielten es Giers und Lobanow für verfrüht und gefährlich, das Problem der Meerengen jetzt aufzuwerfen. Beide zweifelten daran, daß Bismarck bereit sein würde, Rußland im Nahen Osten weitere Zugeständnisse zu machen.

Auch über den Bulgarienparagraphen gingen die Meinungen auseinander, denn die Chancen Rußlands waren seit 1881 bedeutend gesunken, das von Alexander von Battenberg geleitete Fürstentum Bulgarien seinen Interessen dienstbar zu machen. Lobanow und Jomini waren für Beibehaltung der Festlegungen über die Vereinigung des Fürstentums mit Ostrumelien und sahen in dessen Realisierung das beste Mittel, Bulgarien wieder stärker an Rußland zu binden. Miljutin und Saburow bezweifelten die Nützlichkeit der Vereinigung Bulgariens, weil des Battenbergers Stellung zu Rußland zu ungewiß sei. Und Giers war gegen die Vereinigung dieser Nation, weil er einen neuen Krieg mit der Türkei befürchtete. Er trat daher dafür ein, den Status quo in Bulgarien, Bosnien und in der Herzegowina im neuen Abkommen zu verankern.[41]

Nach der Beratung in Moskau fuhr Saburow wieder nach Berlin. Eigenmächtig versuchte er dort, seine Vorstellungen über den Inhalt des zu erneuernden Dreikaiserbündnisses durchzusetzen. Doch Bismarck hielt es eher für ratsam, die Aktion dieses Vertrages »zu mäßigen oder zu localisieren«, als zu erweitern.[42] In Sorge über das weitere Schicksal des Abkommens fuhr Außenminister Giers im Auftrage Zar Alexander III. im November 1883 in die deutsche Hauptstadt und zwei Monate später nach Wien. Er versicherte Bismarck und dem neuen Außenminister der Donaumonarchie, Graf von Kálnoky, daß Saburows Ideen über das Schicksal der Türkei

41 Vgl. ebenda, S. 45ff.

42 Die Große Politik ..., Dritter Bd., Dok. Nr. 606, Bismarck an Reuß, 8. September 1883, S. 294.

nur »unpraktische Fabeln« seien. Rußland wünsche, betonte er, »gegenwärtig die Erhaltung des Friedens für unbestimmte Zeit«. Bismarck und Giers waren sich darin einig, »daß die direkten Verhältnisse Deutschlands zu Rußland eine Kriegsgefahr nicht in sich trugen, wohl aber diejenigen Rußlands zu Österreich«. Deutschlands Interesse ließe »immer einen Krieg mit Rußland als eine Kalamität erscheinen ..., die auch im Falle eines Sieges keine Entschädigung für die Leiden des Krieges böte ...« Käme es aber zum Kriege Rußlands mit der Donaumonarchie, so könne Deutschland Österreich »nicht im Stich lassen, weil wir, wenn wir es täten, auch Österreich, so gut wie es mit Frankreich der Fall ist, zum geborenen Feinde haben würden und es dann täglich von Rußland abhinge, uns unter den Druck der sogenannten Kaunitzschen Koalition, Rußland–Österreich–Frankreich, zu bringen, der wir nicht gewachsen wären. Wir können Österreich nicht fallen lassen, wohl aber würden wir stets nach allen Kräften dahin wirken, zwischen Österreich und Rußland den Frieden zu wahren und zu befestigen. Dies sei »gegenwärtig die Aufgabe ... unserer Diplomatie«, auch im Interesse der monarchischen Solidarität.[43]

Nach seiner Rückkehr gelang es Giers, die Absetzung Saburows durchzusetzen. Und im März 1884 wurde das Dreikaiserbündnis im wesentlichen zu den gleichen Bedingungen wie 1881 um weitere drei Jahre verlängert.

Nachdem nun das Weiterbestehen dieses Geheimabkommens zwischen den drei Kaisermächten auf weitere drei Jahre schriftlich garantiert worden war, hielt es Bismarck für angebracht, ebenso wie zwei Jahre zuvor den Abschluß des Dreibundes, auch dieses Geheimnis der Weltöffentlichkeit indirekt kundzutun, um auch ihm eine möglichst starke Wirkung auf die Erhaltung des Friedens in Europa zu geben. Vom 15. bis 17. September 1884 trafen sich Wilhelm I., Franz Joseph und Alexander III. in Begleitung ihrer Außenminister Bismarck, Kálnoky und Giers in Skierniewice, knapp 60 Kilometer südwestlich von Warschau. Und wie Bismarck kalkuliert hatte, erregte dieses neue Dreikaisertreffen starkes Aufsehen. Viele nahmen an, daß in Skierniewice ein politisches und militärisches Bündnis abgeschlossen worden war. Sowohl die russischen Panslawisten als auch französische Chauvinisten waren betroffen und verärgert.

43 Ebenda, Dok. Nr. 611, Bismarck an Wilhelm I., 16. November 1883, S. 302–305.

»Im großen und ganzen war der Eindruck einer festen politischen Intimität unter den drei kaiserlichen Regierungen entstanden, die auf Jahre hinaus solche radikalen und beunruhigenden Verirrungen, wie die Entwicklung einer engeren Beziehung zwischen Rußland und Frankreich, ausschließen werde.« Das Treffen erschien »als der Höhepunkt der Bismarckschen Diplomatie als kaiserlicher Kanzler«.[44] Doch weder Bismarck noch die beiden anderen Staatsmänner machten sich Illusionen darüber, daß dieses Bündnis die starken Widersprüche zwischen den Unterzeichnern beseitigen und auf lange Dauer den Frieden, vor allem auf der Balkanhalbinsel, erhalten konnte.

44 George F. Kennan: Bismarcks europäisches System ..., S. 100.

IV.

Krise und Ende des Dreikaiserbündnisses (1885–1887)

Schon im Spätsommer 1885 trat in Bulgarien ein politisches Ereignis ein, welches die Aufmerksamkeit der Großmächte wieder auf die Balkanhalbinsel konzentrieren, ihr Verhältnis zueinander komplizieren und den Hauptinitiator der Dreikaiserpolitik, Bismarck, vor neue schwierige Probleme stellen sollte.

Mitte September 1885 brach im südöstlichen Teil Bulgariens, in der im Sommer 1878 auf dem Berliner Kongreß geschaffenen türkischen Provinz Ostrumelien, ein Aufstand aus, in dessen Verlauf der türkische Generalgouverneur vertrieben wurde. Der Regent des Fürstentums Bulgarien, Alexander von Battenberg, erklärte sich bereit, Ostrumelien an seinen Staat anzugliedern und sich zum Fürsten des nun vereinigten Bulgariens ausrufen zu lassen. Er solidarisierte sich auf diese Weise mit einer Revision der Bestimmungen des Berliner Kongresses zur bulgarischen Frage durch eine nationale Bewegung des von ihm regierten Volkes und mit dessen Vereinigung auch gegen den Willen einiger Großmächte.

Die zaristische Regierung hätte noch vor wenigen Jahren dieses Ereignis wärmstens begrüßt, für das sie sich selbst mit militärischen und diplomatischen Mitteln erbittert eingesetzt hatte. 1885 aber hatte der Einfluß Petersburgs auf seine »Domäne« auf der Balkanhalbinsel und dessen Fürsten, Battenberg, stark nachgelassen. Der bulgarische Fürst und seine Regierung hatten ihre Hinneigung zu Österreich-Ungarn bei verschiedenen Gelegenheiten immer offener zu erkennen gegeben. Nach den Septemberereignissen 1885 machte sich die zaristische Regierung daher hinsichtlich Bulgariens nun zum Verteidiger der Beschlüsse des Berliner Kongresses.

»Die Slaven sollen Rußland dienen und nicht wir ihnen ... Die ge-

genwärtige Bewegung der Bulgaren billige ich nicht. Sie haben nicht auf uns gehört, haben heimlich gehandelt, keine Ratschläge erbeten – sollen sie jetzt die Suppe selbst auslöffeln, die sie eingebrockt haben ... Solange Fürst Alexander über das Schicksal des bulgarischen Volkes verfügt, ist unsere Einmischung in die Angelegenheiten Bulgariens völlig unmöglich und nutzlos ...«, erklärte Zar Alexander III. seinem Generalstabschef, General N. N. Obrutschew, eine Woche nach der Vereinigung Bulgariens.[1] Er befahl Giers, gegen die Nichteinhaltung des Berliner Traktats durch Bulgarien zu protestieren, und berief die russischen Offiziere aus der bulgarischen Armee ab. Damit hoffte er, die Stellung Battenbergs zu untergraben und diesen zum Rücktritt zu bewegen. Doch die Stellung des bulgarischen Regenten im Lande hatte sich gefestigt.

Die Entstehung eines großen bulgarischen Fürstentums rief auch bei dessen Nachbarn, besonders bei Serbien, empfindliche Reaktionen hervor. Trotz der Warnungen seines geheimen Verbündeten, Österreich-Ungarns, erklärte König Milan von Serbien Bulgarien Mitte November 1885 den Krieg. Schon nach einigen Tagen verwandelte sich der zunächst erfolgreiche Feldzug der serbischen Truppen in eine derartige Niederlage, daß mit Kämpfen um Belgrad zu rechnen war. Verzweifelt über diesen Lauf der Dinge gelang es der Wiener Diplomatie, den Battenberger mit dem Argument zur Einstellung der Kampfhandlungen zu bewegen, daß in anderem Falle die Donaumonarchie König Milan militärischen Beistand leisten würde. Anfang März 1886 wurde der Friede zwischen Serbien und Bulgarien auf der Grundlage des Status quo wiederhergestellt.

Petersburg war über diese Eigenmächtigkeiten Wiens auf der Balkanhalbinsel empört. Noch mehr erbitterte es die zaristische Regierung, daß auch die Pforte die Vereinigung Bulgariens faktisch anerkannte. Diese schloß nämlich auf Londons Empfehlung hin mit Fürst Battenberg ein Abkommen ab, demzufolge Ostrumelien zwar formell türkische Provinz blieb, der bulgarische Fürst aber zum Generalgouverneur Ostrumeliens ernannt wurde. Rußland, auf einen neuen Krieg im Nahen Osten nicht vorbereitet, sah sich Anfang 1886 dazu gezwungen, dieses Abkommen der Türkei mit dem verhaßten Battenberger zu sanktionieren. Doch es orientierte nun auf die Beseitigung dieses »ungehorsamen« bulgarischen Fürsten. Im

1 Sapiska A. I. Nelidowa w 1882 g. o sanjatii proliwow. In: Krasny Archiw, Bd. XLVI, Moskau 1931, Alexander III. an Obrutschew, 12./24. September 1885, S. 180f.

August 1886 wurde Alexander von Battenberg gestürzt. Nachdem eine nun zur Macht gekommene russophile Regierung in Sofia kurze Zeit später wieder durch eine auf Wien orientierte Regentschaft unter Stambuloff abgelöst wurde, schickten die Petersburger Machthaber Ende September 1886 einen Sonderbeauftragten des Zaren, den General N. W. Kaulbars, mit dem Auftrag nach Sofia, bei dem bulgarischen Regenten die Wiedereinsetzung einer ihr genehmen Regierung zu erwirken. Dies verdarb die russisch-bulgarischen Beziehungen noch mehr. Zwei Monate später mußte Kaulbars wieder abberufen werden, und die diplomatischen Beziehungen zwischen Petersburg und Sofia wurden abgebrochen. Der Konflikt war verschärft worden. Sowohl der britische Außenminister Salisbury als auch der österreich-ungarische, Kálnoky, wandten sich nun mit scharfen Worten gegen Rußlands Bulgarienpolitik. Die Gefahr eines militärischen Einmarsches russischer Truppen und der Ausbruch eines neuen Krieges im Nahen Osten lagen Ende 1886 in der Luft.

Von Interesse ist aber hier vor allem Bismarcks Haltung zu diesen Ereignissen auf der Balkanhalbinsel.

Die Völker der Balkanhalbinsel waren für den Gründer des Deutschen Reiches von jeher ebenso wie für die führenden Politiker der anderen europäischen Großmächte nur Spielball ihrer eigenen Großmacht- und Expansionspolitik und nur dann von Interesse, wenn diese durch Veränderungen des Status quo ihr eigenes außenpolitisches Konzept in Erschütterung zu bringen drohten. Das hatte die Balkankrise von 1875 bis 1878 gezeigt. Auch das Problem der nationalen Vereinigung Bulgariens war für ihn nicht Selbstzweck, sondern nur Mittel zum Zweck.

Nach dem Berliner Kongreß, auf dem die bulgarische Frage eine so erstrangige Rolle gespielt hatte, schien Bismarck die Wahl Alexander von Battenbergs zum Fürsten von Bulgarien die günstigste aller existierenden Varianten gewesen zu sein. Herkunft und bisheriger Lebenslauf dieses jungen Regenten versprachen Konflikte zwischen den Hohenzollern, den Habsburgern und den Romanows um das bulgarische Fürstentum auszuschließen beziehungsweise auszugleichen. Der Battenberger war ein deutscher Prinz aus Hessen-Darmstadt, sein Vater hatte in der österreich-ungarischen Armee als Offizier gedient und war den Wiener Regierungskreisen eng verbunden geblieben; seine Tante, die Schwester seines Vaters,

Maria Alexandrowna, war die Frau des Zaren Alexander II., und der junge Alexander selbst hatte als Offizier der zaristischen Armee am Russisch-Türkischen Krieg und an der Befreiung Bulgariens teilgenommen.[2]

Das bulgarische Volk drängte jedoch nach dem Berliner Kongreß nach wie vor zur Vereinigung. Daher war Bismarck im Sommer 1881 realistisch genug, dem Text des Dreikaiserbündnisses das Zusatzprotokoll beizufügen, in dem eine Wiedervereinigung Bulgariens von den drei Unterzeichnern nicht mehr in Frage gestellt wurde. Der deutsche Kanzler wollte damit Reibereien zwischen seinen beiden Verbündeten vorbauen, falls dieses Ereignis eintreten würde.

Als diese Vereinigung dann unter Bedingungen eintrat, mit denen nicht zu rechnen gewesen war, ließ sich Bismarck Rußland gegenüber von der Devise strengster Nichteinmischung leiten. Er hatte »kein Bedürfnis, die russische Politik zu kritisieren«, und hielt es »für besser, daß sich dieselbe durch eigne Erfahrung und durch Verhandlungen mit den anderen Mächten richtig stellt, ohne daß *wir* Rußland auf dem Wege hemmen, den es für richtig hält. Wir würden uns späteren Vorwürfen aussetzen.« Auch bei Verhandlungen zwischen Petersburg und Wien über das Bulgarienproblem solle Deutschlands Rolle »dabei zunächst eine zuwartende sein, bis einer von den beiden befreundeten Höfen unsere Einwirkung in Anspruch nimmt oder beide uns anzeigen, daß sie sich geeinigt haben«.[3] Es wäre Bismarck zwar lieber gewesen, wenn die Vereinigung Bulgariens von den Großmächten wieder rückgängig gemacht worden wäre. Sie belastete das ohnehin getrübte Verhältnis zwischen Deutschlands beiden Verbündeten trotz der Abmachungen von 1881 und 1884 noch mehr. Sie erschien in den Augen Bismarcks zudem als ein Präzedenzfall, der das ganze Berliner Traktat wieder in Frage stellen und der noch andere Nationen dazu veranlassen konnte, dem bulgarischen Vorbild zu folgen und besonders die Balkanhalbinsel erneut zum Konzentrationspunkt akuter internationaler Reibungen machen würde. Als die Regierung in Petersburg sich jedoch nicht mehr gegen die Vereinigung Bulgariens – wohl aber gegen Battenberg – stellte, fügte sich Bismarck den Wün-

2 Vgl. E. Cante Corti: Alexander von Battenberg. Sein Kampf mit dem Zaren und Bismarck, Wien 1920, S. 25ff.

3 Die Große Politik ..., Fünfter Bd., Berlin 1922, Dok. Nr. 959, Bismarck an Wilhelm I., 9. Oktober 1885, S. 12f.

schen seines Verbündeten und befürwortete seit Oktober 1885 statt des Status quo ante die »Realunion« zwischen den beiden Teilen Bulgariens, die am 6. April 1886 durch eine Konferenz der Botschafter der europäischen Großmächte in Konstantinopel sanktioniert wurde.

In der Frage des Battenbergers aber verhielt sich Bismarck den russischen Wünschen gegenüber aus taktischen Gründen sehr zurückhaltend. Dem deutschen Kanzler war der junge Regent in Sofia schon von dem Moment an ein Dorn im Auge geworden, als sich dieser vom August 1883 an zum Fürsprecher der gegen die russischen Bevormundungen gerichteten Politik der liberalen bulgarischen Regierung machte und sich außerdem noch mit der Prinzessin Victoria von Preußen, deren Vater der Kronprinz Friedrich von Preußen und deren Mutter die Tochter der Königin Victoria von England war, verlobte. Doch Bismarck trat im Unterschied zu dem mit ihm verbündeten Rußland doch erst dann in der Öffentlichkeit gegen den Battenberger auf, als sich dieser innen- und außenpolitisch so isoliert und geschwächt hatte, daß seine Absetzung keinen großen europäischen Konflikt mehr befürchten ließ. Das war im Herbst 1885 und Frühjahr 1886 noch nicht möglich. Gleichzeitig ließ er – sein übliches Doppelspiel treibend – bei der Petersburger Regierung aber vorsichtig durchblicken, daß er jede Politik Rußlands in Bulgarien, somit also auch den Sturz Battenbergs, überall und auch in Wien diplomatisch unterstützen würde.

Bismarcks Haltung in der bulgarischen Frage war somit auch Mitte der 80er Jahre dadurch bestimmt, aus den Problemen dieser von seinem Blickwinkel aus kleinen Nation am Rande Zentraleuropas und im Einflußbereich Rußlands keinen Konfliktherd zwischen Deutschland und Rußland entstehen zu lassen und den »Draht nach Rußland« nicht zu gefährden. Vier Monate nach dem gesetzwidrigen Sturz des Battenbergers und der erneuten Einmischung der zaristischen Regierung in die inneren Angelegenheiten Bulgariens, die in der ganzen demokratischen und liberalen Öffentlichkeit Europas und auch Deutschlands auf Empörung gestoßen war, nach dem Abbruch der diplomatischen Beziehungen zwischen Petersburg und Sofia und der zunehmenden Kriegsgefahr im Nahen Osten rief Bismarck seinen Gegnern im Reichstag zu: »... wegen Bulgarien, wegen Hekuba, werden wir unser Verhältnis mit Rußland nicht brouillieren, und überhaupt werden wir keinen Krieg führen mit einem Nachbar, mit dem wir keine streitigen Interessen haben.« Sollen »wir deutsche Truppen hergeben, um den Russen die Straße nach Konstantinopel zu versperren? Wenn wir nicht mit Rußland zusammengrenzten, so würde schon jedermann eine Absurdität darin finden ... Dadurch aber, daß wir mit Rußland zweihundert Meilen offene Grenzen haben, wird die Frage eine viel ernstere und schwerere ...« Aufgabe der deutschen Diplomatie solle es sein, ein »Verhältnis der Spannung und des dauernden Hasses ... mit Rußland ... nach Kräften zu verhindern«. Es bestehe »nicht der mindeste Grund, diese für manche unserer inneren Politiker fehlende Zwietracht mit Rußland künstlich erzeugen oder schüren zu wollen«, denn Deutschland sei mit den Revanchegedanken und -vorbereitungen Frankreichs genügend bedroht und beschäftigt.[4]

Zwei Tage vorher war Bismarck im Reichstag ausführlich auf die angeblich guten deutsch-russischen Beziehungen eingegangen. Dort hatte er erklärt: »Unsere Freundschaft mit Rußland hat in der Zeit unserer Kriege gar keine Unterbrechung erlitten und ist auch heute über jeden Zweifel erhaben. Wir erwarten von Rußland durchaus weder einen Angriff, noch eine feindselige Politik ... Wir leben mit Rußland in derselben freundschaftlichen Beziehung wie unter dem hochseligen Kaiser« (gemeint war Alexander II. – *S. W.-K.)*, »und diese Beziehung wird meinerseits auf keinen Fall gestört werden. Was hätten wir denn für ein Interesse daran, Händel mit Rußland zu suchen? ... Ich glaube auch nicht, daß man von russischer Seite nach Bündnissen sucht, um in Verbindung mit anderen uns anzugreifen.«[5]

Knapp zwei Wochen nach diesen beiden Erklärungen im Reichstag gestand Bismarck in einem geheimen Schreiben aber selbst ein, daß er die Haltung Rußlands zu Deutschland in Wirklichkeit längst nicht so optimistisch beurteilte, wie er dies öffentlich verkündet hatte. Aus Sorge um eine französisch-russische Annäherung und den Ausbruch eines Zweifrontenkrieges hätte er in seinen »der Öffentlichkeit anheimfallenden Äußerungen unsere Beziehungen zu Rußland günstiger« dargestellt, als er sie »in der Tat beurteile. Das

4 Otto von Bismarck: Werke, Bd. 13, Berlin 1930, Reichstagsrede vom 13. Januar 1887, S. 250, 251.

5 Ebenda, Reichstagsrede vom 11. Januar 1887, S. 210.

Bild, welches ich von denselben gegeben habe«, schrieb er, »entspricht im großen und ganzen der Wirklichkeit, solange man die Auffassungen des Kaisers Alexander für unwandelbar ansehen darf. Dieselben können aber durch innere sowohl wie durch auswärtige Vorgänge beeinflußt und verschoben werden. Die Elemente, welche im Innern Rußlands auf Krieg drängen, sind mächtig, und Kaiser Alexander legt ihnen mehr Gewicht bei, als mit unserem Interesse verträglich ist ... Wenn zu diesen inneren Einflüssen die Änderung der europäischen Lage träte, welche das Ergebnis des Ausbruchs eines deutsch-französischen Krieges sein würde, so ist die Vermutung nicht ausgeschlossen, daß in einem solchen Falle die Haltung Rußlands wenigstens nicht von der Art sein würde, um uns ähnlich wie 1870 die volle Entblößung unserer Ostgrenze und die Verwendung unserer ganzen Kraft gegen Frankreich zu gestatten.« Außerdem läge »die Gefahr nahe, daß der Friede zwischen Rußland und Österreich durch die Divergenz der orientalischen Interessen beider gestört werden kann, sobald wir durch Krieg mit Frankreich gehindert sind, dem Einvernehmen der Kabinette von Wien und Petersburg dieselbe Pflege wie bisher zu widmen«. Er habe im Reichstag Deutschlands »freundliche Beziehungen zu Rußland besonders« hervorgehoben, »einerseits, um die Verstimmung des Kaisers Alexander auszugleichen, andererseits, um nach Österreich und besonders nach Ungarn hin eine ernüchternde Wirkung zu üben auf die übertriebenen Ansprüche und Erwartungen ... an die deutsche Unterstützung«. Abschließend heißt es in diesem Schreiben, es sei ihm unerwünscht, wenn seine Vertrauenserklärung zu Rußland im Reichstag »die Wirkung hatte, daß unsere deutschen Bundesgenossen sich in bezug auf die Möglichkeit einer Änderung der russischen Politik, falls Frankreich uns angreift, einer Sicherheit hingeben, für welche wir dauernde Bürgschaften nicht besitzen«.[6]

Das Gespenst eines Zweifrontenkrieges war somit für den deutschen Reichskanzler wieder sehr aktuell geworden, und zwar durchaus nicht nur wegen der Nahostkrise.

Die Gefahr einer russisch-französischen Annäherung hatte in den Jahren nach dem Russisch-Türkischen Krieg und dem Beginn der Krise um Bulgarien mehr theoretische als praktische Bedeu-

6 Die Große Politik ..., Fünfter Bd., Berlin 1922, Dok. Nr. 1006, Bismarck an Graf von Werthern, 24. Januar 1887, S. 117f.

tung für die herrschenden Klassen des Deutschen Reiches gehabt. Ende des Jahres 1877 war in Paris die monarchistisch-klerikale Regierung gestürzt und durch eine gemäßigt republikanische abgelöst worden. Frankreichs Außenpolitik hatte nun eine neue Richtung erhalten.

Während Decazes, der bisherige Außenminister, das Deutsche Reich nach wie vor für Frankreichs gefährlichsten Gegner gehalten und den sichersten Schutz vor der Wiederholung eines deutsch-französischen Krieges in einer Annäherung an das zaristische Rußland gesehen hatte, setzten nun Ende des Jahres 1877 jene Kreise des französischen Finanzkapitals ihre außenpolitische Konzeption durch, welche nach Eroberung von Kolonien drängten und dazu eine Annäherung an Deutschland suchten. Ihre Vertreter in der Regierung waren Außenminister W. H. Waddington und Ministerpräsident Jules Ferry. Sie fürchteten ein Anwachsen des russischen Einflusses auf die Türkei und auf dem Balkan, weil hier auch bedeutende französische Kapitalien angelegt waren. Die Folge war eine Änderung der französischen Rußlandpolitik. Während Paris in der Zeit des Russisch-Türkischen Krieges Rußland gegenüber wohlwollende Neutralität bewahrt hatte, unterstützte Frankreichs Außenminister auf dem Berliner Kongreß jetzt nicht mehr Gortschakow, sondern Bismarck. Er, Beaconfield und Andrassy machten nun den russischen Diplomaten zum Beispiel in der bulgarischen Frage noch Schwierigkeiten. Auch als Dank für diese Haltung wurde Frankreich 1881 von den Zweibundstaaten die Besetzung von Tunis gewährt. Frankreich geriet dadurch mit England und Italien in Gegensätze und wurde auf diese Weise bis Mitte der 80er Jahre von einer Annäherung an das Zarenreich und von einem Revanchekrieg gegen Deutschland abgelenkt.[7]

Dies änderte sich nach und nach vom Oktober 1885 an, als in Paris nach dem Sturz des Kabinetts Jules Ferry Neuwahlen stattfanden. Diese standen unter dem Zeichen der Rückkehr Frankreichs zur Kontinentalpolitik, eines starken Wiederauflebens von Nationalismus, Chauvinismus und von Revanchismus gegenüber Deutschland. Frankreichs neuer Kriegsminister, General George Boulanger, zog Teile der Kolonialtruppen nach Frankreich zurück, verstärkte die Armeen an der Grenze zum Deutschen Reich und erweiterte

7 Vgl. A. Manfred: Wneschnjaja politika Franzii 1871–1891 godow, Moskau 1952, S. 193 ff.

den Waffen- und Munitionsbestand des Heeres. All das erweckte in Deutschland den Eindruck, daß in Kürze ein französischer Angriff, Revanche für 1870/1871, bevorstehe.[8] Im Alleingang konnte Frankreich aber einen solchen Schritt nicht wagen. Führende französische Militärs, Teile der Presse und der neue Außenminister, Charles Freycinet, begannen daher die Wiederannäherung Frankreichs an Rußland zu einer der wichtigsten Aufgaben ihrer Politik zu machen. Doch diese ließ sich zwischen einem republikanischen Frankreich und einer absolutistischen Zarenmonarchie nur schwer realisieren. Zu stark waren die Vorbehalte innerhalb der herrschenden Klasse im Reiche Alexanders II. und Alexanders III. gegenüber einem Staate, dessen innenpolitisches Regime sie verabscheuten und fürchteten und der den politischen Gegnern des Zarenregimes Asyl und Schutz gewährte.

Es gab jedoch in Rußland innerhalb des herrschenden Lagers Kräfte, die teilweise schon seit Ende der 70er Jahre eine stärkere außenpolitische Orientierung Rußlands auf Frankreich forderten. Zu diesen gehörten einige liberale Zeitungen, zum Beispiel der »Golos« und die »Russkaja Mysl«, einige Kreise des Hofes, an ihrer Spitze der Großfürst Nikolai Michajlovič und vor allen Dingen einige Militärs, so zum Beispiel der abenteuernde, revanchistische General Skobelew, der sich bereits 1882 in Paris öffentlich zu seinen Auffassungen bekannt hatte, sowie auch General W. N. Obrutschew, der seit 1881 den Posten des Generalstabschefs des Zaren innehatte.

Obrutschew galt schon seit Beginn der 80er Jahre als ein Vertreter der zaristischen Regierungs- und Hofkreise, die sich für eine Annäherung an Frankreich einsetzten. Seine Ernennung zum Generalstabschef war in Deutschland daher mit Sorge registriert worden. Er war mit einer Französin verheiratet, die versuchte, den großen Einfluß, den sie auf ihren Mann und dadurch auf Teile der russischen Gesellschaft ausübte, dazu zu benutzen, Rußland in Frankreichs Dienste zu stellen. Auch der spätere französische Generalstabschef Boisdeffre soll sich schon in den Jahren 1879 bis 1881, als er sich als Militärattaché in Petersburg aufhielt, für eine franzö-

8 Vgl. Die Große Politik ..., Sechster Bd., Berlin 1922, Dok. Nr. 1223 ff., Berichte des Militärattachés von Villaume aus Paris vom 28. Februar 1886, 29. April 1886, 3. Oktober 1886, 22. Oktober 1886, S. 127 ff.

sisch-russische Militärkonvention gegen Deutschland eingesetzt haben.[9]

Bis zur Mitte der 80er Jahre blieb die Hauptorientierung der Petersburger Regierung vor allem aus monarchistischen Überlegungen und aus Furcht vor einem neuen Krieg im Nahen Osten die auf das Dreikaiserbündnis. Doch seit der Krise um Bulgarien wurden die Kräfte innerhalb der herrschenden Schicht des Zarenreiches immer stärker, die sich gegen diese diplomatische Orientierung ihrer Regierung stellten.

An der Spitze der Kritiker von Giers stand in der russischen Öffentlichkeit jetzt der einflußreiche Moskauer Journalist M. N. Katkow. Ab Ende Juli 1886 eröffnete er einen systematischen Feldzug gegen den russischen Außenminister und die deutsche Diplomatie. Er warf Giers vor, Rußland in entwürdigende Abhängigkeit von Deutschland gebracht zu haben. Bismarck sei es daher gelungen, Rußland vom Balkan abzudrängen. Berlin und Petersburg verbände nur noch das abstrakte monarchische Prinzip, doch keine realen Interessen. Rußland brauche keine politischen Bündnisse, sondern Handlungsfreiheit und gute Beziehungen zu Deutschland und Frankreich.[10]

Die Haltung von Zar Alexander III. wurde nun schwankend. Einer der Beweise dafür war für die Berliner Diplomatie folgendes Ereignis:

Am 1. Oktober 1886 meldete der deutsche Botschafter in Paris, Graf Münster, »daß hier in den letzten Tagen des August von russischer Seite der französischen Regierung Anerbietungen zum Zwecke einer Allianz gemacht worden seien«. Es sei nicht bekannt, wer der Unterhändler gewesen sei. »Es soll ... eine weitergehende Allianz für den Kriegsfall angeboten worden sein.« Die aus diesem Anlasse einberufene Sitzung des französischen Ministerrates hätte zwar eine abschlägige Antwort beschlossen. Kriegsminister General Boulanger sei jedoch für diese Allianz gewesen.[11]

Wer es gewesen war, der dieses russische Angebot nach Paris gebracht hatte, ist nicht bekannt. Sicher ist aber, daß dahinter die

9 Vgl. Peter Jacobs: Das Werden des französisch-russischen Zweibundes 1890–1894, Wiesbaden 1968, S. 31 ff.

10 Vgl. Moskowskije Wedomosti, 19./31. Juli 1886.

11 Die Große Politik ..., Sechster Bd., Dok. Nr. 1200, Münster an Bismarck, 1. Oktober 1886, S. 93f.

profranzösischen russischen Kreise um Katkow, Aksakow, Skobelew, Ignatjew und Obrutschew standen; möglich auch, daß Alexander III. eingeweiht war. Giers jedoch wußte nichts davon. Von zunehmenden, von Alexander III. gebilligten Tendenzen einer französisch-russischen Annäherung sprach auch die Mitteilung des Grafen Münster, daß der Zar beschlossen habe, »die Beziehungen mit Frankreich durch Botschafter wiederherzustellen. Herr von Mohrenheim habe Befehl erhalten, spätestens bis Ende November wieder auf seinem Posten in Paris zu sein, und seine Majestät wünsche, daß Herr von Freycinet einen Botschafter womöglich aus der diplomatischen Karriere vorschlagen möge.« Herr von Laboulaye sei dann mit merkwürdiger Schnelligkeit angenommen worden.[12]

Bismarck und Generalfeldmarschall Helmuth Graf von Moltke, der Generalstabschef des kaiserlichen Deutschlands, nahmen diese zunehmenden Anzeichen einer französisch-russischen Annäherung und damit auch der wachsenden Gefahr eines Zweifrontenkrieges, die sie seit 1871 fürchteten, mit Sorge zur Kenntnis. Beide suchten Ende 1886, Anfang 1887 den Ausweg aus dieser Situation in der weiteren Aufrüstung und Militarisierung Deutschlands, wenn möglich auch in einem schnellen Präventivkrieg gegen Frankreich.

Die antideutsche Pressekampagne in Frankreich und die französischen Truppenkonzentrationen an der Grenze zu Deutschland im Laufe des Jahres 1886 dienten ihnen dazu, eine neue Militärvorlage, das sogenannte Septennat, durchzubringen. Bismarck ließ dem Reichstag am 25. November 1886 einen Gesetzentwurf unterbreiten, durch den die weitere Militarisierung des Deutschen Reiches in den nächsten sieben Jahren erheblich vorangetrieben werden sollte. Darin forderte die preußisch-deutsche Regierung eine Erhöhung der Friedenspräsenzstärke des Heeres auf 468 409 Mann, das heißt eine Vermehrung des bisherigen Heeres um etwa 10 Prozent. Die jährliche Rekrutenzahl sollte von 160 000 auf 174 000 erhöht werden. Damit sollten etwa ein Prozent der deutschen Bevölkerung im Heer dienen. Dies erforderte mindestens 24 Millionen Mark Mehrausgaben im Jahr, so daß die Kosten für die Armee dadurch etwa auf 369 Millionen Mark anwachsen würden. Als der Reichstag nach langen Debatten diese Gesetzesvorlage am 14. Januar 1887 nur

12 Ebenda, Dok. Nr. 1203, Münster an Herbert von Bismarck, 5. November 1886, S. 97f.

auf drei Jahre bewilligte, wurde er von Bismarck aufgelöst und Neuwahlen für den 21. Februar festgesetzt.[13]

In der Zeit, in der die »Militärvorlage« im Reichstag beraten wurde, beschwor die offiziöse deutsche Presse die Gefahr eines Angriffskrieges Frankreichs gegen Deutschland herauf. Auch Bismarck ergriff im Reichstag mehrmals das Wort. Er betonte immer wieder Rußlands Friedensliebe und bestritt, daß Deutschland jemals einen Angriffskrieg gegen Frankreich führen würde. Er begründete die Militärvorlage damit, daß Frankreich Deutschland angreifen werde: »... ob in zehn Tagen oder in zehn Jahren, das ist eine Frage, die ich nicht entscheiden kann.« Frankreich wolle die Provinzen zurückerobern, die es 1870/1871 an Deutschland verloren hatte, und würde, falls es das Reich besiegen würde, diesem die erniedrigendsten Friedensbedingungen diktieren. Wenn Frankreich sich stärker als Deutschland fühlen würde, »einmal durch Bündnisse oder auch durch die Überlegenheit seiner Bewaffnung«, wird es Deutschland den Krieg erklären; »... sobald sie glauben, zu siegen, fangen sie den Krieg an. Das ist meine feste, unumstößliche Überzeugung«,[14] rief der Kanzler dem Reichstag zu. Die französische Armee sei seit 1874 beziehungsweise 1881 ganz wesentlich erstarkt. Dagegen müsse sich Deutschland entsprechend schützen.

Nach der Auflösung des Reichstages wurde im Deutschen Reich eine wilde chauvinistische Hetze gegen Frankreich inszeniert und die unmittelbar bevorstehende Kriegsgefahr im Westen an die Wand gemalt. Am 31. Januar 1887 erschien zum Beispiel in der »Post« auf Bismarcks Veranlassung hin ein Artikel: »Auf des Messers Schneide«. Darin wurde behauptet, Frankreich rüste in großer Eile und wolle in Kürze einen Krieg auslösen. 73000 Reservisten wurden nach Elsaß-Lothringen zu Manövern einberufen und die Pferdeausfuhr nach Frankreich verboten. Die ganze Kampagne diente dazu, die Reichstagswahlen dahingehend zu beeinflussen, daß das neue Parlament die Militärvorlage annehmen würde. In der Tat wurde dies erreicht: die Deutschkonservative, die Freikonservative und die Nationalliberale Partei, die sich in einem Wahlkartell zusammengeschlossen hatten, erhielten mit 220 Stimmen die abso-

13 Vgl. Ernst Engelberg: Deutschland von 1871 bis 1897 ..., S. 234f.

14 Otto von Bismarck: Werke, Bd. 13, Rede Bismarcks im Reichstag, 11. Januar 1887, S. 215, 217.

lute Mehrheit, und die Militärvorlage wurde am 11. März 1887 angenommen.[15]

All diese Vorgänge belasteten natürlich das deutsch-französische Verhältnis noch mehr. Doch Bismarck sah in dieser Zeit der geschürten Kriegspsychose ein nützliches Mittel, »Frankreich jetzt, solange Rußland noch nicht anderweitig gebunden war, vom Angriff auf Deutschland und von dem Bündnis mit Rußland wie auch Rußland vom Bündnis mit einer innen- und außenpolitisch höchst gefährdeten französischen Republik abzuhalten«. Auch wollte er »mit der Zuspitzung im Westen der Wiener Regierung eine stichhaltige Begründung für die deutsche Zurückhaltung im Osten liefern und den bisher nur zaghaften Versuchen Österreichs zur Kooperation mit England und Italien einen kräftigen Antrieb geben«. Schließlich sollte auch der Generalstab »noch stärker vom Ostkriegsplan weg auf die militärische Auseinandersetzung mit Frankreich orientiert werden«.[16]

Schon lange, von der Reichsgründung an, hatten sich nämlich unterschiedliche Auffassungen zwischen Bismarck und Moltke über die zukünftige Entwicklung der deutsch-russischen Beziehungen herausgebildet. Bismarck kam während seiner Reichskanzlerzeit wiederholt auf den Gedanken, nochmals Krieg gegen Frankreich zu führen. Doch einen Krieg mit dem zaristischen Rußland und vor allen Dingen einen gleichzeitigen Krieg Deutschlands gegen Frankreich und Rußland, das heißt einen Zweifrontenkrieg, wollte er unbedingt vermeiden. Moltke hingegen hatte nach 1871 »die Entwicklung der deutsch-russischen und der deutsch-französischen Beziehungen zwangsläufig auf den Zweifrontenkrieg zutreiben« sehen[17] und einen solchen von Bismarck gefürchteten Krieg somit für unausbleiblich gehalten. Der Generalstabschef beabsichtigte daher, diesen Krieg dann präventiv auszulösen, wenn vom militärischen Standpunkt aus mit einem schnellen Sieg Deutschlands an beiden Fronten zu rechnen war. Mit der Zunahme der deutsch-russischen Widersprüche seit Ende der 70er Jahre hatte sich dieser Standpunkt Moltkes, der den Grundsätzen der Bismarckschen Außenpolitik wi-

15 Vgl. Ernst Engelberg: Deutschland von 1871 bis 1897 ..., S. 237 f.

16 Gustav Seeber: Bismarcks Sturz. Zur Rolle der Klassen in der Endphase des preußisch-deutschen Bonapartismus 1884/85 bis 1890, Berlin 1977, S. 143.

17 Konrad Canis: Alfred von Waldersee. Außenpolitik und Präventivkriegsplanung in den achtziger Jahren. In: Gestalten der Bismarckzeit, Berlin 1978, S. 408.

dersprach, verhärtet. Aktuell waren die Präventivkriegspläne – auch gegen Rußland – schon von 1882 an mit der Einsetzung General Alfred von Waldersees als Generalquartiermeister und Stellvertreter Moltkes geworden. Während Bismarck damals das Dreikaiserbündnis zu Recht für nicht akut gefährdet gehalten hatte, hatten die führenden deutschen Militärs die zunehmenden deutsch-russischen und russisch-österreichischen Gegensätze »trotz Bismarcks Widerstand und zum Teil ohne sein Wissen zu Absprachen mit der österreich-ungarischen Armeeführung über das gemeinsame militärische Vorgehen gegen Rußland« benutzt. »Beide Generalstäbe stimmten überein, den für sie unvermeidlichen Krieg möglichst bald gemeinsam präventiv zu beginnen, offensiv zu führen, rasche Entscheidungen zu suchen und dann umgehend zu beenden.«[18] Und Waldersee hatte schon im März 1882 militärische Maßnahmen gegen Rußland geplant, was von Bismarck verhindert werden konnte. So hatte sich schon von diesem Jahr an der Generalstab des kaiserlichen Deutschlands in Absprache und in Übereinstimmung mit dem Generalstab Österreich-Ungarns »sogar mit praktischen Konsequenzen auf eine Position begeben, die im Widerspruch zum außenpolitischen Kurs Bismarcks stand«[19].

Als von Mitte der 80er Jahre an die Krise um Bulgarien die Dreikaiserpolitik Bismarcks ernsthaft in Frage zu stellen begann, die Gefahr militärischer Auseinandersetzungen um die Balkanhalbinsel – auch zwischen Rußland und Österreich-Ungarn – zunahm und Annäherungstendenzen zwischen Rußland und Frankreich offensichtlich waren, verstärkten sich die Vorbehalte des deutschen Generalstabschefs gegenüber dem außenpolitischen Kurs des Reichskanzlers, und die Militärs setzten sich wiederum für die baldige präventive Kriegsauslösung an beiden Fronten ein. Dies um so mehr, als sich die russische öffentliche Meinung Deutschland gegenüber weiter außerordentlich verschlechtert hatte, sich in wachsendem Maße gegen eine Bindung an Deutschland aussprach und die Sympathien gegenüber Frankreich zunahmen. Besonders typisch war dafür der einflußreiche Moskauer Pressemagnat Katkow, der nun nicht nur in seinen »Moskowskije Wedomosti«, sondern seit Januar 1887 auch in Briefen an Zar Alexander III. gegen ein Bündnis mit Deutschland und für die Erhaltung der außenpolitischen Handlungsfreiheit des

18 Ebenda, S. 409.
19 Ebenda, S. 412. – Vgl. Konrad Canis: Bismarck und Waldersee, Berlin 1980, S. 75 ff.

Zarenreichs eintrat. Katkow begründete dies sowohl mit den Bedürfnissen der russischen Nahostpolitik als auch damit, daß sich Rußland die Möglichkeit erhalten müsse, Frankreich vor einem Überfall Deutschlands schützen zu können. Scharf kritisierte er die Haltung des Außenministers zu Deutschland, liebäugelte mit der Ablösung Giers' durch Ignatijew und steigerte sich schließlich zur Forderung eines Verteidigungsabkommens Rußlands mit Frankreich.[20] Auch hohe russische Militärs traten für eine veränderte Bündnispolitik ihrer Regierung ein. Kriegsminister Wannowski, der Generalgouverneur von Warschau, Gurko, General Bogdanowitsch und Generalstabschef Obrutschew drängten auf ein Bündnis mit Frankreich, das seine Armee in so beeindruckendem Tempo wiederhergestellt hatte. General Bogdanowitsch fuhr im Frühjahr 1887 nach Paris, nahm Kontakt mit einflußreichen Kreisen auf und warb – auch im geheimen Auftrage Katkows – für ein Bündnis mit Rußland.[21] Selbst Zar Alexander III. war im Januar 1887, wie der Stellvertreter von Giers, W. N. Lamsdorf, in seinem Tagebuch festhielt, »nicht nur gegen den Dreibund«, sondern sogar »gegen das Bündnis mit Deutschland«, liebäugelte mit der Okkupation Bulgariens und stand den Annäherungsbestrebungen an Frankreich damals nicht ganz ablehnend gegenüber.[22]

Nicht all dies, was in Rußland vor sich ging, wurde Moltke und Waldersee bekannt. Doch es war vor ihnen nicht zu verbergen, daß der zaristische Generalstab um die Jahreswende 1886/1887 Mobilisierungsvorbereitungen gegen Deutschland einleitete, Botschafter von Schweinitz aus Petersburg mitteilte, daß die russischen Staatsmänner »Frankreichs Fortbestand als Großmacht in Rußlands Interesse« liegend erachteten[23] und der internationalen Öffentlichkeit über die Brüsseler Zeitung »Le Nord« in einem von der russischen Diplomatie inspirierten Artikel kundgetan wurde, daß Rußland bei einem deutsch-französischen Krieg nicht neutral bleiben werde.

Auch Bismarck konnte sich nun der Tatsache nicht verschließen,

20 Vgl. Krasny Archiw, Bd. LVIII, Moskau 1933, Briefe Katkows an Alexander III. vom 26. Dezember 1886/7. Januar 1887 bis 31. März/12. April 1887, S. 60 ff.

21 Vgl. Sigrid Kumpf-Korfes: Bismarcks »Draht nach Rußland« ..., S. 95 ff.

22 W. N. Lamsdorf: Dnewnik Lamsdorfa 1886–1890, Moskau – Leningrad 1926, S. 41, 45 ff., 79, 82 ff. – Vgl. Hans Lothar von Schweinitz: Denkwürdigkeiten ..., Bd. II, S. 336.

23 Die Große Politik ..., Fünfter Bd., Dok. Nr. 991, von Schweinitz an Bismarck, 16. November 1886, S. 74.

daß die Gefahr eines Zweifrontenkrieges für Deutschland zugenommen hatte. Er beharrte zwar erfolgreich auf dem Standpunkt, sich weder von Moltke noch von Waldersee zum Krieg gegen Frankreich oder Rußland zwingen zu lassen. Doch falls gleichzeitige Kriege im Westen und Osten Deutschlands entgegen allen seinen Bemühungen unvermeidlich werden sollten, so strebte Bismarck im Unterschied zu Moltke und Waldersee zwei voneinander getrennte Kriege an, um Deutschland auf diese Weise den Zweifrontenkrieg zu ersparen. Er erhoffte sich für diesen Fall möglichst zuerst den Ausbruch einer militärischen Auseinandersetzung zwischen dem Zarismus und einer österreichisch-englisch-italienischen Koalition. Das würde Deutschland dann in die Lage versetzen, Frankreich militärisch zu bekämpfen, ohne zur gleichen Zeit den russischen Angriff im Osten befürchten zu müssen.[24] Um einen solchen Fall vorzubereiten, waren neue diplomatische Kombinationen und Aktivitäten nötig.

Der deutsche Reichskanzler verlagerte den Schwerpunkt seiner diplomatischen Tätigkeit nun zunächst darauf, den 1882 abgeschlossenen Dreibund mit Österreich-Ungarn und Italien zu verlängern. Dies gelang ihm nach langen Verhandlungen mit Kálnoky am 20. Februar 1887. Dem Vertrag wurden zwei geheime Zusatzprotokolle angeschlossen: Ein Abkommen zwischen Wien und Rom sah das gemeinsame Eintreten für den Status quo auf dem Balkan vor; ein weiteres Abkommen zwischen Berlin und Rom garantierte Italien die Hilfe Deutschlands in einem Krieg, sogar in einem Angriffskrieg gegen Frankreich um nordafrikanische Gebiete. Der deutsche Kanzler hatte dem Reich somit einen Verbündeten gegen Frankreich geschaffen.

Zur gleichen Zeit wurde unter aktiver Beihilfe Bismarcks die sogenannte Mittelmeerentente zwischen Deutschlands beiden Dreibundpartnern und England abgeschlossen, welches Verbündete gegen die Hauptgegner seiner damaligen Expansionspolitik in Nordafrika, im Mittelmeerraum und im Nahen Osten – Frankreich und Rußland – brauchte. Die Regierungen Roms und Londons tauschten am 12. Februar 1887 Noten aus, in denen beide Seiten sich zusicherten, bei der Aufrechterhaltung des Status quo an den Küsten Nordafrikas, des Mittelmeers, der Ägäis und des Schwarzen Meeres zu-

24 Vgl. Gustav Seeber: Bismarcks Sturz..., S. 142. – Vgl. Die Große Politik ..., Vierter Bd., Berlin 1922, Dok. Nr. 900, Herbert von Bismarck an Hatzfeld, 11. März 1887, S. 322.

sammenzuarbeiten, ohne dabei jedoch militärische Verpflichtungen festzulegen. Mitte März schloß sich auch Wien diesem Abkommen durch Notenaustausch an.[25] So war es gelungen, ein Vertragswerk zwischen Großbritannien, Österreich-Ungarn und Italien gegen Deutschlands potentiellen Hauptgegner, Frankreich, zu schaffen, ohne die Berliner Regierung an dieses Vertragswerk zu binden. Gleichzeitig konnte nun jedes Vordringen Rußlands auf dem Balkan oder an den Meerengen – zu welchem der deutsche Kanzler die Zarenregierung immer wieder anstachelte – auf den vereinten Widerstand der drei Verbündeten treffen. »Bismarck hatte also – wenigstens vertragsmäßig – eine Konstellation erreicht, wie sie ihm als Voraussetzung für eine Separierung der beiden Hauptspannungsherde zum Zwecke ihrer Lösung oder ihrer Reduzierung, mit oder ohne militärischen Konflikt, vorschwebte.«[26]

Doch bei dieser regen diplomatischen Tätigkeit ließ der deutsche Reichskanzler sein Ziel, zum Vertragsabschluß auch mit Rußland zu kommen, nicht aus den Augen. Als ihm klar wurde, daß dieser Plan ernstlich gefährdet war, versuchte er die Position der deutschfreundlichen Kreise im Zarenreich durch gewisse Zugeständnisse zu verbessern. Vor allen Dingen wurde der Kriegslärm in Deutschland gegenüber Frankreich eingestellt und Rußland die Versicherung gegeben, daß Deutschland Frankreich niemals angreifen würde.[27] Gleichzeitig wandte Bismarck, wie üblich, Druckmittel an. Der deutsche Botschafter in Konstantinopel erhielt aus Berlin die Weisung, die russische Politik in der bulgarischen Frage nicht mehr zu unterstützen und bei englisch-russischen Meinungsverschiedenheiten streng neutral zu bleiben.[28] Der Kanzler drohte Petersburg auch die Abberufung der deutschen Konsuln aus Sofia an und änderte seine Haltung in der Battenbergfrage.[29] Und er ließ Botschafter von Schweinitz wissen, daß Deutschland den Presse- und Zoll-

25 Vgl. W. M. Chwostow/I. I. Minz: Geschichte der Diplomatie, Zweiter Bd., S. 117 f. – Ernst Engelberg: Deutschland von 1871 bis 1897 ..., S. 243 f.

26 Gustav Seeber: Bismarcks Sturz ..., S. 145.

27 Vgl. Hans Lothar von Schweinitz: Denkwürdigkeiten ..., Bd. II, S. 336. – Lucius von Ballhausen: Bismarckerinnerungen, S. 379.

28 Vgl. Joseph Maria Radowitz: Aufzeichnungen und Erinnerungen aus dem Leben des Botschafters Joseph Maria von Radowitz, Bd. II, Stuttgart – Berlin – Leipzig 1925, S. 266 f.

29 Vgl. Hans Lothar von Schweinitz: Denkwürdigkeiten ..., Bd. II, S. 335. – E. Conte Corti: Alexander von Battenberg ..., S. 295 f.

krieg gegen Rußland aufzunehmen beabsichtige.[30] Weiter gab Bismarck der Presse Anweisung, die rußlandfreundlichen Stellen seiner Reichstagsrede – die vor allem »nach auswärts« gerichtet gewesen seien – wieder abzuschwächen.

Die Androhung neuer zollpolitischer Maßnahmen Deutschlands gegen den russischen Import war durchaus keine Phrase – dessen war man sich in Petersburg bewußt. Und man fürchtete sie.

Schon Mitte der 80er Jahre, als es den Außenministern Berlins, Petersburgs und Wiens mit großer Mühe gelungen war, den Zerfall des »Dreikaiserbündnisses« noch hinauszuschieben, hatten sich die handelspolitischen Differenzen zwischen Deutschland und Rußland wieder zugespitzt und begonnen, das von den Diplomaten mit so viel Geduld geschaffene Vertragswerk zu untergraben.

Eine zu Beginn der 80er Jahre ausgebrochene Wirtschaftskrise hatte die Absatzschwierigkeiten der russischen Industriebourgeoisie und der preußischen Junker verstärkt. Beide Klassen hatten ihren Kampf um das Monopol des Innenmarktes aktiviert.

Die zaristische Regierung hatte 1882, 1884 und 1885 den Forderungen der russischen Großbourgeoisie Gehör geschenkt und die Zölle vor allem für Erzeugnisse der Schwerindustrie erhöht. Die preußisch-deutsche Regierung ihrerseits hatte sich im Interesse der deutschen Exportindustrie, die auf Rußlands neue Zollerhöhungen empfindlich reagierte, zu Gegenmaßnahmen gezwungen gesehen. Bismarck hatte zwar auf seinen ursprünglichen, bereits 1879 im Reichstag verkündeten Plan verzichtet, Kampfzölle allein gegenüber Rußland, das heißt differenzielle zollpolitische Maßnahmen gegenüber dem Land, an dessen politischer Gunst ihm so sehr gelegen war, in Anwendung zu bringen. Doch er hatte im Mai 1885 im Reichstag einen neuen Schutzzolltarif auf Agrarprodukte durchgesetzt, der die Importzölle für einen Doppelzentner Weizen und Roggen von einer auf drei Mark erhöhte, die Holzzölle, an denen ihm selbst so sehr gelegen war, verdoppelte und auch anderen landwirtschaftlichen Erzeugnissen zusätzlichen Zollschutz gab. Ein Jahr später war der russische Roggen- und Weizenimport in Deutschland im Vergleich zu 1884 um etwa 50 Prozent gesunken. Dies belastete natürlich auch die Staatsfinanzen des Zarenreichs.[31]

30 Vgl. Moritz Busch: Tagebuchblätter, Bd. III, Denkwürdigkeiten aus den Jahren 1880–1893, Leipzig 1899, S. 214.

31 Vgl. Sigrid Kumpf-Korfes: Bismarcks »Draht nach Rußland« ..., S. 50 f.

Auch mit diesem verstärkten Schutz hatten sich weder Rußlands Großindustrielle noch Preußen-Deutschlands Junker zufriedengegeben.

Schon Ende 1885 und Anfang 1886, während die Krise um Bulgarien eskalierte, wurden in Rußland erneut energischste Stimmen nach weiteren Zollerhöhungen wieder vor allem bei der Eisenindustrie laut. Ihre Vertreter veranstalteten Kongresse, sandten Eingaben an das Petersburger Finanz-, das Kriegs- und das Marineministerium und machten sich Teile der russischen Presse, zum Beispiel die Katkowschen »Moskowskije Wedomosti«, zu ihrem Sprecher. Dies setzte die deutsche Exportindustrie um so mehr in Erregung, als die bisherigen russischen Schutzzölle besonders dem Absatz der Erzeugnisse der deutschen Schwerindustrie in Rußland geschadet hatten. Von 1880 bis 1886 war Deuschlands Gesamtexport nach Rußland von 300 Millionen Mark auf fast 200 Millionen Mark gefallen und Rußlands Stellung in Deutschlands Gesamtexport von 7,3 auf 4,5 Prozent gesunken. Besonders stark hatte diese Entwicklung den Export der eisenerzeugenden und eisenverarbeitenden Industrie Oberschlesiens und Rheinland-Westfalens getroffen, denn der Anteil dieser Zweige der deutschen Schwerindustrie am deutschen Gesamtexport nach Rußland verringerte sich in den sechs Jahren schneller als der der übrigen Industriezweige, nämlich von 20 auf 10 Prozent. Infolgedessen waren es vor allen Dingen Vertreter dieser Industriekreise, die von der Reichsregierung forderten, Petersburg zum Verzicht auf weitere Zollerhöhungen und zur Rücknahme der bestehenden Schutzzölle zugunsten des nach wie vor wichtigsten Importeurs nach Rußland zu zwingen.[32] Eine Art von Zollkrieg drohte in der Tat bereits damals zwischen den beiden Staaten auszubrechen.

Bismarck befand sich nun in einer komplizierten Situation, und seine Aktionsfähigkeit war eingeschränkt. Ökonomische, innenpolitische und außenpolitische Aspekte galt es gegeneinander abzuwägen. Der Kanzler konnte und wollte sich den seit jeher starken und wachsenden Exportinteressen großer Teile der deutschen Industrie nach Rußland aus ökonomischen und innenpolitischen Gründen nicht entgegenstellen, auch weil er selbst die Unterstützung dieser Klasse brauchte. Ihr aber Zugeständnisse Rußlands auf Kosten deut-

32 Vgl. Jürgen Kuczynski/Grete Wittkowski: Die deutsch-russischen Handelsbeziehungen ..., S. 27. – Sigrid Kumpf-Korfes: Bismarcks »Draht nach Rußland« ..., S. 52 f.

scher Agrarzölle zu erkaufen, lehnte er kategorisch ab – dazu waren seine Bindungen an das Junkertum zu stark. So mußte er früher oder später wieder zu Kampfzolldrohungen gegenüber Rußland oder zu weiteren allgemeinen deutschen Agrarzollerhöhungen übergehen. Das hätte aber vom Sommer 1885 bis zum Sommer 1887 ernste negative Auswirkungen auf das durch die Bulgarienkrise und die französisch-deutsche Kriegspsychose ohnehin getrübte deutsch-russische Verhältnis gehabt und den Abschluß eines Vertrages Deutschlands mit Rußland – an einen Dreikaiservertrag war nicht mehr zu denken – ernsthaft in Frage gestellt. So schien es das Klügste, sowohl gegenüber den beiden herrschenden deutschen Ausbeuterklassen als auch gegenüber der zaristischen Regierung, zu sein, in Berlin eine intensive zollpolitische Analysentätigkeit zu entwickeln, um Zeit zu gewinnen, neue zollpolitische Differenzen hinauszuzögern, gleichzeitig auch, um den russischen Partner, falls dies gegeben erschien, zu erpressen und ihn auch für ein Separatbündnis mit Deutschland gefügig zu machen.

Auf Veranlassung Bismarcks wurde das wirtschaftspolitische Vorgehen gegenüber Rußland in den dafür zuständigen Ministerien ausführlich beraten. Dann erhielt die Botschaft in Petersburg vom Auswärtigen Amt den Auftrag, amtlich mitzuteilen, daß Deutschland bei neuen Zollerhöhungen Rußlands oder Einfuhrverboten für seine wichtigsten Exportwaren die Getreide-, Holz- und Schweineeinfuhr nach Deutschland mit Kampfzöllen belegen würde. Damit, so hoffte die deutsche Seite, hätte sie neuen russischen Zollerhöhungen erst einmal einen Riegel vorgeschoben.

Mitte Mai 1886 schien sich das Bulgarienproblem als zollpolitisches Erpressungsmittel gegenüber Rußland anzubieten. In einer Unterredung mit dem russischen Botschafter in Berlin, Pawel Schuwalow, bot Bismarck der Zarenregierung Deutschlands wohlwollende Neutralität gegenüber den russischen Einflußbestrebungen in Bulgarien an und forderte dafür von dieser Zollzugeständnisse an Deutschlands Exportindustrie. Außenhandels- und Außenpolitik wurden also vom deutschen Kanzler miteinander verknüpft, um den »Verbündeten« gefügig zu machen. Wie es schien mit Erfolg.

Pawel Schuwalow richtete nun an Giers ein Schreiben, in dem er Verhandlungen mit Deutschland über Zollfragen vorschlug. Dieser stimmte um so lieber zu, als ihm die Versprechungen Bismarcks, die deutsche Haltung in der Bulgarienfrage betreffend, – gerade in dieser Zeit wurde der Sturz des Fürsten Battenberg vorbereitet – geeignet erschienen, die Beziehungen zu Berlin wieder zu verbessern. Finanzminister Bunge, vor allem aus fiskalischen Gründen an der Erhaltung des deutschen Absatzmarktes interessiert, war mit Schuwalows Vorschlägen einverstanden und sogar zu gegenseitigen Zollzugeständnissen bereit. Ende Mai 1886 gab die zaristische Regierung ihre Absicht, die Einfuhrzölle auf Eisen, Roheisen und Kohle zu erhöhen, mit der Begründung vorläufig auf, daß die neuen Zollprojekte Rußlands Deutschland zu sehr erregt hätten. Im folgenden Monat beauftragte Giers seinen Berliner Botschafter, der deutschen Seite Rußlands Bereitschaft zu einem Zollabkommen auf der Basis gegenseitiger, das heißt auch deutscher Zugeständnisse an den russischen Getreide-, Holz- und Erdölimport mitzuteilen. Mitte August 1886 ging Bismarck auf diese Verhandlungsangebote Schuwalows ein und beauftragte das Reichsschatzamt, das preußische Finanzministerium und das preußische Ministerium für Handel und Gewerbe mit der Vorbereitung dieser Gespräche. Unter dem Druck deutscher Drohungen und Versprechungen schienen somit die deutschfreundlichen Regierungskreise in Petersburg gesiegt zu haben.

Doch der Schein trog. Während in Bulgarien durch den Sturz des Battenbergers die Krise einen neuen Höhepunkt erreichte, deren Ausgang noch nicht abzusehen war, Rußlands Ansehen in Europa aber eindeutig schwächte, einigte man sich in Deutschland auf eine zollpolitische Konzeption gegenüber Petersburg, die einen Kompromiß unmöglich machte. Man forderte Bindung, möglichst aber Ermäßigung der Zölle für die deutsche Exportindustrie, insbesondere für Erzeugnisse der Schwerindustrie und der Textilindustrie, und bot Rußland Zugeständnisse für seine Petroleum-, Flachs- und Hanfexporte an. Doch eine Bindung der deutschen Getreidezölle lehnten Bismarck und die beiden preußischen Ministerien kategorisch ab. Dementsprechende Instruktionen wurden ausgearbeitet.[33]

Dies hatte zur Folge, daß sich in Rußland wieder die Anhänger neuer Zollerhöhungen durchsetzten. Die Gespräche über deutsch-russische Verhandlungen versiegten. Im Dezember begann der Reichsrat mit der Beratung neuer Zollerhöhungen, und im gleichen Monat wurde Finanzminister Bunge abgesetzt. Der neuernannte Fi-

33 Vgl. ebenda, S. 53 ff.

nanzminister, I. A. Wischnegradski, erhöhte im Mai 1887 die russischen Importzölle auf Erze, Roheisen, Eisen, Stahl, Erzeugnisse aus diesen Metallen und auf Kohle beträchtlich. In den folgenden Monaten folgten Zollerhöhungen auf Schiffe, Waggons, Textilien und andere Waren. Außerdem wurde die Vorbereitung einer allgemeinen Reform des russischen Zolltarifs vorbereitet.[34]

Auf diese Wendung der Dinge war Bismarck nicht vorbereitet, und sie traf ihn ebenso wie die deutsche Exportindustrie. Doch der Kanzler, dem zunächst dringend an einer politischen Vereinbarung mit Rußland gelegen war, hielt es für ratsam, erst dann zu zollpolitischen und anderen wirtschaftspolitischen Gegenschlägen gegen Rußland auszuholen, wenn der »Draht« Deutschlands zu diesem Staat in schriftlicher Form sichergestellt war.

Dafür, daß die an einem Zusammengehen mit dem deutschen Kaiserreich interessierten konservativen Kreise im zaristischen Rußland dem Fürsten Bismarck dabei auch diesmal in dem Maße entgegenkommen würden, wie dies ihre eigene Stellung nicht gefährdete, sprach folgendes:

Giers und den ihm nahestehenden Politikern war es im Laufe des Jahres 1886 endgültig klargeworden, daß der Gedanke an ein weiteres »Bündnis« mit der Habsburger Monarchie fallengelassen werden mußte. Um dem Reich der Romanows jedoch das weitere politische Zusammengehen mit den Hohenzollern zu erhalten, somit also von der Dreikaiser- zur Zweikaiserpolitik überzugehen, hatten sie bereits Mitte November 1886 der Berliner Regierung erstmals den Vorschlag eines separaten russisch-deutschen Bündnisses gemacht. Dieses sollte Rußland freie Hand auf dem Balkan und im Nahen Osten auch gegenüber Österreich-Ungarn geben und Deutschland dafür freie Hand gegenüber Frankreich bieten.[35] Die französisch-russischen Annäherungstendenzen konnten ihnen dabei auch als Druckmittel dienen, diesem Vorschlag bei Bismarck Gehör zu verschaffen.

Auch der deutsche Kanzler hatte spätestens ab Herbst 1886 einsehen müssen, daß ein nochmaliger Ausgleich zwischen seinen beiden »Verbündeten«, Rußland und Österreich-Ungarn, in Form des

34 Vgl. M. N. Sobolew: Tamoshennaja politika Rossii w wtoroi polowine XIX weka, Tomsk 1911, S. 503 ff.

35 Vgl. Die Große Politik..., Fünfter Bd., Dok. Nr. 991 ff., von Schweinitz an Bismarck, 16. November 1886, S. 73 ff.

Dreikaiserbündnisses nicht mehr im Bereich seiner diplomatischen Möglichkeiten lag. Vielmehr war mit einer weiteren Verschärfung der Gegensätze zwischen diesen beiden am Nahen Osten interessierten Mächten zu rechnen. Es wurde daher auch für ihn nun höchste Zeit, seine Bündnispolitik Rußland gegenüber etwas flexibler zu gestalten, eventuell auch den Expansionsbestrebungen der herrschenden Klassen des Zarenreichs im Nahen Osten neue, über die Abkommen von 1881 und 1884 hinausgehende geheime verbale Zugeständnisse zu machen. Diese würden zwar den Interessen Wiens widersprechen, erschienen aber notwendig, um den auf ein Zusammengehen mit Deutschland orientierten Kreisen in Petersburg den Rücken zu stärken und dadurch der drohenden Annäherung zwischen Paris und Petersburg und der wachsenden Gefahr eines Zweifrontenkrieges einen Riegel vorzuschieben. Ein russisch-deutscher Neutralitätsvertrag für den Fall eines Krieges zwischen Frankreich und Deutschland mußte Bismarck höchst willkommen sein. Doch es widersprach seinem außenpolitischen Konzept, dem zaristischen Rußland dafür freie Hand für einen Angriff auf die Donaumonarchie, Deutschlands Hauptverbündeten, zu garantieren.

So setzte auch er wie Moltke und Waldersee erst einmal auf die weitere Militarisierung Deutschlands – für die nächsten sieben Jahre, zog einen präventiven Überfall Deutschlands auf Frankreich in Betracht und konzentrierte seine diplomatischen Aktivitäten auf die Erneuerung des Dreibundes mit Wien und Rom und die Schaffung der Mittelmeerentente. Dies um so mehr, als Giers seinen Botschafter in Berlin, Pawel Schuwalow, beauftragt hatte, die Gespräche mit dem deutschen Kanzler über ein deutsch-russisches Separatabkommen vorübergehend einzustellen, wozu er sich auch wegen der starken antideutschen Stimmung in Petersburger Regierungskreisen und der russischen Öffentlichkeit gezwungen gesehen hatte.

Am 19. März 1887 konnte Botschafter von Schweinitz dem deutschen Reichskanzler aber schließlich aus Petersburg berichten: »Ganz aus freien Stücken fing der russische Minister des Äußeren an, von dem bevorstehenden Endtermin unseres Abkommens zu sprechen und von seinem Wunsche, dasselbe verlängert zu sehen.« Sein Inhalt müßte aber anders als 1884 sein. Und vollständige Geheimhaltung sei für Rußland eine der Hauptbedingungen. Wenn sich der deutsche Botschafter auch darüber klar war, daß Rußland die Geheimhaltung eines Vertrages mit Deutschland nur deshalb verlangte, »weil der Kaiser Alexander glaubt, daß ein Bündnis mit uns vorteilhaft für seine äußere Politik, scheinbarer Deutschenhaß aber notwendig für seine Popularität und Sicherheit im Innern« sei, so hielt er doch »eine geheime, den Zaren einigermaßen bindende Abmachung« für besser als gar keine und fand darin Bismarcks Zustimmung.[36]

Im April 1887 gab Alexander III. schließlich seine Zustimmung zur Erneuerung der Verhandlungen mit dem Deutschen Reich über die Ersetzung des Dreikaiserbündnisses durch ein russisch-deutsches Separatabkommen, und Schuwalow erhielt den Auftrag, in Berlin seine Bündnisverhandlungen mit Bismarck fortzusetzen. Am 11. Mai 1887 unterbreitete der russische Botschafter Bismarck das Vertragsprojekt. Nach langen komplizierten Verhandlungen kam es schließlich am 18. Juni 1887 zur Unterzeichnung des Geheimabkommens, das als »Rückversicherungsvertrag« in die Geschichte eingegangen ist. Sein erster Artikel, um den es die heftigsten Auseinandersetzungen gegeben hatte, beinhaltete eine gegenseitige wohlwollende Neutralitätsverpflichtung bei Eintritt eines der Partner in einen Krieg mit einer dritten Macht, ausgenommen ein Angriffskrieg Deutschlands auf Frankreich und ein Angriffskrieg Rußlands auf Österreich-Ungarn. Der Vertrag enthielt außerdem Bestimmungen über den vorherrschenden Einfluß Rußlands in ganz Bulgarien und die Unterstützung der russischen Politik in der Meerengenfrage durch Deutschland. Ihm wurde ein geheimes Zusatzprotokoll beigefügt, das die Wiedereinsetzung des Battenbergers in Bulgarien ausschloß und die Neutralität der deutschen Seite versprach, wenn Rußland sich der Meerengen bemächtigen sollte. Der Vertrag hatte eine Gültigkeitsdauer von drei Jahren, das heißt bis 1890.[37]

Bismarck war es zwar nicht gelungen, in diesem seinem letzten bündnisähnlichen Abkommen sich den Rücken frei zu machen für einen deutschen Angriffskrieg gegen Frankreich. Doch die Neutralität Rußlands bei einem Angriff Frankreichs auf Deutschland war sichergestellt. Der seit Mitte der 80er Jahre wieder verstärkt drohenden französisch-russischen Annäherung gegen Deutschland und der Gefahr eines Zweifrontenkrieges war nun vorgebeugt worden. Petersburg war die Furcht vor einem Angriff der Mittelmächte –

36 Ebenda, Dok. Nr. 1071, von Schweinitz an Bismarck, 19. März 1887, S. 220, 221.
37 Vgl. W. M. Chwostow/I. I. Minz: Geschichte der Diplomatie, Zweiter Bd., S. 120 f.

Deutschland, Österreich-Ungarn und Italien – genommen. Zugesichert wurde ihm außerdem in dem ganz geheimen Zusatzprotokoll die deutsche Unterstützung der russischen Politik in Bulgarien, seine diplomatische und moralische Hilfe, falls Rußland die Meerengen, das Tor zu seinem Reich, besetzen werde. Die vertraglichen Voraussetzungen für eine Schwerpunktorientierung der Außenpolitik Rußlands auf den Nahen Osten waren damit geschaffen und die »bündnispolitischen Bedingungen für die Separierung der beiden Krisenherde sowie das Zustandekommen zweier getrennter Konfrontationen« dadurch wesentlich erweitert.[38] Da die russische Seite sich 1887 und in den folgenden Jahren außen- und innenpolitisch nicht stark genug fühlte, neue Komplikationen im Nahen Osten auszulösen, sah sie in diesem Vertrag vor allen Dingen ein Mittel, den Frieden in Europa zu erhalten.

Trotz der außenpolitischen Differenzen zwischen den herrschenden Klassen der beiden Monarchien und der ständig wachsenden handelspolitischen Widersprüche sowie der Haltung großer Teile der russischen Öffentlichkeit gegen eine Bindung Rußlands an Deutschland hatten sich somit im Juni 1887 die deutschfreundlichen und letztlich in Europa weniger aggressiven Kräfte in Rußland nochmals als stärker erwiesen. Die vertraglichen Bindungen zwischen Berlin und Petersburg blieben in strengster Geheimhaltung bestehen, und die Gefahr eines französisch-russischen Abkommens war dadurch zunächst verzögert worden. Ob es Bismarck auch gelungen war, den Alptraum eben dieser diplomatischen Kombination für immer zu bannen? Von seiner eigenen Außen- und Wirtschaftspolitik und den Zugeständnissen, die er in den folgenden drei Regierungsjahren an die wachsenden expansiven Forderungen der herrschenden Klassen des von ihm regierten Reiches und des preußisch-deutschen Militarismus machen würde, mußte viel abhängen.

38 Gustav Seeber: Bismarcks Sturz..., S. 151.

V.

Zwischen Rückversicherungsvertrag und der Absetzung Bismarcks (Sommer 1887–März 1890)

Die dem Abschluß des Rückversicherungsvertrages mit Rußland im Sommer 1887 folgenden letzten Jahre dieses Jahrhunderts waren durch eine Wirtschaftspolitik des deutschen Kaiserreiches gegenüber dem zaristischen Rußland, durch eine Militärpolitik und durch eine Nahostpolitik gekennzeichnet, die sich negativ auf das politische Verhältnis zwischen den beiden »befreundeten« und »verbündeten« Monarchien auswirken mußten und die die deutsch-russische Entfremdung weiter verstärkten. Trotzdem gab der Kanzler des Deutschen Reiches, Fürst Otto von Bismarck, auch in dieser Zeit sein Ziel nicht auf, den politischen »Draht« zum russischen Zarenreich unbedingt beizubehalten. Er konnte dabei weiterhin in den Leitern der Petersburger Diplomatie trotz aller noch zunehmender Differenzen zwischen den herrschenden Klassen beider Staaten und zwischen Vertretern des Macht- und Regierungsapparates beider Monarchien wie bisher dieser seiner Konzeption ergebene Mitspieler sehen. Doch in Deutschland nahmen die Kritiken speziell auch an Bismarcks Rußland- und an seiner Nahostpolitik innerhalb des herrschenden Lagers rapide zu.

Da waren es zunächst die zoll- und handelspolitischen Differenzen zwischen beiden Monarchien, die sich mit der weiteren kapitalistischen Entwicklung und den wachsenden Absatzbestrebungen und Absatzschwierigkeiten der herrschenden Klassen beider Seiten verstärkten. Bereits in der ersten Hälfte und Mitte der 80er Jahre begannen diese wirtschaftspolitischen Differenzen die von den Diplomaten beider Seiten mit so viel Mühe geschaffenen beziehungsweise entstehenden politischen Vereinbarungen zu gefährden. Ebendeshalb hatte es Bismarck bis zur Unterzeichnung des Rückversicherungsvertrages im Sommer 1887 auch vermieden, die russischen Zollerhöhungen und weiteren zollpolitischen Vorbereitungen gegenüber der Konkurrenz der deutschen Exportindustrie auf dem russischen Markt mit entsprechenden Gegenmaßnahmen zu beantworten, obwohl dies einflußreiche Sprecher der deutschen Schwerindustrie und führende Vertreter der preußischen Junker von ihm gefordert hatten. Nachdem aber die Erhaltung des politischen »Drahts« zu Rußland für die nächsten drei Jahre sichergestellt war, hielt der deutsche Kanzler den Zeitpunkt für gekommen, zum Gegenschlag auszuholen und die Wünsche der preußisch-deutschen Großagrarier nach weiteren Zollerhöhungen zu erfüllen. Dabei bot sich ihm die Möglichkeit, mit der Erhöhung der deutschen Getreidezölle auch den Forderungen der oberschlesischen Schwerindustriellen nach Maßnahmen gegen den russischen Import entgegenzukommen, um die Petersburger Regierung zu zollpolitischen Zugeständnissen an die deutschen Exporteure zu zwingen. Einer breiten Forcierung und Entfaltung der Agrarschutzzollbewegung stand nun nichts mehr im Wege.

Das Signal dazu gab die »Norddeutsche Allgemeine Zeitung«, das Presseorgan Bismarcks. Am 1. August 1887 veröffentlichte sie eine Petition der Bromberger Landwirte an den Reichskanzler, in der eine Erhöhung der Getreidezölle noch im Herbst gefordert wurde. Resolutionen von Agrariertreffen, Eingaben von landwirtschaftlichen Vereinen und anderes füllten in dieser und in anderen Zeitungen die Seiten der August- und Septembernummern. Ende August teilten die »Norddeutsche Allgemeine Zeitung« und die »Berliner Politischen Nachrichten« mit, daß immer mehr Eingaben um Erhöhung der Getreidezölle bei den Reichsbehörden eingingen.

Im Oktober 1887 begann die Vorbereitung der neuen Gesetzesvorlage. Am 25. November wurde diese dem Reichstag vorgelegt und trotz des Einspruchs vor allem der Sozialdemokraten, der Freisinnigen und der Nationalliberalen mit 203 gegen 116 Stimmen angenommen. Die deutschen Roggen- und Weizenzölle stiegen nun von 3 auf 5 Mark (für 100 Kilogramm). Sie waren, wie Bismarck ausdrücklich betonte, als wirksame Waffe gegen die russischen Schutzzölle gedacht. Auch der Landwirtschaftsminister Preußens, Robert Freiherr Lucius von Ballhausen, hielt diese Zollerhöhung von 1887 »möglicherweise nur für eine gegen Rußland gerichtete Maßregel..., welche man jederzeit wieder aufgeben und dann zugleich als Kompensationsobjekt benutzen könne, um von dort Konzessionen zu erhalten«.[1]

Ähnliche Ziele verfolgte Bismarck mit einer anderen wirtschaftspolitischen Maßnahme gegen Rußland: Er begann im Herbst 1887 energisch gegen den Kapitalexport Deutschlands ins Zarenreich vorzugehen.

Bis zu diesem Zeitpunkt hatte es trotz der zunehmenden handelspolitischen Streitigkeiten zwischen den herrschenden Klassen beider Staaten noch ein Band gegeben, das die wirtschaftlichen Bindungen zwischen Deutschland und Rußland festigte, die politischen Beziehungen zwischen den beiden Monarchien untermauerte und die Annäherung des Zarenreiches an die französische Republik hemmte: den Kapitalexport deutscher Großbanken und Industrieller nach Rußland. Doch auch dieses wichtige Verbindungsglied sollte noch mit Hilfe des Reichskanzlers erheblich geschwächt, ja teilweise völlig beseitigt werden.

Etwa in der Zeit nach der Niederlage ihrer Streitkräfte im Krimkrieg, seit Ende der 50er und Anfang der 60er Jahre des 19. Jahrhunderts, war den herrschenden Kreisen des Zarenreiches klargeworden, daß der Aufbau eines modernen Eisenbahnnetzes und einer starken eigenen Schwer- und Rüstungsindustrie auch in Rußland auf die Tagesordnung getreten war. Da im rückständigen halbfeudalen Rußland, in dem erst im Jahre 1861 die Leibeigenschaft abgeschafft worden war, ein extremer Mangel an freiem Kapital herrschte, mußte es versuchen, Kapital aus dem höher entwickelten Ausland heranzuziehen. Die Möglichkeit dazu war vorhanden.

Besonders in den wichtigsten kapitalistischen Staaten Mittel- und Westeuropas entstand in den letzten drei Jahrzehnten des 19. Jahrhunderts, als Vergrößerung und Konzentration des Kapitals zunahmen und sich der Monopolkapitalismus zu entwickeln begann, die Möglichkeit und auch die Notwendigkeit des Kapitalexports in andere Länder. Diese Staaten verfügten über relativ viel freies Kapital, und sie waren bestrebt, es in solchen Unternehmen auch außerhalb ihres Landes anzulegen, welche höhere Profitraten als das eigene Land sicherten. Die Regierungen Englands, Frankreichs und Deutschlands begannen außerdem im Kapitalexport immer mehr

1 Lucius von Ballhausen: Bismarckerinnerungen, S. 409 f. – Vgl. ebenda, S. 583. – Sigrid Kumpf-Korfes: Bismarcks »Draht nach Rußland« ..., S. 121ff.

ein Mittel wirtschaftlicher und politischer Einflußnahme auf andere Länder zu sehen. Doch nicht alle Staaten, die über umfangreiche Finanzmittel verfügten, waren bereit, sie jedem beliebigen kapitalbedürftigen Land zu leihen. Spezifische wirtschafts- und außenpolitische Faktoren spielten eine Rolle dabei, daß das Deutsche Reich – und nicht England oder Frankreich – in den 70er und 80er Jahren des 19. Jahrhunderts zum Hauptfinanzier des zaristischen Rußlands wurde.

England, das damals wirtschaftlich stärkste Land der Welt, hatte bereits schon große Summen im Ausland angelegt. Es finanzierte zum Beispiel den Eisenbahnbau in Kanada, Australien, Italien und Neuseeland, erweiterte die Tee- und Baumwollplantagen in Indien und Ceylon und gab der türkischen Regierung beträchtliche Anleihen. Dem kapitalbedürftigen Zarenreich gegenüber verhielt es sich jedoch recht zurückhaltend. Die starken außenpolitischen Differenzen in Mittelasien sowie im Osmanischen Reich, die wiederholt den Ausbruch eines Krieges zwischen beiden Mächten befürchten ließen, veranlaßten die Finanzkreise in London, sich durch Kapitalexport nicht zu sehr an das zaristische Rußland zu binden. Das Risiko erschien ihnen zu groß.

Frankreichs Großbanken waren bis Ende der 80er Jahre weder in der Lage noch dazu gewillt, die großen Kapitalbedürfnisse Rußlands allein zu befriedigen. Vor dem Krieg mit Preußen-Deutschland hatten sie dem Zarenreich zwar umfangreiche Anleihen gegeben. Nach 1871 waren sie aber durch den Wiederaufbau der eigenen Wirtschaft und des eigenen Heeres sowie durch die Kontribution an Deutschland zu sehr in Anspruch genommen, um den Finanzbedürfnissen Rußlands allein gerecht werden zu können. Dazu kamen von Ende der 70er Jahre bis Mitte der 80er Jahre teilweise divergierende außenpolitische beziehungsweise kolonialpolitische Interessen der beiden Staaten. Frankreichs Bankiers zogen es daher vor, die Kolonialpolitik ihres Staates in Nordafrika und Ostasien zu unterstützen und auch der Türkei und einigen kleineren europäischen Staaten, wie unter anderen Spanien und Rumänien, Anleihen zu geben. Russische Staatsanleihen – wohl aber Wertpapiere der Schwerindustrie – fanden bis Ende 1887 in Frankreich nur wenig Verbreitung, auch weil Petersburg keine ernsthaften Schritte unternahm, sich politisch und militärisch mit der Pariser Regierung gegen Deutschland zu verbünden.

Das Deutsche Reich konnte und wollte Rußland auch auf dem Gebiet des Kapitalexports nützlich sein. Nach dem Milliardensegen aus Frankreich und den wirtschaftlichen Erschütterungen in der Zeit danach, die als »Gründerkrise« und »Große Depression« in die Geschichte eingegangen sind, verfügte es über relativ umfangreiche freie Kapitalien. Es besaß bis Anfang der 80er Jahre noch keine Kolonien, und seine Regierung und große Teile der herrschenden Klassen hielten es lange für unangebracht, Deutschlands Außenpolitik durch den Kampf um Kolonien zu belasten und das Reich kolonialer Abenteuer zuliebe seiner wirtschaftlichen und militärischen Kraftreserven zu entblößen. Der große befreundete Nachbar im Osten, Rußland, bot sich daher förmlich dazu an, vor allem für einige finanzkräftige deutsche Banken zum Betätigungsfeld zu werden, zumal hier die Zins- und Profitraten wesentlich höher waren als in Deutschland. Er schien der deutschen Großbourgeoisie auch die Chance zu bieten, sich durch Kapitalexport ein riesiges Land zu einer ihrer Lebensmittel- und vor allem Rohstoffbasis und zugleich zu einem ihrer wichtigsten Absatzmärkte machen zu können. Dazu kam, daß sich der Kapitalexport deutscher Unternehmer nach Rußland ausgezeichnet in Bismarcks Bündnispolitik mit diesem Staat einfügte und von ihm daher lange gefördert wurde. Bis 1887 sah die deutsche Reichsregierung in der finanziellen Verflechtung mit dem zaristischen Rußland ein Mittel, den starken östlichen Nachbarn trotz wachsender handels- und außenpolitischer Widersprüche im Fahrwasser der deutschen Interessen halten zu können. Und auch der Petersburger Regierung kam es sehr gelegen, im Deutschen Reich, mit dem sie verbündet bleiben wollte, wesentliche Finanzgeschäfte unter Dach und Fach bringen zu können.

Der überwiegende Teil des deutschen Kapitalexports kam in jener Zeit in Form von Staatsanleihen oder von staatlich garantierten Anleihen für den Bau von Eisenbahnlinien, die von einigen deutschen Großbanken – dem Bankhaus Bleichröder, der Direktion der Discontogesellschaft, von Rothschild (Frankfurt am Main), teils auch den Bankhäusern Mendelssohn & Co., Warschauer und der Berliner Handelsgesellschaft – übernommen wurden, nach Rußland und wurde in erster Linie für den Bau ökonomisch und strategisch wichtiger Eisenbahnlinien verwandt. 1887 befanden sich allein für fast zwei Milliarden Mark russische Eisenbahnpapiere in Deutschland.[2]

Der Kapitalexport Deutschlands nach Rußland spielte für beide Länder eine große Rolle. Deutschland nahm im Kapitalimport Rußlands bis 1887 den ersten Platz ein, und Rußland stand im deutschen Kapitalexport mit einem Anteil von 20 bis 25 Prozent an gewichtiger Stelle.[3]

Wenn der deutsche Kapitalexport den russischen Geschäftspartner in dieser Zeit zweifellos in eine gewisse Abhängigkeit vom deutschen Geldgeber brachte, so hatte er doch für Rußland vor allem Vorteile. Er förderte die Industrialisierung des Landes und dessen ökonomische Emanzipation und schaffte der deutschen Industrie hier auch Konkurrenten. Mit Hilfe der mit deutschem Kapital erbauten Eisenbahnen konnte der Warenexport Rußlands gefördert und dieser große Agrarstaat dazu befähigt werden, den preußischen Junkern auf dem deutschen Markt und auf anderen Märkten verstärkte Konkurrenz zu bieten. Die Handels- und Zahlungsbilanz des Zarenreichs konnte sich dadurch verbessern, und es erhielt direkt beziehungsweise indirekt von deutscher Seite die Mittel, seine Rüstungsindustrie weiter auszubauen und sein strategisches Eisenbahnnetz zu erweitern.

Diese Seite des deutschen Kapitalexports nach Rußland bewirkte es, daß sich große Teile des herrschenden Lagers in Deutschland gegen die Geschäfte einiger deutscher Großbanken mit der zaristischen Regierung, teils auch gegen die Gründung von deutschen Industrieunternehmen in Rußland wandten.

Den preußischen Junkern war der Kapitalexport in die mit Deutschland konkurrierenden Agrarländer von jeher ein Dorn im Auge gewesen. Rußland gegenüber, ihrem Hauptkonkurrenten auf dem deutschen Markt, verloren sie von dem Moment an endgültig die Geduld, als 1886 und 1887 im Zusammenhang mit dem Ende einer vierjährigen Depression das Kapital auf den deutschen Börsen teurer zu werden begann. Dies um so mehr, als sich während der Balkankrise von 1885 bis 1887 die russische außenpolitische »Undankbarkeit« erneut bestätigen sollte und auch die handelspoliti-

2 Vgl. Sigrid Wegner-Korfes: Politische und ökonomische Aspekte des deutschen Kapitalexports in den privaten russischen Eisenbahnbau in den 80er und 90er Jahren des 19. Jh. In: Jahrbuch für Geschichte, Bd. 29, Berlin 1984, S. 7–37, bes. S. 12 ff.

3 Vgl. Herbert Feis: Europa the Worlds Banker. 1870–1914, New Haven 1930, S. 71.

schen Differenzen mit Rußland zunahmen. Die preußischen Junker legten ihre Ansichten zu dieser Frage in der ihnen nahestehenden Presse dar und fanden direkte Unterstützung in ihren Bemühungen, den deutschen Kapitalexport nach Rußland zu unterbinden, bei jenen Vertretern ihrer Klasse, die wichtige Positionen im System des preußisch-deutschen Militarismus einnahmen und im Gegensatz zu Bismarck einen Krieg zwischen Deutschland und Rußland für unvermeidlich ansahen. Einer von ihnen war Waldersee. Er lehnte aus militärstrategischen Erwägungen sowohl den russischen Eisenbahnbau als auch die wachsende Abhängigkeit Deutschlands vom Getreideimport aus Rußland ab.[4]

Diese Kreise wurden von jenen Teilen der deutschen Exportindustrie unterstützt, die im Kampf gegen die russischen Wertpapiere in Deutschland ein Mittel sahen, mit dem sie Veränderungen in der zaristischen Zollpolitik zu erzwingen hofften.

Die Reichsregierung unter Bismarck hatte bisher im großen und ganzen den Kapitalexport nach Rußland auch in Form von Anleihekapital gebilligt, bot sich ihr dadurch doch eine Möglichkeit, die deutsch-russischen Finanzbeziehungen ihrer Außenpolitik Petersburg gegenüber dienstbar zu machen. Nach dem Abschluß des Rückversicherungsvertrages änderte sich dies jedoch. Bismarck billigte nun nicht nur die immer stärker werdende Pressekampagne gegen die russischen Wertpapiere, sondern forcierte diese[5], und ihr Kurs auf der Berliner Börse sank. Und einige Tage vor dem Besuch des Zaren Alexander III. in Berlin im November 1887 verfügte Bismarck, daß der Reichsbank in Zukunft verboten sei, Lombarddarlehen auf russische Wertpapiere zu geben.

Den am Rußlandgeschäft interessierten Banken wurde durch diese Maßnahme für die nächsten Jahre im wahrsten Sinne des Wortes ein Strich durch die Rechnung gemacht. Wertpapiere, die nicht verpfändbar waren und auf die keine Kredite gegeben wurden, galten als unsichere Geldanlage und wurden von ihren Besitzern abgestoßen. Der größte Teil der russischen Papiere wanderte nun von Deutschland nach Frankreich oder Holland ab, einige gingen nach Rußland zurück, und neue russische Anleihen kamen nun nicht mehr nach Deutschland. Die äußerst kritische Reaktion der

4 Vgl. Alfred von Waldersee: Denkwürdigkeiten des Generalfeldmarschalls, Bd. I, Stuttgart – Berlin 1922, S. 310 ff.

5 Vgl. Gustav Seeber: Bismarcks Sturz ..., S. 153 ff.

am Geschäft mit den russischen Wertpapieren interessierten deutschen Großbanken, insbesondere Mendelssohns, auf diese Maßnahmen der Berliner Regierung und ihre jahrelangen Versuche, Bismarck für die Aufhebung dieses Verbots zu gewinnen, zeigten, wie wichtig ihnen das Geschäft mit Rußland geworden war.[6]

Das Lombardverbot ist einmal als »ein weiterer Schritt zur Veragrarisierung Bismarcks«[7] bezeichnet worden. Und es war in der Tat ein Ausdruck der Macht der preußischen Junker, wenn sich die deutschen Besitzer russischer Papiere auf Veranlassung ihrer Regierung dieser Werte entledigten und man ihnen zuredete, ihr Kapital lieber in Deutschland anzulegen. Bismarck machte seiner Klasse dieses Zugeständnis aber erst dann, als ihm der Kampf gegen den russischen Kredit in Deutschland als eines der letzten Mittel übriggeblieben war, die zaristische Regierung zu außenpolitischen und zollpolitischen Zugeständnissen an Deutschland zu zwingen.

Insofern war diese Maßnahme gleichzeitig ein Ausdruck des Klassenbündnisses zwischen Junkern und Großbourgeoisie. Sie diente zwar letztlich den Interessen der Großagrarier, doch sie wurde von jenen Teilen der deutschen Großbourgeoisie gutgeheißen, die in ihr ein Mittel sehen konnten, sowohl die ökonomische Eroberung des großen russischen Marktes durchzusetzen, als auch gleichzeitig die militärische Eroberung vorzubereiten. Das Lombardverbot war somit auch ein Ausdruck der Politik des preußisch-deutschen Militarismus, welcher sich auf einen Krieg gegen Frankreich und Rußland vorbereitete. Rechnete man mit der Möglichkeit eines deutsch-russischen Krieges, so konnte die Orientierung Deutschlands auf russische Werte nicht im Interesse der Mehrheit des herrschenden Lagers Deutschlands liegen. Nicht nur deshalb, weil das für die deutschen Besitzer russischer Papiere »finanziell verhängnisvoll werden«[8] konnte, sondern auch, weil man der zaristischen Regierung die Mittel aus der Hand nehmen wollte, mit denen sie ihre gegen »Deutschland gerichteten Rüstungen förderte«[9].

6 Vgl. Sigrid Wegner-Korfes: Zur Geschichte des Bismarckschen Lombardverbots für russische Wertpapiere (1887 bis 1894). In: Jahrbuch für Wirtschaftsgeschichte, Teil III, Berlin 1982, S. 55 ff.

7 Alfred Vagts: Deutschland und die Vereinigten Staaten in der Weltpolitik, London 1935, S. 437.

8 Kölnische Zeitung, 22. September 1887. – Vgl. Die Post, Berlin, 6. Oktober 1887.

9 Ludwig Raschdau: Unter Bismarck und Caprivi. Erinnerungen eines deutschen Diplomaten aus den Jahren 1885–1894. Berlin 1939, S. 18.

Die frei werdenden finanziellen Mittel konnte man einerseits für die Verbesserung der Staatsfinanzen, für die Forcierung der Aufrüstung Deutschlands, für die Durchführung der geplanten Wehrreform und für die Kreditgebung an die preußischen Junker verwenden und andererseits durch Kapitalexport in die mit Deutschland verbündeten Staaten lenken, was zur Festigung der politischen Beziehungen zwischen den Dreibundländern und der militärischen Erstarkung der Verbündeten dienen konnte.[10]

Man glaubte auf deutscher Seite zunächst, einen großen Sieg errungen zu haben. Doch die Vertreibung der russischen Werte aus Deutschland sollte ökonomische und politische Folgen haben, die die deutsch-russischen Beziehungen weiter verschlechterten und sich schließlich nicht so sehr für die herrschenden Klassen Rußlands, als in erster Linie für die Deutschlands als sehr nachteilig erwiesen. Rußland verlor zwar für einige Jahre den für sich bisher so wichtigen deutschen Kapitalmarkt. Doch gelang es der Petersburger Regierung und den russischen Bankiers, von 1888 an den reichen französischen Finanzmarkt für seine alten und neuen Anleihen zu erschließen. Die Pariser Banken kamen Rußland um so lieber entgegen, als ihre Regierung im Kredit für das Zarenreich nun ein wichtiges Mittel sehen konnte, sich den östlichen Nachbarn Deutschlands zum Verbündeten zu machen.

Bismarck erreichte somit sogar auf finanzpolitischem Gebiet sein Ziel nur teilweise. Und auf handelspolitischem, außenpolitischem, ja in gewisser Beziehung auf militärpolitischem Gebiet scheiterte er mit dieser Politik gegenüber Rußland. Es gelang ihm nicht, seinen Nachbarn im Osten zu »nötigen«, auf Deutschlands Interessen mehr »Rücksicht zu nehmen«[11], ebensowenig wie er alle von den herrschenden Klassen Deutschlands an die Regierung gestellten Aufgaben Rußland gegenüber zu lösen in der Lage war. Seine Kampfmittel – zollpolitische Repressalien und Lombardverbot – konnten die Fronten zwischen den herrschenden Klassen Deutschlands und Rußlands nur noch weiter verhärten.

Das Lombardverbot sollte ebenso wie die Agrarschutzzölle den

10 Vgl. Friedrich von Holstein: Die geheimen Papiere Friedrich v. Holsteins ..., Bd. II, Tagebuchblätter, Berlin – Frankfurt a. M. – Göttingen 1957, S. 403. – George W. F. Hallgarten: Imperialismus vor 1914, Bd. I, München 1963, S. 223.

11 Lucius von Ballhausen: Bismarckerinnerungen, Bismarck an von Ballhausen, Anhang S. 582.

russischen Getreideexport nach Deutschland einschränken helfen. Doch trotz dieser Maßnahmen verringerte sich der russische Getreideexport nach Deutschland nicht,[12] und die preußischen Junker verlangten wieder neue Zollerhöhungen, was aus innen- und außenpolitischen Motiven nicht möglich war.

Mit dem Lombardverbot wurde beabsichtigt, Rußland in finanzielle Schwierigkeiten zu bringen. Doch trotz und in gewisser Beziehung dank dieser Verfügung Berlins verbesserte sich die finanzielle Lage des Zarenreiches. Es wurde in die Arme des kapitalkräftigen Frankreichs getrieben, von der Abhängigkeit der Berliner Börse befreit und dadurch in gewisser Beziehung finanziell unabhängiger.

Ein weiterer Zweck des Lombardverbotes war es, Rußland die finanzielle Grundlage zur Aufrüstung gegen Deutschland und Österreich-Ungarn zu rauben. Doch statt die zaristische Regierung zum Verzicht oder zu einer Einschränkung der Rüstungen an der Westgrenze Rußlands zu bewegen, zwang diese Maßnahme sie zu deren Verstärkung und zur außenpolitischen und militärischen Zusammenarbeit mit Frankreich.

Die ökonomischen Gewaltmittel Bismarcks sollten der deutschen industriellen Großbourgeoisie den russischen Absatzmarkt bewahren, zurückerobern und ihr dort die Vormachtstellung schaffen. Doch der Zutritt zum russischen Absatzmarkt wurde den deutschen Industriellen durch die zaristische Regierung nicht nur nicht erleichtert, sondern nach 1887 durch weitere Zollerhöhungen erschwert. Bismarcks Kampfmittel gegenüber Rußland scheiterten, weil sie letztlich den Forderungen der preußischen Junker und des preußisch-deutschen Militarismus mehr entgegenkamen als denen der Großbourgeoisie (soweit diese nicht auch an der Vorbereitung einer militärischen Auseinandersetzung mit Rußland interessiert war), weil Bismarck letztlich die Interessen der Junker über die der Bourgeoisie stellte, weil er nicht bereit war, die Kampfmittel der Großbourgeoisie in dieser relativ fortgeschrittenen Übergangsphase zum Imperialismus, nämlich den Abschluß eines Handelsver-

12 Rußland nahm 1886 bis 1890 im deutschen Gesamtimport mit etwa 12 Prozent hinter Großbritannien und vor Österreich-Ungarn den zweiten Platz ein. 52,1 Prozent des deutschen Weizen-, 76 Prozent des Roggen-, 81,1 Prozent des Hafer- und 33,9 Prozent des Gersteimports kamen aus Rußland (P. I. Ljaschtschenko: Sernowoje chosjajstwo i chlebotorgowyje otnoschenija Rossii i Germanii w swjasi s tamoshennynii obloshenijami, Petrograd 1915, S. 51, 123, 152, 165, 179, 188.)

trages mit Rußland und Zugeständnisse an diesen Staat auf Kosten gewisser Interessen der Junker, ihrer Verbündeten, anzuwenden.[13] Damit mußte der deutsche Reichskanzler die Teile der deutschen Großbourgeoisie gegen sich aufbringen, denen dringend an der Erweiterung ihres Geschäfts mit dem großen russischen Reich gelegen war.

Mit seinem Lombardverbot und seiner Zollpolitik untergrub Bismarck sein eigenes außenpolitisches System und seine eigene Rußlandpolitik. Er fiel seinen wichtigsten Verbündeten in Rußland, den deutschfreundlichen Gutsbesitzer- und Hofkreisen sowie Teilen des Petersburger Bankkapitals in den Rücken und stieß diese von Deutschland ab. Er erleichterte somit die gegen den Expansionsdrang des erstarkenden junkerlich-bourgeoisen deutschen Imperialismus gerichteten Emanzipationsbestrebungen der russischen Großbourgeoisie, der – mit Ausnahme eines Teiles der Bankwelt – die finanzielle Abhängigkeit Rußlands von Deutschland, ihrem Hauptkonkurrenten auf dem eigenen Markt, schon lange ein Dorn im Auge gewesen war.

Die Beziehungen zwischen Deutschland und Rußland am Ende der Bismarckschen Regierungszeit wurden in zunehmendem Maße noch durch ein anderes Moment belastet: Die herrschenden Klassen des deutschen Kaiserreiches begannen sich in Südosteuropa und im Nahen Osten zu engagieren.

Diese Gebiete waren für die von Bismarck geleitete Regierung, wie bereits gezeigt wurde, außen- und machtpolitisch lange nur insoweit von Interesse gewesen, als sie eine Grundlage des Bündnissystems des Berliner Kanzlers gebildet hatten. Durch die Existenz vor allem des »kranken Mannes am Bosporus« hatte sich Deutschland die Möglichkeit geboten, seine Verbündeten und seine Gegner im Interesse des europäischen Gleichgewichts von den Problemen Mitteleuropas auf die der Balkanhalbinsel und der Türkei abzulenken und hier seine Freunde und seine Feinde in gewisser Weise von sich abhängig zu wissen. Das sollte sich allerdings mit dem Übergang zum Imperialismus ändern.

Das Prinzip, daß das Deutsche Reich an den orientalischen Dingen »kein Interesse sehe, welches auch nur … die gesunden Kno-

13 Vgl. Henry Axel Bueck: Der Zentralverband Deutscher Industrieller 1876–1901, Bd. 1, Berlin 1902, S. 256, 265 f., 411 f., 445, 464 ff.

chen eines einzigen pommerschen Musketiers wert wäre«,[14] wurde nach und nach schon von Ende der 70er Jahre an untergraben. Südosteuropa und die Türkei wurden zu wichtigen Interessensphären für Teile des deutschen Industrie-, Handels- und Bankkapitals und zum Reservoir des preußisch-deutschen Militarismus, und zwar in bestimmtem Maße mit Billigung des deutschen Reichskanzlers.

Die »zu spät gekommene« deutsche Großbourgeoisie drängte Ende der 70er und Anfang der 80er Jahre, nachdem sie sich durch die Industrieschutzzölle die notwendige Kraft zum Kampf um den Weltmarkt gesichert hatte, in immer stärkerem Maße zum »Auslandsgeschäft«. Sie wollte das Monopol der britischen Unternehmer auf dem Weltmarkt untergraben und sich eigene Absatz- und Rohstoffmärkte sowie auch Anlageplätze für hochprofitablen Kapitalexport erobern. Sie versuchte es in den USA und Südamerika – doch die besten Märkte auf diesem Kontinent waren schon von der seestärksten Handelsmacht Europas, England, besetzt, und gegen diese war trotz einiger Erfolge hier schwer aufzukommen. Sie versuchte es mit Kolonien auf anderen Kontinenten – doch da war in für Deutschland verkehrstechnisch günstig gelegenen Gebieten nicht mehr allzuviel zu holen, und für entferntere Märkte fehlte ihm letztlich die Flotte. Das deutsche Exportkapital machte Geschäfte mit Spanien und Italien – doch deren Märkte waren zu klein, um dem wachsenden Exportandrang der deutschen Unternehmer auch nur annähernd entsprechen zu können. Die Erschließung des so verlockenden riesigen russischen Industriewaren- und Kapitalmarktes wurde in zunehmendem Maße durch den Widerstand der russischen Großbourgeoisie beziehungsweise durch die Politik der Petersburger Regierung sowie durch die mangelnde Bereitschaft der preußischen Junker und der Berliner Regierung zu handels- und finanzpolitischen Kompromissen im Interesse des deutschen Exportkapitals erschwert.

Der Nahe Osten, die jungen Nationalstaaten der Balkanhalbinsel und die Türkei, die ihrerseits das Sprungbrett nach Kleinasien und Persien, nach Mesopotamien und zum Persischen Golf, nach Ägypten und sogar nach Indien sein konnten, also auch von eminenter wirtschafts- und militärstrategischer Bedeutung waren, boten damals jedoch noch große ökonomische Betätigungsmöglichkeiten.

14 Otto von Bismarck: Werke, Bd. 11, Reichstagsrede vom 5. Dezember 1876, S. 476.

Sie waren für deutsche Unternehmer nicht allzu schwer zu erschließen. Karl Helfferich, Leiter der Deutschen Bank und einer der prominentesten Vertreter dieses Teiles des deutschen Finanzkapitals, schrieb dazu, daß diese Gebiete »über Land und auf dem Schiffahrtsweg der Donau erreichbar« waren, »also auf Handelswegen, die abseits der Kontrolle des seegewaltigen England« lagen.[15] Man mußte dazu nur die bereits erbauten Eisenbahn- und Schiffahrtslinien unter seine Kontrolle bringen und noch vorhandene Lücken durch neue, möglichst von deutschem Kapital gebaute Linien ergänzen. Man mußte des weiteren dazu die ohnehin im Nahen Osten tätigen und hier erfahrenen österreichischen Großbanken, Handels- und Industrieunternehmen zu Verbündeten machen und den Konkurrenzkampf französischer Großbankgruppen um dieses Gebiet in seinem Interesse ausnutzen. Außerdem mußte man sich das Vertrauen der Regierungen der jungen Staaten in Südosteuropa und des Osmanischen Reiches durch ökonomische, verkehrstechnische und andere Formen der Hilfe erwerben. Durch eine geschickte Politik in diesem Sinne hofften Teile des deutschen Finanzkapitals, das Handels- und Finanzmonopol Großbritanniens und Frankreichs in diesem Raum allmählich zu brechen und sich den Nahen Osten nach und nach zur Domäne ihres Einflusses zu machen. Das Sprungbrett in diesem Teil der Welt war in jeder Beziehung die Habsburger Monarchie. Dessen war man sich im deutschen Kaiserreich bewußt.

Vertreter des deutschen Finanzkapitals versuchten daher, durch Kapitalexport Einfluß auf wichtige österreichisch-ungarische Banken und Industrieunternehmen zu bekommen. Dadurch konnten auch die Industrieschutzzolle der Donaumonarchie umgangen werden und dem deutschen Kapital der Absatzmarkt dieses Staates in bedeutendem Maße erhalten bleiben. Gleichzeitig führten am Südosteuropa- beziehungsweise Nahostgeschäft interessierte Vertreter der deutschen Großbourgeoisie Verhandlungen mit Vertretern der österreichisch-ungarischen Finanz-, Industrie- und Handelswelt über das gemeinsame Vorgehen anderen Ländern gegenüber, das heißt, sie versuchten, Verbindungen dieser Unternehmer zum Balkan und zur Türkei für sich auszunutzen und mit ihrer Unterstützung beziehungsweise im Bündnis mit ihnen von Wien aus neue Fä-

15 Karl Helfferich: Die deutsche Türkenpolitik, Berlin 1921, S. 8.

den anzuknüpfen. Auf die Erfolge ihrer zudem vom Leiter des Auswärtigen Amtes unterstützten Bemühungen in Serbien und Rumänien bis Mitte der 80er Jahre wurde bereits hingewiesen.

Der deutsche Kapitalexport ins Fürstentum Bulgarien begann im Unterschied zu dem der Donaumonarchie nicht nach dem Berliner Kongreß, sondern erst nach der Vereinigung Bulgariens und dem Sturz des Battenbergers, das heißt in der zweiten Hälfte der 80er Jahre. Zweifellos hing das auch damit zusammen, daß deutsche Großbanken nun in Bulgarien einen größeren und auch durch stabilere innenpolitische Verhältnisse zuverlässiger gewordenen Geschäftspartner als vor 1885/1886 zu sehen hofften. Vor allem ist dies aber damit zu erklären, daß Teile des entstandenen deutschen Finanzkapitals – in der Regel andere, als die am Rußlandgeschäft interessierten – von etwa Mitte der 80er Jahre an dazu übergingen, möglichst die ganze Balkanhalbinsel und die Türkei zum Hauptprojekt ihrer Expansionsbestrebungen zu machen. Sie brachten dies auch in der Öffentlichkeit zum Ausdruck. So hieß es zum Beispiel Ende Dezember 1885 in der »Kölnischen Zeitung«, dem Presseorgan der Nationalliberalen: »Fort überhaupt mit den alten Schlagworten von Macht- und Interessensphären ... Ebenso wie in Österreichs und Rußlands liegt die Balkanhalbinsel in Italiens, Frankreichs, Englands und Deutschlands Macht- und Interessensphäre ... Keine österreichisch-ungarische oder russische Zollschranken hindern Deutschland, neben den anderen Mächten auch für seine Industrie auf der Balkanhalbinsel nach neuen Absatzgebieten zu suchen.«[16] Und während der Außenpolitiker und Diplomat Bismarck während der Battenberg-Krise vom Spätsommer 1885 bis 1886 Rußlands machtpolitische Interessen in Bulgarien weitgehend unterstützte beziehungsweise sich »neutral« verhielt, widersetzte sich der Reichskanzler nicht dem ökonomischen Expansionsdrang deutscher Unternehmer nun auch nach Bulgarien und ließ diesen durch die handelspolitische Aufteilung des Auswärtigen Amtes und die Vertreter Deutschlands in Sofia unterstützen.

1886 stellte sich Georg von Siemens, der Leiter der Deutschen Bank und Hauptinitiator des Bagdadbahnprojekts, das Ziel, »an einer einheitlichen Gestaltung des gesamten orientalischen Netzes«[17]

16 Kölnische Zeitung, 28. Dezember 1885.

17 Karl Helfferich: Georg von Siemens. Ein Lebensbild aus Deuschlands großer Zeit, Bd. III, Berlin 1923, Siemens an Görz, 1886, S. 6.

mitzuarbeiten. Noch vor Mitte der 80er Jahre hatte er sich Einfluß auf den nach Bulgarien führenden Teil der serbischen Eisenbahnen verschafft, nämlich die Strecke von Belgrad nach Zaribrod an der serbisch-bulgarischen Grenze. Im Herbst 1886 reiste er selbst nach Sofia, um den Bau der Strecke durch Bulgarien nach Konstantinopel, nämlich von Zaribrod über Sofia (und Vacarel) nach Belova, der Endstation der bereits bestehenden Linie nach Konstantinopel, in seine Hand zu bekommen. Wenn ihm das auch nicht gelang und die bulgarische Regierung diese Linie selbst erbaute und im Sommer 1888 für den Verkehr freigab, so war nun doch eine Verbindungslinie von Berlin über Wien, Belgrad und Sofia nach Konstantinopel fertiggestellt, die den wirtschafts-, militär- und machtpolitischen Interessen der Mittelmächte im Nahen Osten nutzbar gemacht werden konnte. Voller Genugtuung schrieb die »Frankfurter Zeitung«, daß die Eröffnung dieser Eisenbahnstrecke der deutschen Exportindustrie dazu verhelfen würde, »an der Seite des politischen Bundesgenossen ... ein beträchtliches Stück neuer Absatzmärkte zu erobern«[18]. Trotzdem gaben Siemens und andere Berliner und Wiener Banken ihre Versuche nicht auf, Einfluß auf das bulgarische Verkehrs- und Finanzwesen zu erhalten, und der Handel zwischen beiden Staaten wuchs stark an.[19]

In der gleichen Zeit wurden preußisch-deutsche Militärs und Geschäftsleute auch im Osmanischen Reich tätig.

Schon in der ersten Hälfte der 80er Jahre war es der Heeresleitung mit Hilfe der deutschen Diplomatie gelungen, Einfluß auf das Militärwesen des türkischen Staates zu bekommen. 1883 wurde General Colmar von der Goltz an der Spitze einer preußisch-deutschen Militärmission an die Pforte berufen und wirkte hier 12 Jahre lang als Leiter des Militärbildungswesens und als Instrukteur des Generalstabes des Sultans. Gemeinsam mit anderen preußischen Offizieren verschaffte er sich dort bedeutenden Einfluß. Unter seiner Leitung wurde die 1877/1878 von den russischen Truppen geschlagene türkische Armee reorganisiert und auf eine neue militärische Auseinandersetzung mit dem Zarenreich vorbereitet. Dabei widmete man dem Bau von Befestigungen an den Meerengen und

18 Frankfurter Zeitung, 23. Juni 1888.

19 Vgl. Sigrid Kumpf-Korfes: Die ökonomische Expansion des deutschen Finanzkapitals in Bulgarien vom Ende des 19. Jh. bis zum Ausbruch des ersten Weltkrieges. In: ZfG, 1969, H. 11, bes. S. 1431 ff.

um Konstantinopel sowie dem Festungs- und Eisenbahnbau an der Kaukasusfront besondere Aufmerksamkeit.[20]

Bismarck hatte sich bei der Gestaltung der Beziehungen zur Türkei davon leiten lassen, daß diese den Beziehungen Österreich-Ungarns und Deutschlands zu Rußland untergeordnet und ihnen entsprechend angelegt werden sollten. Insofern sich das Verhältnis zu Petersburg verschlechterte und die Gefahr wuchs, Rußland zum Feind zu haben, war es günstig, im Osmanenreich ein Gegengewicht zu besitzen. Der deutsche Kanzler hatte daher die Entsendung preußischer Offiziere in die Türkei unterstützt: Es könne dem Deutschen Reich »nützlich sein, auch die Türken zu Freunden zu haben«, in einem russisch-deutschen Krieg »wäre die Haltung und die Wehrhaftigkeit der Türkei für uns nicht gleichgültig«, weil »unter Umständen ihre Feinde auch unsere werden« könnten.[21] Die Entsendung deutscher Offiziere an den Bosporus war auch für Bismarck somit nicht nur ein »gelegentliches Druckmittel gegenüber einer widerspenstigen Nachbarschaft«[22], sondern ein »nicht unnützer Faktor bei einer eventuellen Verwickelung mit Rußland«, eine ständige Einrichtung, die zu dem Zweck geschaffen worden war, im Falle eines Krieges mit Rußland neben Österreich-Ungarn, Italien und Rumänien auch die Türkei zumindest wohlwollend neutral, wenn nicht sogar verbündet zu wissen.[23]

Bei der Auf- beziehungsweise Umrüstung der Armee des Sultans wirkten die preußischen Offiziere auch als Vertreter der Exportinteressen der Rüstungsindustriellen des Kaiserreiches, und zwar auch hier im Auftrage Berlins. General von der Goltz wurde Mitglied der türkischen Regierungskommission, die Lieferverträge mit ausländischen Unternehmen abzuschließen hatte, und vermittelte diese in erster Linie deutschen Rüstungsindustriellen. So konnte Krupp die Neubewaffnung des türkischen Heeres übernehmen und sich mit Hilfe von Goltz' Aufträge über den Verkauf von schweren Geschützen, darunter unter anderem 1000 Feldgeschüt-

20 Vgl. Colmar von der Goltz: Denkwürdigkeiten, Berlin 1929, S. 111 f. 121, 140, 145, 153. – Alfred von Waldersee: Denkwürdigkeiten ..., Bd. I, S. 232. – Joseph Maria von Radowitz: Aufzeichnungen und Erinnerungen ..., Bd. I, Stuttgart – Berlin – Leipzig 1925, S. 212.

21 Chlodwig zu Hohenlohe-Schillingfürst: Denkwürdigkeiten ..., Bd. II, S. 302.

22 G. W. F. Hallgarten: Imperialismus vor 1914, Bd. I, S. 224.

23 Die Große Politik ..., Dritter Bd., Dok. Nr. 639, Reuß an Bismarck, 2. Juni 1884, S. 354 ff.

zen für Verteidigung der Meerengen, verschaffen. Bei der Germaniawerft und bei Schichau in Elbing wurden im Herbst 1886 mehrere Torpedojäger, einige Monate später bei den Firmen Löwe und Mauser 50 000 Karabiner und 500 000 Gewehre bestellt. Und selbst Bismarck unterstützte diese Rüstungsgeschäfte, ja er verdiente sogar an ihnen! Im August 1887, wenige Wochen nach dem Abschluß des Rückversicherungsvertrages mit Rußland, in dem diesem die Meerengen faktisch zugesichert worden waren, bekamen General von der Goltz und Kiderlen, der damalige Geschäftsträger der deutschen Botschaft in Konstantinopel, den ausdrücklichen Auftrag des Reichskanzlers, die Bewerbungen der Duttenhoferschen Patronenfabrik um einen Auftrag in der Türkei »lebhaft zu befürworten«. So kam diese Pulverfabrik aus Rottweil bei Hamburg, die auf dem Grund und Boden des Fürsten von Bismarck stand, mit Hilfe ihres Verpächters in Friedrichsruh zu einem Auftrag über die Lieferung von 150 Millionen Gewehrpatronen für Mausergewehre, die der Türkei geliefert wurden.[24]

Nicht nur in diesem Falle mißbrauchte Bismarck seine Macht, um sich selbst oder engstens mit ihm liierten Vertretern der deutschen Geschäftswelt zu guten Einnahmen zu verhelfen. Wie in Rußland konnte ihm besonders sein seit Jahrzehnten treu ergebener Bankier Bleichröder auch in der Türkei zu innen-, außen- und finanzpolitischen Sondierungen dienstbar sein. Schon 1881 wurde Bleichröder Mitglied des Verwaltungsrates der im gleichen Jahr gegründeten Ottomanischen Staatsschuldenverwaltung, durch welche die ausländischen Gläubiger unter Leitung Pariser Banken die Finanzen der Pforte kontrollierten und sich nutzbar machten. Im August 1887 (zur gleichen Zeit, zu der sich die Duttenhofersche Pulverfabrik um das Geschäft mit der Türkei bewarb!) bemühte sich der Bankier Bismarcks beim Konsortium der Ottomanischen Bank um die Übernahme einer türkischen Anleihe.[25]

In den folgenden Jahren gelang es vor allem der Deutschen Bank, in der Türkei Fuß zu fassen und das Geschäft deutscher Unternehmer mit diesem Staat fast ganz an sich zu bringen, und zwar in einem Tempo und in einem Ausmaß, daß dies das deutsch-russische Verhältnis ernsthaft zu belasten begann.

Wie war die Haltung Bismarcks zu diesen Prozessen?

24 Vgl. Sigrid Kumpf-Korfes: Bismarcks »Draht nach Rußland« ..., S. 181 f.
25 Vgl. ebenda.

Der Kanzler hatte sich den seit etwa Mitte der 80er Jahre immer vernehmbarer werdenden Forderungen von Teilen des deutschen Exportkapitals nach stärkerer Unterstützung durch die Berliner Regierung beim Balkangeschäft und auf dem osmanischen Markt nicht entgegengestellt. Er unterstützte diese – allerdings nur in dem Maße, wie er, bisweilen auch von dem Wunschtraum geleitet, Außenwirtschaftsexpansion, Militärpolitik und Außenpolitik voneinander trennen zu können, darin keine unmittelbare ernste Gefahr für die Weiterentwicklung der deutsch-russischen politischen Beziehungen in dem von ihm angestrebten Sinne sah. Diese Haltung des Fürsten wurde von Kaiser Wilhelm I. im großen und ganzen unterstützt.

Doch das Verhältnis zwischen preußisch-deutschem Kaiser und Reichskanzler begann sich vom Frühjahr 1888 an zu verändern. Am 9. März 1888 starb Wilhelm I. Gut drei Monate später wurde auch sein Sohn und Nachfolger, Kaiser Friedrich III., zu Grabe getragen. Und Ende Juni 1888 bestieg der 29 Jahre alte Enkel Wilhelms I., des Reichsgründers von 1871, als Kaiser Wilhelm II. den Thron. Der eitle und selbstbewußte junge Kaiser begann, sich schon vor 1888 – beeinflußt von Gegnern der Bismarckschen Innen-, Außen-, Außenwirtschafts- und Militärpolitik innerhalb der herrschenden Kreise des Reiches, wie Waldersee, dem Vortragenden Rat der Politischen Abteilung des Auswärtigen Amtes, Friedrich von Holstein, dem Chef der »Kreuzzeitung«, Wilhelm Freiherr von Hammerstein und einigen einflußreichen Nationalliberalen, so zum Beispiel von dem Führer der Nationalliberalen, Johannes von Miquel[26], – stärker als dies sein Großvater getan hatte, in die Politik des Deutschen Reiches einzumischen. Dadurch geriet er in wachsendem Maße in Widerspruch zu dem über 70 Jahre alten Bismarck, der es seit Jahrzehnten gewöhnt war, die Geschicke Preußens beziehungsweise Preußen–Deutschlands im wesentlichen allein zu entscheiden oder aber – manchmal auch nach heftigen Kontroversen mit Wilhelm I. – seinen Vorstellungen entsprechend durchzusetzen.

Unterschiedliche außenpolitische Vorstellungen Wilhelms II. und seiner Ratgeber führten schließlich auch zu ernsthaften Meinungsverschiedenheiten zwischen Reichskanzler und Kaiser, insbesondere in der Nahost- und der Rußlandpolitik des Reiches, die dann

26 Vgl. Ernst Engelberg: Deutschland 1871 bis 1897 ..., S. 259 ff.

später – neben innenpolitischen Differenzen, vor allem dem Problem des Sozialistengesetzes! – mit zur Absetzung Bismarcks beitrugen.

Bismarck stellte sich den Plänen deutscher Unternehmer, die Türkei verkehrstechnisch und ökonomisch weiter zu erschließen, auch in seinen letzten Regierungsjahren nicht entgegen. Dies traf besonders auf die Bemühungen der Deutschen Bank zu, die hier mit dem Wiener Bankverein eng zusammenarbeitete, um die im Sommer 1888 geschaffene Eisenbahnverbindung zwischen Berlin und Konstantinopel ins Innere der Türkei zu verlängern, zumal diese für die Zweibundstaaten auch von eminenter militärstrategischer Bedeutung sein konnte. Bismarck versicherte dem Leiter der Deutschen Bank, daß die Vertreter des Reiches in der Türkei ihn bei der Anknüpfung der Verhandlungen in Konstantinopel unterstützen würden und daß es gegen das beabsichtigte Geschäft bei der Berliner Regierung keine Bedenken gäbe. Bei eventuellen »politischen Komplikationen« läge das Risiko allerdings allein bei der Deutschen Bank.[27]

Siemens schloß im Oktober 1888 mit der Pforte den Vertrag über die Anatolische Eisenbahn ab, aus der im März 1889 die Anatolische Eisenbahngesellschaft entstand. Bereits Ende der 80er Jahre verfügte diese Gesellschaft über Anlage und Betrieb von 2 000 Kilometer Eisenbahnlinie und hatte die ganze Strecke von Wien über Konstantinopel bis Angora, einschließlich einiger Nebenbahnen, unter ihre Kontrolle gebracht. Die wichtigste Grundlage für die spätere Bagdadbahn war damit gelegt.

Das Geschäft der deutschen Schwerindustrie mit der Türkei stieg nun rapide an. 70 Prozent aller zum Bau und Betrieb der Strecken gekauften Lokomotiven, Waggons und Schienen stammten aus Deutschland, und deutsche Firmen erhielten Aufträge für den Bau des Hafens Haidar Pascha. Ende 1888 übernahm die Deutsche Bank außerdem noch eine größere Anleihe der Türkei, die für Waffenlieferungen bestimmt war.[28]

Diese verschiedenen Aktivitäten ihres »Verbündeten« in der Türkei wurden von den Vertretern des Zarenreiches im Nahen Osten

27 Vgl. Joseph Maria von Radowitz: Aufzeichnungen und Erinnerungen ..., Bd. II, S. 289. – Karl Helfferich: Ein Lebensbild ..., Bd. III, S. 33 ff. – Gustav Seeber: Bismarcks Sturz ..., S. 307.

28 Vgl. Sigrid Kumpf-Korfes: Bismarcks »Draht nach Rußland« ..., S. 183 f. – Karl Helfferich: Ein Lebensbild ..., Bd. III, S. 37 ff.

und der Petersburger Regierung mit wachsendem Unbehagen zur Kenntnis genommen. Weniger wegen ihrer ökonomischen, als wegen ihrer militärstrategischen Bedeutung. Vor allen Dingen bot der Bau der Anatolischen Eisenbahn Unternehmen des deutschen Kaiserreiches eine neue Kontrollmöglichkeit über die vielumstrittenen Meerengen und erleichterte es der Türkei, ihre Truppen (mit deutscher Hilfe) relativ schnell am Bosporus zu konzentrieren, an die russische Kaukasusfront zu bringen oder nach Persien, der Einflußsphäre des Zarenreichs, zu werfen.

In höchste Besorgnis gerieten die leitenden russischen Außenpolitiker und Militärs jedoch, als sie vom Entschluß Kaiser Wilhelms II. erfuhren, im November 1889 Konstantinopel zu besuchen, denn mit dieser außenpolitischen Demonstration wurde die Nahostpolitik deutscher Unternehmer und Militärs vor aller Welt zur Staatsdoktrin des wilhelminischen Kaiserreiches erhoben. Schon im Oktober 1889 schätzte der russische Botschafter in Konstantinopel, Nelidow, den Monarchenbesuch als »äußerst wichtige(s) politische(s) Ereignis« ein, »das ... der allerschärfsten und sorgfältigsten Aufsicht bedürfe«. Diese Visite des Berliner Kaisers würde von London unterstützt und habe unter anderem den Zweck, den Sultan zum Beitritt in den Dreibund zu gewinnen. Auch wenn dies nicht gelänge, so schädige diese Reise Rußlands Einfluß auf die Pforte.[29] Deutschland beabsichtige, hieß es in einem anderen Schreiben Nelidows, der »ganzen zukünftigen Richtung der türkischen Politik eine neue Bestimmung zu geben und ein für allemal jeder Gefahr von seiten Rußlands für die Türkei zuvorzukommen«.[30] Und im November 1889 sah der russische Botschafter die Hauptbedeutung des deutschen Besuches im »Interesse für die militärischen Erfolge der Türkei in den letzten Jahren«. Der deutsche Einfluß strebe auf dem Gebiet des Heereswesens »immer mehr zur grundlegenden Vergrößerung der Kampf- und besonders der Verteidigungskraft der Türkei«. Dabei könne man nicht übersehen, »daß die Hauptaufmerksamkeit auf die Gegenden und die Seiten gerichtet wurde, welche am ehesten einem Zusammenstoß mit Rußland ausgesetzt sein könnten. Unter diesen Bedingungen« sei »die Entwicklung und Festigung des deutschen Einflusses« in der Türkei »ein Ereignis, welches unseren In-

29 Archiv für Außenpolitik Rußlands in Moskau, Akte 24, Bd. II, 1888, Bl. 152–155, Nelidow an Giers, 10./22. Oktober 1889.

30 Ebenda, Bl. 158, Nelidow an Giers, 6. Oktober 1889.

teressen direkt entgegengesetzt ist und eher unseren Gegnern von Nutzen sein kann«.[31]

Daß der Besuch Wilhelms II. auf russischer Seite eine derartige Einschätzung finden mußte, hatte Bismarck vorausgesehen und daher versucht, diese Reise des jungen Kaisers zu verhindern. Er wollte die ohnehin gespannten Beziehungen zu Petersburg nicht noch zusätzlich belasten.[32] Doch andere Ratgeber Wilhelms II. waren einflußreicher als Bismarck, und der deutsche Monarch ließ sich von seinem Kanzler nicht von seinem Vorhaben abbringen. Auch dieses Ereignis vom November 1889 war Ausdruck dafür, daß sich eine »Interessengemeinschaft von Kaiser, Militärpartei und Teilen der Großbourgeoisie gegen die Bismarcksche Rußlandpolitik« gebildet hatte. Und eben diese war, was hier besonders interessiert, »ein wesentliches Glied in der Kette jener Faktoren, welche die Positionen der bonapartistischen Diktatur Bismarcks untergruben und seinen Sturz herbeiführen sollten«[33].

Von wesentlich brisanterem Zündstoff in der Kette außen- und speziell rußlandpolitischer Komplikationen zwischen Wilhelm II. und seinen Ratgebern einerseits und dem Reichskanzler andererseits war jedoch schon im Sommer 1889 die Frage des Kapitalexports Deutschlands nach Rußland.

Seit der Einführung des Lombardverbots durch Bismarck im November 1887 waren Vertreter derjenigen deutschen Banken, die am Rußlandgeschäft interessiert waren, wiederholt beim Auswärtigen Amt und in der Reichskanzlei mit der dringenden Bitte vorstellig geworden, ihnen die Übernahme neuer rentabler Geschäfte mit russischen Wertpapieren zu erleichtern. Sie wollten diese lukrativen Einnahmen nicht endgültig an die reichen Pariser Banken verlieren. Erst im März 1889 war es dem Bankier Bismarcks, Gerson von Bleichröder, und dem Leiter der Direktion der Discontogesellschaft, Hansemann, mit Einverständnis des deutschen Reichskanzlers gelungen, wieder ein größeres Rußlandgeschäft zu übernehmen. Im Mai 1889 bildeten sie ein von ihnen geleitetes Bankkonsortium, das ein Geschäft mit russischen Eisenbahnobligationen im Werte von

31 Ebenda, Bl. 191–194, Nelidow an Giers, 31. Oktober/12. November 1889.

32 Vgl. Joseph Maria von Radowitz: Aufzeichnungen und Erinnerungen ..., Bd. II, S. 295.

33 Gustav Seeber: Bismarcks Sturz ..., S. 312.

250 Millionen Mark übernahm, und sie bemühten sich darum, daß diese Anleihe an der Berliner Börse zugelassen wurde.

Bismarck sah in diesem erneuten Entgegenkommen an Rußland vor allen Dingen eine Möglichkeit, den nun fast zwei Jahre lang ausgeübten finanziellen Druck Deutschlands auf Petersburg zurückzunehmen, zumal er sich wirtschafts- wie außenpolitisch nicht bewährt hatte. Der Kanzler wollte mit dieser Geste den Boden für die diplomatische Annäherung an Rußland, besonders für die Verlängerung des Rückversicherungsvertrages im folgenden Jahr, vorbereiten.

Doch die Anti-Bismarck-Fronde der Militärs, die unter Leitung des im August 1888 von Wilhelm II. zum Generalstabschef ernannten politisch ehrgeizigen Waldersee erstarkt war, nutzte dieses bevorstehende finanzpolitische Zugeständnis an Petersburg dazu aus, »in der ausschlaggebenden Frage der russisch-deutschen Beziehungen eine entscheidende Kraftprobe im Machtgefüge des preußisch-deutschen Reiches«[34] in Szene zu setzen. Sie bemühte sich darum, dieses Geschäft mit Rußland zu hintertreiben. Waldersee und Kriegsminister Verdy gelang es, sich mit ihren Argumenten: Deutschland dürfe die russische Kriegsbereitschaft nicht durch finanzielle Hilfen stärken; es solle seine Wirtschaftskräfte lieber einsetzen, um sich selber besser gegen Rußland zu rüsten, bei Wilhelm II. Gehör zu verschaffen. Auf Befehl des Kaisers wurde der Reichskanzler »dringend ersucht, das russische Geschäft unter allen Umständen zu verhindern«, in der offiziösen Presse Stimmung gegen diese Anleihe zu machen und amtlich auf den Vorstand der Berliner Börse einzuwirken, ihre Zustimmung zur Zulassung dieser Wertpapiere wieder rückgängig zu machen.[35]

Bismarck jedoch, besorgt um das russisch-deutsche Verhältnis, war nicht bereit, nachzugeben. Er lehnte es kategorisch ab, auf den Börsenvorstand einzuwirken. Er ließ in den ihm nahestehenden »Hamburger Nachrichten« am 19. Juni 1889 gegen die »Nebenpolitik« und »Kriegstreiberei« der Militärs, die die »offizielle Staatspolitik« schädigten, Front machen. »Es sollte dem leitenden Staatsmann überlassen bleiben, das Schiff des Staates zu steuern.«[36] In einem Brief an Staatsminister Karl Heinrich von Boetticher verwahrte er

34 Ebenda, S. 309.
35 Ludwig Raschdau: Unter Bismarck und Caprivi ..., S. 79.
36 Zit. in: Gustav Seeber: Bismarcks Sturz ..., S. 310.

sich entschieden gegen alle »inneren und äußeren Reichsfeinde, welche augenblicklich in der Kriegsgefahr und in Verstimmungen zwischen Deutschland und Rußland ihr Interesse sehen«.[37] Es gelang Bismarck zwar, die Zulassung der russischen Anleihe an der Börse durchzusetzen, doch er konnte nicht verhindern, daß auf Verfügung Wilhelms II. die »Post« und die »Norddeutsche Allgemeine« den Feldzug gegen die russischen Staatspapiere wieder verstärkten. Damit war der außenpolitische Effekt der Zulassung dieser großen russischen Anleihe an der Berliner Börse, an dem Bismarck im Sommer 1889 besonders gelegen war, von den Gegnern seiner Rußlandpolitik hintertrieben worden.

Die Konversionskrise hatte neben diesen außenpolitischen auch innenpolitische Aspekte. Erstmals hatten Meinungsverschiedenheiten in der Außenpolitik zwischen Reichskanzler und Kaiser, die seit langem bestanden, zu einer Konfrontation geführt. Bismarck war außenpolitische Befehle nicht gewöhnt und lehnte es ab, solche hinzunehmen. Er ließ Wilhelm II. darüber in Kenntnis setzen, »daß allerhöchste Befehle politischer Natur und von so bedeutender Tragweite, wie sie in einer offenen Parteinahme gegen Rußland bei der heutigen europäischen Situation liegen würde, eine vorgängige Erörterung der Frage zwischen Sr. M. und dem verantwortlichen Minister, namentlich dem des Auswärtigen, erfordern«.[38] Und der junge Kaiser »mußte zur Kenntnis nehmen, daß ein allmächtiger Kanzler von der Statur Bismarcks seiner eigenen politischen Profilierung im Wege stand. Nach Waldersees sicher kompetentem Urteil lag in der Konversionskrise der »entscheidende Wendepunkt« im Verhältnis des Kaisers zu Bismarck: »Er hatte seitdem im Herzen mit Vater und Sohn Bismarck gebrochen.«[39]

Während dieser Konversionskrise im Sommer 1889 erstarkte die Bismarckopposition innerhalb der herrschenden Klassen in Deutschland. Die bis dahin ausschließlich junkerlich-konservativ strukturierte Militärpartei erhielt Zustrom und Unterstützung gegen Bismarcks Außenpolitik, speziell gegen seine Rußland- und Nahostpolitik, durch bourgeois-nationalliberale Kräfte. Besonders tat sich

37 Otto von Bismarck: Werke, Bd. 6 c Berlin (1935), Bismarck an von Boetticher, 26. Juni 1889, S. 415.

38 Ebenda.

39 Zit. in: Gustav Seeber: Bismarcks Sturz..., S. 311. – Alfred von Waldersee: Denkwürdigkeiten..., Bd. II, S. 55.

der Parteiführer der Nationalliberalen, Miquel, hervor, der eine weitere Erschließung vor allem des russischen Marktes nicht mehr mit den von Bismarck angewandten »friedlichen« Mitteln, sondern allein durch Krieg gegen Rußland für möglich hielt. Diese im Sommer 1889 offensichtlich gewordene »Interessengemeinschaft von Kaiser, Militärpartei und Teilen der Großbourgeoisie gegen die Bismarcksche Rußlandpolitik bildete ein wesentliches Glied in der Kette jener Faktoren, welche die Positionen der bonapartistischen Diktatur Bismarcks untergruben und seinen Sturz herbeiführen sollten«.[40] Brisanter und ausschlaggebender als Fragen der Rußlandpolitik waren jedoch die Auseinandersetzungen um das weitere Schicksal des Sozialistengesetzes, die durch die Massenstreiks der deutschen Arbeiter hervorgerufen worden waren. So dienten innenpolitische Gründe Wilhelm II. schließlich zum Anlaß, sich am 20. März 1890 von Bismarck zu trennen und dem ersten deutschen Reichskanzler den Abschied zu geben.

40 Gustav Seeber: Bismarcks Sturz..., S. 312.

VI.

Bismarck in Opposition. Die letzten acht Lebensjahre des ersten deutschen Reichskanzlers (1890–1898)

Bismarcks Entlassung am 20. März 1890 durch Wilhelm II. fiel zeitlich mit dem Ablauf der Gültigkeit des im Juni 1887 für drei Jahre abgeschlossenen Rückversicherungsvertrages mit Rußland zusammen. Die Festlegungen dieses Vertrages widersprachen teilweise den Abmachungen Berlins mit Wien und Rom und mußten auch deshalb streng geheim gehalten werden.

Die Absetzung Bismarcks zu einem Zeitpunkt, zu dem über wichtige Fragen der zukünftigen deutsch-russischen Beziehungen in Berlin entschieden werden mußte, löste bei den Leitern der Petersburger Diplomatie große Beunruhigung aus. Ihnen war nach wie vor an der Aufrechterhaltung des diplomatischen »Drahts« zwischen den beiden Kaiserreichen in Form eines – wenn auch geheimen – Vertrages gelegen, und sie waren gegen ein Bündnis des Zarenreiches mit der französischen Republik. Sie bedauerten zutiefst die Entlassung Bismarcks, in dem sie den wichtigsten Träger »der traditionellen guten Beziehungen zwischen den beiden Reichen« und einen Politiker sahen, der den Frieden zwischen den beiden Monarchien garantiert hatte. Und sie befürchteten nun, daß Kaiser Wilhelm II. möglicherweise nicht davor zurückschrecken würde, dem »alten Verbündeten den Laufpaß zu geben« und versuchen würde, zu einer Annäherung Deutschlands an Großbritannien, vielleicht sogar zu einer Verbesserung der Beziehungen zu Frankreich zu kommen.[1] Dies um so mehr, als in der Residenz des Zaren bekannt wurde, daß der Sturz des Kanzlers auch mit der kritischen Haltung des jungen deutschen Kaisers und seiner engsten Ratgeber

1 Die Große Politik..., Sechster Bd., Dok. Nr. 1364, Oberst von Villaume an Wilhelm II., 10. April/29. März 1890 (St. Petersburg), S. 368–372.

zur bisherigen Rußlandpolitik in Verbindung stand. Man hielt nun in Petersburg den Ausbruch eines Krieges in Europa für wahrscheinlicher als während der Regierungszeit Bismarcks. Da Rußland für einen solchen aber 1890 noch völlig ungenügend gerüstet war, sprach Zar Alexander III. dem deutschen Botschafter von Schweinitz gegenüber die Hoffnung aus, daß General Caprivi, der neue deutsche Reichskanzler, »nicht wie Graf Waldersee den Krieg wünsche und herbeizuführen suche«.[2] Waren diese Sorgen auf russischer Seite gerechtfertigt?

Vor der Regierung des »neuen Kurses« stand im Frühjahr 1890 die Aufgabe, sich intensivst mit dem Problem ihrer zukünftigen Rußlandpolitik zu beschäftigen. Sie mußte sich – auch im Interesse der herrschenden Klassen – verantwortungsvoll die Frage vorlegen, ob der bestehende Geheimvertrag mit der Regierung in Petersburg noch aufrechterhalten werden sollte. Sie mußte überprüfen, ob die Widersprüche zwischen dem von ihr geleiteten Staat und seinem großen starken Nachbarn im Osten zu Beginn des letzten Jahrzehnts des 19. Jahrhunderts bereits so stark geworden waren, daß selbst ein der Öffentlichkeit unbekannter diplomatischer Draht noch beibehalten werden konnte. Sie hatte sich auch die Frage zu stellen, ob die Annäherung zwischen Frankreich und Rußland bereits derart fortgeschritten war, daß für Deutschland ein Zweifrontenkrieg in Zukunft nicht mehr zu umgehen, daß der Ausbruch eines großen Krieges in Europa nicht mehr zu verhindern war.

Die handels-, zoll- und finanzpolitischen Widersprüche zwischen den herrschenden Klassen Deutschlands und Rußlands hatten sich in der Tat am Ende der Bismarckschen Regierungszeit erheblich zugespitzt. Doch sie konnten durchaus noch – das bewies selbst die Politik des Nachfolgers Bismarcks – durch wenn auch langwierige wirtschaftspolitische Verhandlungen im beiderseitigen Interesse beigelegt werden. Der Abbruch eines politischen Geheimbündnisses mit dem Zarenreich war aus diesem Grunde daher 1890 nicht notwendig. Auch gab es damals noch keine so schwerwiegenden Widersprüche zwischen dem expansiven deutschen Monopolkapital und dem preußisch-deutschen Militarismus und den Expansionsinteressen der herrschenden Klassen des zaristischen Rußlands im Nahen Osten oder in anderen Einflußsphären, daß deren zukünftige

2 Ebenda, Siebenter Bd., Berlin 1927, Dok. Nr. 1371, von Schweinitz an Wilhelm II., 3. April 1890, S. 15–17.

Überwindung oder Regelung damals schon allein mit militärischen Mitteln hätte in Betracht gezogen werden müssen – auch wenn militärische Scharfmacher vom Schlage eines Generals von Waldersee dies behaupteten. Den wachsenden Profitinteressen des deutschen Großkapitals auf fremden Märkten konnte danach durchaus noch mit friedlichen Methoden entsprochen werden. Außerdem war Deutschland ebenso wie Rußland Anfang der 90er Jahre militärisch noch auf keinen großen Krieg in Europa vorbereitet.

Die Regierung des »neuen Kurses« war durch die Tatsache, daß die Geltungsdauer des Rückversicherungsvertrages mit Rußland im Sommer 1890 ablief, dazu gezwungen, ihr außenpolitisches Debüt in der Frage der weiteren Gestaltung der Beziehungen des deutschen Kaiserreiches zum zaristischen Rußland zu geben. Sie tat es in Eile, Hektik und Oberflächlichkeit.

Nach dem Sturz des alten Reichskanzlers war die außenpolitische Entscheidungsfindung in Berlin an eine Gruppe von Beamten des Auswärtigen Amtes und Diplomaten (Friedrich von Holstein, Maximilian Graf von Berchem, Philipp Fürst zu Eulenburg-Hertefeld, Adolf Hermann Freiherr Marschall von Bieberstein, Ludwig Raschdau und andere) übergegangen, die schon seit 1887 eine von Bismarcks Vorstellungen abweichende Konzeption für die deutsche Außenpolitik entwickelt und im Zusammenspiel mit dem Generalstab gegen den Reichskanzler zu realisieren versucht hatte. Diese Gruppe von Politikern stand neben den tonangebenden Militärs um den Generalstabschef Alfred Graf von Waldersee offensichtlich auch den Kräften innerhalb der imperialistischen deutschen Großbourgeoisie nahe, die eine stärkere Wirtschaftsexpansion, vor allem in Richtung auf Südosteuropa und den Nahen Osten, anstrebten. Dies um so mehr, als die ökonomischen Differenzen mit Rußland zugenommen hatten und die hohen Profite auf diesem großen Markt im Osten des Reiches gefährdet schienen.

Die wenig stichhaltigen, der Situation des Jahres 1890 zumeist widersprechenden Einschätzungen dieser kleinen, in Bismarcks Geheimpolitik eingeweihten Gruppe deutscher Politiker gegen den Wiederabschluß des Rückversicherungsvertrags mit Rußland wurden bereits in den ersten 10 Tagen nach dem Sturz Bismarcks zusammengetragen. Sie liefen im wesentlichen auf folgendes hinaus:

1. Dieser Geheimvertrag mit Petersburg bringe nur Rußland Vorteile, Deutschland hingegen allein Nachteile. Er bestärke den Za-

ren in der Auffassung, daß das Deutsche Reich auf die Freundschaft Rußlands angewiesen und von dieser abhängig sei und sich daher der zaristischen Außen- beziehungsweise Expansionspolitik nicht in den Weg stellen würde. Damit sei die deutsche Außenpolitik faktisch von der zaristischen Diplomatie abhängig, ja Werkzeug der Interessen Petersburgs.

2. Rußland beabsichtige in Kürze, gedeckt und geschützt durch Deutschland, zumindest einen lokalen Krieg zu entfesseln. Vor allem wolle es Bulgarien erobern. Die Existenz des Rückversicherungsvertrages sichere der Petersburger Regierung die Bestimmung des Zeitpunktes für die Entfesselung eines europäischen Krieges und erhöhe somit die Kriegsgefahr in Europa.
3. Die zaristische Regierung könne durch Indiskretionen über die Existenz des geheimen Abkommens zwischen Berlin und Petersburg die kaiserlich-deutsche Regierung bloßstellen und dadurch die außenpolitische Konzeption des Deutschen Reiches ernsthaften Gefahren aussetzen.
4. Über das französisch-russische Verhältnis beziehungsweise über die von Bismarck gefürchtete und mit allen Mitteln bekämpfte Gefahr eines Zweifrontenkrieges gab es zwar unter Außenpolitikern der Regierung des »neuen Kurses« differierende Anschauungen. Caprivi tendierte jedoch, wenn er im Unterschied zu Waldersee auch nicht als »notorischer Kriegstreiber« bezeichnet werden kann, unter dem Einfluß Holsteins zu der für 1890 verfrühten und somit falschen und folgenschweren Auffassung, daß die Gefahr eines Zweifrontenkrieges gegen Frankreich und Rußland nicht mehr zu verhindern und somit unvermeidlich geworden sei. Aufgabe der deutschen Regierung sei es daher, einen solchen Krieg umgehend militärisch und diplomatisch gründlich vorzubereiten. Wilhelm II. schloß sich dieser Auffassung an.[3]

Die Argumente der Vertreter des »neuen Kurses« gegen den Rückversicherungsvertrag oder eine andere vertragliche Bindung Berlins an Petersburg waren ihrer außenpolitischen Gesamtkonzeption untergeordnet, die sich wesentlich von der Bismarcks unterschied. Das Bündnis mit Österreich-Ungarn stand für diese Regierung uneingeschränkt an erster und ausschließlicher Stelle, es hatte

3 Vgl. Sigrid Wegner-Korfes: Politische und ökonomische Hintergründe der Rußlandpolitik der Regierung des »neuen Kurses« im Jahre 1890. Zur Nichterneuerung des deutsch-russischen Rückversicherungsvertrages. In: ZfG, 1982, H. 4, S. 326.

Grundlage für ein erweitertes Mitteleuropa unter deutscher Führung zu sein. Ein kriegerischer Zusammenstoß zwischen den »Mittelmächten« und ihren kontinentalen Hauptgegnern Frankreich und Rußland schien ihnen langfristig gesehen unvermeidbar zu sein. Der Dreibund sollte daher durch ein Bündnis mit England abgeschirmt und verstärkt werden, um bei einem großen Krieg in Europa siegen zu können. Darum erschien ein Abkommen mit Rußland als Störfaktor, der möglichst rasch beseitigt werden mußte.

Botschafter von Schweinitz, ein Anhänger der Bismarckschen Rußlandpolitik, wurde Ende März 1890 vom Auswärtigen Amt in Berlin damit beauftragt, umgehend nach Petersburg zurückzukehren und der zaristischen Regierung, die sich noch in der Illusion befand, daß die Erneuerung des Rückversicherungsvertrages unmittelbar bevorstand, die ablehnende Haltung der neuen deutschen Regierung dazu zu übermitteln. Wie schwer ihm diese seinem ganzen bisherigen Lebenswerk zuwiderlaufende Mission fiel, in Petersburg die veränderte außenpolitische Konzeption der neuen deutschen Regierung gegenüber dem zaristischen Rußland zu vertreten und durchzusetzen, verdeutlichen neben seinen Memoiren seine zahlreichen Berichte aus Petersburg nach Berlin von April 1890 an.

Rußlands Außenminister Giers war auf diese Wendung der Dinge nicht vorbereitet. Er fürchtete, daß das Zarenreich nun allein und isoliert in Europa dastehen und daß sein ganzes, auf guten Beziehungen zum kaiserlichen Deutschland aufgebautes außenpolitisches Konzept zusammenbrechen würde. Er versicherte dem deutschen Botschafter, daß man alle Probleme – auch die in und um Bulgarien – im gegenseitigen Einverständnis lösen könne und daß dann kein Hindernis bestünde, »daß Österreich-Ungarn mit Ihnen und mit uns die feste monarchische Verbindung der drei Kaiser so, wie sie früher bestand, wieder herstelle«.[4] Giers, damals noch kategorischer Gegner einer französisch-russischen Annäherung, drängte auf Aufrechterhaltung eines diplomatischen Drahts zwischen Berlin und Petersburg in Form einer schriftlich fixierten Abmachung. »Ihm sei es einzig und allein darum zu tun«, erklärte er von Schweinitz, »daß etwas Schriftliches vorhanden sei, welches die wesentliche Grundlage der jetzt bestehenden guten Beziehungen vom Wechsel der Personen unabhängig mache.« Dazu bedürfe es nicht einmal ei-

4 Die Große Politik..., Siebenter Bd., Dok. Nr. 1370, von Schweinitz an Caprivi, 3. April 1890, S. 11–15.

nes Vertrages. Ein Notenaustausch, vielleicht sogar nur ein Briefwechsel zwischen den beiden Monarchen würde dafür genügen.

Botschafter von Schweinitz versuchte Caprivi vom Bruch mit der Bismarckschen Rußlandpolitik zurückzuhalten. Der russische Außenminister, schrieb er an den neuen Reichskanzler, müsse »triftige Gründe haben..., um in so dringender Weise... auf das Verlangen nach einer schriftlichen Abmachung zurückzukommen, durch welche vor allem anderen der russischen Regierung die Möglichkeit genommen wird, sich mit Frankreich zu gemeinschaftlichem Vorgehen zu koalisieren«. Warnend gab er Caprivi zu bedenken, daß, wenn die deutsche Regierung »die weit entgegenkommenden Anträge des russischen Ministers völlig abweise(n), er oder sein Nachfolger gezwungen sein würde, die Anlehnung, die er bei uns nicht findet, anderwärts zu suchen«.[5]

Doch all diese Stimmen aus Petersburg wurden in Berlin ignoriert. Die Regierung Caprivis hielt an ihrer Kursänderung fest. Sie unterzeichnete kurz nach Ablauf der Gültigkeitsdauer des Rückversicherungsvertrages mit Rußland am 1. Juli 1890 ein Abkommen mit England, dem Hauptgegner des zaristischen Rußlands. Und als Wilhelm II. und Caprivi vom 17. bis 23. August 1890 auf Einladung von Zar Alexander III. an den russischen Manövern in Narva teilnahmen, verschlossen sie sich weiterhin jedem russischen Werben um ein Abkommen mit Deutschland. Dem entsprach auch die Außenwirtschaftspolitik der Regierung des »neuen Kurses«. Sie ignorierte Angebote der Petersburger Regierung, Erleichterungen der Handels- und Finanzbeziehungen zwischen Deutschland und Rußland ins Auge zu fassen, und begann, einen deutsch-österreichischen Handelsvertrag vorzubereiten.

Die Annullierung der politischen Bindung Kaiserdeutschlands an das Zarenreich war Berlin somit weder durch unüberwindliche wirtschaftspolitische Differenzen oder machtpolitische Widersprüche mit Rußland noch durch die internationale Mächtekonstellation zu Beginn des letzten Jahrzehnts des 19. Jahrhunderts aufgezwungen worden. Das russisch-französische Bündnis befand sich noch im Vorbereitungsstadium. Es wäre vielleicht noch zu verhindern gewesen. Rußland, weder 1890 noch in den folgenden Jahren darauf vorbereitet, versuchte, einen Krieg mit Deutschland oder Österreich-

5 Ebenda, Dok. Nr. 1372, von Schweinitz an Caprivi, 15. Mai 1890, S. 17–19.

Ungarn mit allen Mitteln zu vermeiden. Die voreilig gefaßte Entscheidung der deutschen Regierung, den Rückversicherungsvertrag nicht zu erneuern, führte zur Zuspitzung der internationalen Lage in Europa und gab den militaristischen Kräften in allen Staaten Auftrieb. Sie muß daher als grundlegende Zäsur der deutschen Außenpolitik bezeichnet werden und trug wesentlich dazu bei, daß sich die zaristische Außenpolitik von 1891 an notgedrungen hauptsächlich auf das politische, militärische und finanzielle Bündnis mit der französischen Republik orientierte.[5a]

Dem ersten deutschen Reichskanzler, Fürst Otto von Bismarck, verblieben nach seiner Entmachtung am 20. März 1890 noch über acht Lebensjahre (er starb im Juli 1898), die Weiterentwicklung der deutsch-russischen Beziehungen im letzten Jahrzehnt des 19. Jahrhunderts zu beobachten und – soweit ihm dies noch möglich war – zu beeinflussen.

Fürst Bismarck hatte nach seiner Entlassung Berlin verlassen und sich auf sein Gut in Friedrichsruh zurückgezogen. Er wußte, als er Berlin verließ, daß im Auswärtigen Amt sofort nach seinem Sturz über die zukünftige Rußlandpolitik der Regierung des »neuen Kurses« beraten wurde. Noch am letzten Tage seiner Reichskanzlerschaft, am 19. März, hatte der russische Botschafter in Berlin, Pawel Schuwalow, die Initiative zur Erneuerung des Rückversicherungsvertrages ergriffen und dem Leiter des Auswärtigen Amtes und Sohn des Reichskanzlers, Herbert von Bismarck, erklärt, er sei vom Zaren Alexander III. dazu ermächtigt worden, den geheimen russisch-deutschen Vertrag auf weitere sechs Jahre zu verlängern und als dauernde Abmachung anzusehen. Die neue Berliner Regierung mußte zu diesem russischen Angebot in nächster Zeit Stellung nehmen, und der alte Fürst ahnte in Friedrichsruh voller Sorge, wie etwa diese Antwort seiner Nachfolger aussehen würde. Doch er selbst verfügte nur noch über äußerst beschränkte Möglichkeiten, den verhängnisvollen Verlauf der Ereignisse zu beeinflussen. Denn die neuen Berliner Machthaber versuchten, ihn in Friedrichsruh zu isolieren. Bismarck drückte dies gegenüber einem Korrespondenten einer Petersburger Zeitung, des »Nowoje Wremja«, im Juli 1890 recht drastisch aus: »Man ruft mir Halt! zu, mich meidet man wie einen Pestkranken, indem man sich fürchtet, sich durch einen Be-

5a Vgl. George F. Kennan: The FATEFUL ALLIANCE. France, Russia, and the Coming of the First World War, New York 1984, S. 18 ff.

such bei mir zu compromittieren.«[6] Und im dritten Band von »Erinnerung und Gedanke« kann man dazu lesen: »Auch nach meiner Entlassung ist sorgfältig vermieden worden, mit mir in irgend welche Beziehungen zu treten, augenscheinlich um nicht in den Verdacht zu gerathen, daß man meine Erfahrung, Sach- und Personen-Kenntnis zu benutzen ein Bedürfnis empfinde. Ich wurde streng boycottirt und unter Quarantäne gehalten als Herd von Bacillen der Seuchen, an denen wir politisch gelitten hatten, als ich Kanzler war.«[7] Doch die wenigen Wirkungsmöglichkeiten, die dem alten Kanzler noch geblieben waren, versuchte er, von großer Sorge um die Weiterentwicklung seines Lebenswerkes erfüllt, auszunutzen.

Am 28. April 1890 besuchte der Korrespondent des Petersburger »Nowoje Wremja«, Ignatiew Lwow, den entlassenen Reichskanzler in Friedrichsruh. Er war mit einem Empfehlungsschreiben des dem Hause Bismarck nahestehenden russischen Botschaftsrats in Berlin, des Grafen Michail Murawjew, ausgestattet und bat den Fürsten um ein Interview zu außenpolitischen Fragen. Bismarck leistete dieser Bitte bereitwilliges Entgegenkommen. Wahrscheinlich hielt er es noch für möglich, den Gang der deutsch-russischen Verhandlungen über die Frage des Rückversicherungsvertrages zu beeinflussen. Wichtig wird es ihm auch gewesen sein, Petersburg, ja der Weltöffentlichkeit auf diese Weise zu verstehen zu geben, daß er seinen außenpolitischen Vorstellungen treu geblieben war und die seiner Nachfolger nicht billigte.

Vier Wochen waren inzwischen vergangen, seit der deutsche Botschafter in Rußland, von Schweinitz, im Auftrag der Regierung des »neuen Kurses« wieder in die Hauptstadt des Zarenreiches geschickt worden war – mit der Mission, dem Außenminister Giers mitzuteilen, daß die Regierung Caprivi »gegenwärtig nicht beabsichtige«, den im Juni des Jahres ablaufenden Vertrag mit Rußland zu erneuern. Diese Nachricht aus Berlin hatte, wie bereits gesagt, in eingeweihten Petersburger Regierungskreisen Besorgnis hervorgerufen, und es war von dort aus alles in Bewegung gesetzt worden, um den neuen deutschen Reichskanzler zur Veränderung seines Standpunktes zu bewegen.

Ohne auf diese Vorgänge Bezug zu nehmen – sie waren ja streng geheim! – unterstrich Bismarck in dem Interview seine rußland-

6 Johannes Penzler: Fürst Bismarck nach seiner Entlassung, Bd. I, Leipzig 1897, S. 168.
7 Otto von Bismarck: Werke, Bd. 15, S. 538.

freundliche Haltung, wies alle angeblich expansiven Absichten des Deutschen Reiches gegenüber Rußland weit zurück und betonte, daß Deutschland durch einen Krieg gegen Rußland nur geschwächt werden würde. Er erläuterte seinem Gesprächspartner auch das Desinteresse Deutschlands am Balkan und betonte, daß er aus diesem Grunde in der Zeit seiner Kanzlerschaft 1889 dem jungen Kaiser Wilhelm II. von dessen Reise nach Konstantinopel abgeraten habe. Damals und jetzt sei er der Meinung, daß Deutschland Österreich-Ungarns Balkanpläne nicht unterstützen dürfe, um das deutsch-russische Verhältnis nicht zu gefährden.[8]

Als dieses Interview Mitte Mai 1890 veröffentlicht wurde, erregte es besonders in Berliner Regierungskreisen Aufsehen und Verärgerung. Bismarck hatte es gewagt, sich indirekt, aber deutlich gegen die Rußland- und Balkanpolitik der neuen Regierung Kaiser Wilhelms II. auszusprechen und von dieser abzugrenzen. Der Kaiser ließ sich abfällig und scharf gegen Bismarck aus, und Caprivi beschloß, Bismarcks oppositionelle Haltung nicht widerstandslos hinzunehmen. Er fertigte am 23. Mai 1890 einen Cirkularerlaß an alle deutschen Botschaften und Gesandtschaften aus, der die erste amtliche Stellungnahme zu den politischen Aktivitäten des entmachteten Bismarck enthielt. Darin heißt es, daß sich die Reichsleitung mit der Frage beschäftigt habe, ob es angebracht sei, Bismarcks Äußerungen in der Presse zu kommentieren. Der Kaiser sei jedoch der Meinung, daß es besser sei, Bismarcks Auffassungen in der Öffentlichkeit nicht entgegenzutreten. Er hoffe, daß sich die Stimmung von selbst beruhige und wolle alles vermeiden, »was dazu beitragen könnte, der deutschen Nation das Bild ihres größten Staatsmannes zu trüben«. Der Inhalt des Erlasses sei aber den fremden Regierungen mitzuteilen und dabei zu betonen, daß Bismarcks Anschauungen kein politisches Gewicht hätten.[9] In einem Erlaß Caprivis an Botschafter von Schweinitz vom 29. Mai 1890 hieß es, daß Bismarck die öffentliche Meinung desorientiere und Mißtrauen gegen die deutsche Regierung bei den Verbündeten in Wien und Rom säe. Auch deshalb sei von einer Verlängerung des geheimen Rückversicherungsvertrages mit Petersburg abzusehen.[10]

8 Vgl. ebenda, Bd. 9, Berlin (1926), Gespräch mit dem Zeitungskorrespondenten Ignatiew Lwow am 28. April 1890 in Friedrichsruh, S. 18–25.

9 Die Große Politik ..., Siebenter Bd., Dok. Nr. 1378, S. 29f.

10 Ebenda, Dok. Nr. 1380, Caprivi an von Schweinitz, 29. Mai 1890, S. 33–36.

Bismarck gab seine Bemühungen nicht auf, die Öffentlichkeit – und besonders auch die in Deutschland – über seine außenpolitischen Auffassungen zu informieren und dafür zu gewinnen. Schon in den ersten Monaten nach seiner Entlassung war es ihm gelungen, sich die »Hamburger Nachrichten«, ein allgemein bekanntes und in Deutschland nach wie vor anerkanntes Presseorgan, weiter zu verpflichten und außerdem auch in anderen Städten Deutschlands – zum Beispiel in Dresden und in München – angesehene Zeitungen für seine oppositionelle Haltung zu interessieren. Damit hatten nun seine Gegner in außenpolitischen Fragen – speziell die Beamten der Wilhelmstraße – zu rechnen. Ihnen war diese Aktivität Bismarcks um so unangenehmer, als dieser öffentlich verkündete, daß eine Opposition gegen ihn, den Reichsgründer, unpatriotisch sei. Sie wußten, daß der Fürst zumindest beim national gesinnten deutschen Bürgertum noch über starke Sympathien verfügte, was sich über kurz oder lang auch auf ihre eigene Stellung und auf ihr Ansehen auswirken konnte.

So erregte zum Beispiel ein Artikel in den »Hamburger Nachrichten« vom 18. Juli 1890 großes Aufsehen. Dort hieß es, daß Deutschland zwischen Österreich und Rußland vermitteln solle. Es solle dabei aber nicht die österreichischen Interessen auf der Balkanhalbinsel unterstützen, um nicht in Abhängigkeit von der Donaumonarchie zu geraten. Mit großem Nachdruck wurde von einem Bruch mit Petersburg gewarnt und die antirussische Haltung der meisten deutschen Zeitungen kritisiert. Diese Veröffentlichung beunruhigte die Leiter des Auswärtigen Amtes in Berlin und die österreich-ungarische Öffentlichkeit. Die »Moskowskije Wjedomosti« dagegen war hoch erfreut über den Aufsatz der »Hamburger Nachrichten«, sah in ihm einen Beweis dafür, daß Deutschland Rußlands Freundschaft brauche und daß es seine hervorragende Stellung dem Zarenreich verdanke. Und das »Nowoje Wremja« druckte am 22. Juli 1890 ein neues Interview mit Bismarck, in dem sich der Fürst für die deutsch-russische Freundschaft einsetzte: »Zu einem Streit zwischen Deutschland und Rußland gibt es keinen ernsthaften Grund, und wenn er entstünde, so wäre es ein Streit um des Kaisers Bart.«[11] Diese Äußerungen Bismarcks wurden wie stets von fast der gesamten deutschen Presse nachgedruckt.

11 Zit. in: Wolfgang Stribny: Bismarck und die deutsche Politik nach seiner Entlassung (1890–1898), Paderborn 1977, S. 38 f.

Der Botschafter der Habsburger Monarchie, Széchényi, wandte sich nun an Caprivi. Dieser jedoch verwies den Vertreter Wiens auf den Cirkularerlaß und erklärte sich außerstande, mehr zu tun. Ein Dementi in der Presse würde Bismarcks Aktivitäten nur noch verstärken, und gegen den Fürsten den gesetzlichen Weg zu betreten – wozu das Material vorhanden sei –, sei »bei den unsterblichen Verdiensten des Fürsten vollkommen unmöglich«. Täte dies die deutsche Regierung, so würde sich »die ganze öffentliche Meinung, die wir jetzt für uns haben, mit Ungestüm ... gegen uns auflehnen ... Für uns ist unter diesen Umständen nichts weiter zu tun, als die unbegreifliche Handlungsweise des Fürsten, die sich nur durch eine sehr entwickelte Altersschwäche erklären, wenn nicht entschuldigen läßt, mit einer gewissen Resignation über uns ergehen zu lassen.«[12]

Da sich die russisch-deutschen Beziehungen 1890 nicht verbessert hatten und Bismarcks Warnungen in Berlin offensichtlich ignoriert worden waren, beschloß der Fürst zu Beginn des Jahres 1891, in den »Hamburger Nachrichten« speziell außenpolitischen Problemen gewidmete Artikel zu veröffentlichen. Diese verwandelten sich von nochmaligen Warnungen zunächst in Andeutungen und schließlich sogar in Enthüllungen von Staatsgeheimnissen, ein für einen zu Staatsraison und Kaisertreue erzogenen preußischen Politiker ungewöhnliches Vorgehen. Am 28. Januar 1891 wies Bismarck auf die Gefahr indirekter Kontakte zwischen Wien und Petersburg hin, die er immer im Auge gehabt und daher ein Dreikaiserbündnis angestrebt hatte. Im Februar 1891 warnten die »Hamburger Nachrichten« und die Münchener »Allgemeine Zeitung« vor einem Abbruch der Brücken zwischen Berlin und Petersburg. Am 10. April schrieb Bismarck in den »Hamburger Nachrichten« über das Verhältnis zwischen Deutschland und Rußland und verwandte hier erstmals bestimmte Formulierungen aus dem Text des Rückversicherungsvertrages, ohne aber das Geheimnis dieses Vertrages zu enthüllen. Er sprach vom Ziel Rußlands, seine »Haustür am Schwarzen Meer«, das heißt die Meerengen, den Bosporus und die Dardanellen, zu schließen und die »Schlüssel« dazu zu verwahren. Rußlands Aufrüstung hinge mit *diesem* Ziel zusammen und sei daher nicht, wie man der deutschen Bevölkerung einzureden suchte, gegen

12 Ebenda, Széchenyi an Kálnoky, 4. Juni 1890, S. 39.

Deutschland gerichtet. Deutschland sei unangreifbar, wenn es gute Beziehungen zu Rußland unterhalte. Es gerate aber in eine schwierige Lage, »wenn die übrigen Staaten sehen, daß wir alle Brücken, die zum Zarenreich führen, abgebrochen haben und uns mithin entweder ganz auf uns selbst oder auf den guten Willen unsrer Bundesgenossen verlassen müssen«.[13] Die vorfristige, pomphafte und von antirussischer Propaganda begleitete Erneuerung des Dreibundvertrags zwischen den Regierungen Berlins, Wiens und Roms im Mai 1891 zeigte auch dem Fürsten erneut, wohin die Außenpolitiker Berlins das Deutsche Reich jetzt steuerten. Da unternahm er den nächsten Schritt, sich Gehör zu verschaffen. Am 3. Juni 1891 entschloß er sich dazu, in den »Hamburger Nachrichten« die Nichterneuerung des Rückversicherungsvertrages zu kritisieren und dessen Existenz damit faktisch zu enthüllen. Es verstärke sich der Eindruck, schrieb er, »daß es unvorsichtig war, die beiden Stränge, die Deutschland früher auf seinem Bogen hatte, nicht zu behalten, sondern den russischen Strang zu durchschneiden«.[14] Diesmal ließ die Wilhelmstraße diese Behauptung am nächsten Tag als »willkürliche Erfindung, die lediglich den Zweck hat, die öffentliche Meinung zu beunruhigen« in der »Norddeutschen Allgemeinen Zeitung« dementieren.[15] Damit gab man sich in Deutschland wie im Ausland im wesentlichen zufrieden – nicht jedoch in Friedrichsruh, wo die Sorge Bismarcks um den Zerfall des von ihm mit so großer Mühe geschaffenen Bündnissystems und die Furcht vor einer Einkreisung des Deutschen Reiches durch Frankreich und Rußland wuchs. Zwei Monate nachdem der Dreibund erneuert worden war, machte Kaiser Wilhelm II. vom 4. bis 13. Juli 1891 einen Besuch in England. Damit betonte er noch einmal die freundschaftliche Haltung seiner Regierung zum Hauptgegner des Zarenreiches. Die zaristische Regierung, wollte der von ihr geleitete Staat nicht völlig isoliert in Europa dastehen, sah sich daher gezwungen, ihr Verhalten zu den französischen Annäherungsversuchen zu ändern. Das geschah nun recht schnell. Vom 23. Juli bis 8. August 1891 besuchte die französische Flotte den russischen Ostseehafen und die Festung Kronstadt. Und am 27. August 1891 wurde eine geheime russisch-

13 Zit. in: Hermann Hofmann: Fürst Bismarck 1890–1898, Bd. 1, Stuttgart Berlin Leipzig 1914, S. 349–351.

14 Zit. in: Wolfgang Stribny: Bismarck und die deutsche Politik ..., S. 47.

15 Ebenda.

französische Entente in Paris besiegelt. In diesem Vertrag, eher einem Konsultationspakt zwischen den Außenministern der beiden Staaten, Giers und Ribot, verpflichteten sich Paris und Petersburg, falls die Gefahr eines Überfalls auf eines der beiden Länder einträte, sofort Maßnahmen zu besprechen, die schnell und gleichzeitig von beiden Seiten durchgeführt werden sollten.

Der Abschluß dieser Entente wurde, wenn auch die verschiedensten Gerüchte kursierten, der Öffentlichkeit nicht bekannt. Doch sowohl die russische und französische als auch die Presse der Dreibundstaaten und Englands beschäftigten sich in diesen Wochen ausführlich mit dem französischen Flottenbesuch in Kronstadt und sahen in ihm eine offene Demonstration der französisch-russischen Freundschaft. Auch in den diplomatischen Kreisen der Welt wertete man dieses Ereignis allseitig aus und war einstimmig der Meinung, daß Rußland und Frankreich sich im Sommer 1891 bedeutend näher gekommen waren. Botschafter von Schweinitz schrieb an Caprivi, Giers habe erklärt, »daß die Russisch-Französische Freundschaft eine gute und wertvolle Sache sei«[16], und teilte resignierend seiner Frau mit, er müsse sich schmerzlich davon überzeugen, »daß die dynastische Politik, das Zusammengehen der Monarchen gegen die Revolution, definitiv zu Grabe getragen« sei und seine eigene »30jährige politische Tätigkeit ... demnächst mit einem Zusammenbruch aller Prinzipien« ende, »für welche ich gearbeitet habe«.[17]

Diese Stimmungen entsprachen den Einschätzungen Bismarcks. Doch der ehemalige deutsche Reichskanzler gab seine verzweifelten Bemühungen nicht auf, diese für das preußisch-deutsche Kaiserreich verhängnisvolle Entwicklung zu verhindern. Am 24. Januar 1892 veröffentlichten die »Hamburger Nachrichten« einen Artikel: »Nachteilige Veränderungen in den auswärtigen Beziehungen Deutschlands«, in dem nun das Geheimnis des Rückversicherungsvertrags faktisch ganz preisgegeben wurde. Dort hieß es, daß Deutschland im Zweibundvertrag von 1879 der Donaumonarchie nur bei einem russischen Angriff Hilfe zugesichert hätte. Es wäre

16 Vgl. Sigrid Wegner-Korfes: Außen- und wirtschaftspolitische Aspekte der russisch-deutschen und russisch-französischen Beziehungen während der Reichskanzlerzeit Caprivis (1890–1894). In: Jahrbuch für Geschichte der sozialistischen Länder Europas, Bd. 27, Berlin 1983, S. 107.

17 Hans Lothar von Schweinitz: Denkwürdigkeiten ..., Bd. II, Schweinitz an seine Frau, 12. August 1891, S. 427 f.

aber dann »auf Grund bestimmter, jetzt nicht mehr vorhandener Abmachungen, die neben dem Vertrag mit Österreich bestanden« immer möglich gewesen, sich mit Rußland gegen Österreich zu verständigen. Durch »persönliche Verstimmungen« seien diese guten Beziehungen zu Petersburg nun aber preisgegeben worden, wodurch sich Frankreich und Rußland einander angenähert hätten und Deutschland allmählich in ein Abhängigkeitsverhältnis zu Österreich gerate.[18] Wenn auch Kaiser Wilhelm II. an den Rand dieses Artikels schrieb: »Das ist ja geradezu Hochverrath«,[19] so fand auch dieser Akt Bismarcks in der Öffentlichkeit kaum Resonanz. Die Presse druckte den Aufsatz zwar ab, doch sie kommentierte wenig. Eine von Bismarck erhoffte breite Debatte über die Außenpolitik und vor allem die Rußlandpolitik der Regierung des »neuen Kurses« in der Presse, im Reichstag und in der Reichsleitung blieb aus. Ähnlich erfolglos blieb ein am 23. Juni 1892 in der »Neuen Freien Presse« in Wien abgedrucktes Gespräch mit dem Fürsten, der zu einem Privatbesuch in Österreich-Ungarn weilte. Darin betonte er sein gutes Verhältnis zum Zaren Alexander III. und fügte bedauernd hinzu: »Der Draht ist abgerissen, welcher uns mit Rußland verbunden hat.«[20]

Man war in Wien und Berlin darüber empört. Die wilhelminische Reichsleitung begriff nicht, daß Bismarcks Sorgen begründet waren. Sie überschätzte in verhängnisvoller Weise Deutschlands Macht und Stärke und das eigene diplomatische Geschick. Sie sah nicht, daß die deutsche Außenpolitik einer Krise zusteuerte, daß Deutschland eingekreist zu werden begann und in wachsende Isolierung geriet. So fanden Bismarcks Kassandrarufe 1892 keine Resonanz. Erst 1896 gelang es dem Fürsten, eine außenpolitische Diskussion auszulösen, die vier Jahre später nützlicher und vielleicht erfolgreicher gewesen wäre. Doch 1896 waren die Chancen endgültig vertan, die deutsche Rußlandpolitik grundlegend zu ändern. Nun war das Zarenreich mit der französischen Republik außen- und militärpolitisch gegen den Dreibund fest verbündet, und seine ökonomischen Bindungen an Frankreich hatten sich seitdem weiter vertieft. Auch dies war letztlich das Mitverschulden der neuen Berliner Machthaber, die sich zum Werkzeug der immer zügelloseren Ex-

18 Zit. in: Wolfgang Stribny: Bismarck und die deutsche Politik ..., S. 49 f.
19 Zit. in: ebenda, S. 50.
20 Zit. in: ebenda, S. 53.

pansionsforderungen des deutschen Monopolkapitals und des preußisch-deutschen Militarismus machten.

Erhebliche handels- und zollpolitische Auseinandersetzungen und Differenzen hatte es, wie bereits gezeigt worden ist, schon in der Bismarckschen Regierungszeit zwischen Deutschland und Rußland gegeben. Während der deutsche Export ins Zarenreich von 1875 bis 1889 von etwa 24 Prozent auf 8,2 Prozent des Gesamtexports gesunken war, war der deutsche Import aus Rußland trotz aller Schutzzollmaßnahmen Bismarcks fast gleich hoch geblieben und machte nach wie vor etwa 12 Prozent des deutschen Gesamtimports aus. Es stand im Interesse der herrschenden Klassen des Deutschen Reiches außer Frage, daß die Handelsbilanz zwischen diesen beiden Staaten verbessert werden mußte – oder aber, daß nach anderen Wegen gesucht werden mußte, um der deutschen Exportindustrie größere Absatzmärkte zu sichern und die preußischen Junker vor der Konkurrenz der russischen Gutsbesitzer zu schützen.

Die Außenhandelspolitik der Regierung des »neuen Kurses« sah vor und setzte dies auch in die Tat um, durch die Einführung von Differentialzöllen und den Abschluß von Handelsverträgen zu einem bevorzugten handelspolitischen Verhältnis mit Österreich-Ungarn und anderen Staaten Mitteleuropas zu kommen, Rußland davon aber auszuschließen. Als diese Pläne der preußisch-deutschen Regierung in Petersburg bekannt wurden, ließen der dortige Außenminister und der Finanzminister der Wilhelmstraße mehrmals mitteilen, daß sie an einem Gedankenaustausch mit Berlin über die Erleichterung und die Erweiterung des deutsch-russischen Handels sehr interessiert seien. Doch sie fanden in Berlin kein Gehör. Trotzdem gab die russische Seite bis zum Abschluß des Handelsvertrages zwischen Deutschland und Österreich-Ungarn und der vorfristigen Erneuerung des Dreibundes im Mai 1891 ihre Bemühungen um eine Verbesserung ihrer Handelsbeziehungen mit Deutschland nicht auf.

Die verstärkte russisch-deutsche Entfremdung vom Frühjahr 1890 an war von der Regierung Caprivi von Anfang an nicht nur mit außen- und militärpolitischen, sondern auch mit wirtschaftspolitischen Argumenten begründet und realisiert worden. Und in den Tagen und Wochen, in denen man in Berlin über das weitere Schicksal der politischen Beziehungen zu Rußland, über den Rückversicherungsvertrag, beriet und beschloß, wurde auch die zukünftige Außenwirtschaftspolitik des wilhelminischen Deutschlands konzipiert.

Ein ähnliches und auch hier vergebliches Werben der russischen Seite gab es auch um die Wiederbelebung der Finanzbeziehungen zwischen beiden Staaten. Vom April 1890 bis zum Frühjahr 1891 versuchten deutsche Großbankiers – Bleichröder und Russel – und führende Vertreter der Petersburger Finanzwelt in Absprache mit dem Finanzminister des Zaren, Wischnegradski, und dem russischen Botschafter in Berlin, Schuwalow, von der Regierung Caprivi die Zustimmung dafür zu erhalten, daß wieder deutsches Geld in russische Eisenbahn- und Staatsanleihen angelegt werden dürfe. Petersburg brauchte für seinen Wirtschaftsaufbau Kapital und wollte mit deutscher Hilfe der seit der Einführung des Bismarckschen Lombardverbots vom November 1887 immer stärker werdenden finanziellen Abhängigkeit seines Staats von der französischen Republik einen Riegel vorschieben. Doch die Leiter des Auswärtigen Amtes lehnten größere Finanzgeschäfte mit Rußland als »uns in besonderem Grade unerwünschte« ab und wollten nichts davon hören, das Lombardverbot aufzuheben.[21]

Bismarck jedoch, der sich inzwischen davon hatte überzeugen müssen, daß er durch sein damaliges Vorgehen gegen den deutschen Kapitalexport nach Rußland das Zarenreich in die Arme des finanzkräftigen Frankreichs getrieben hatte, verhielt sich nun auch in dieser Frage anders als die neue Regierung. Er veranlaßte, daß die »Hamburger Nachrichten« sich im Herbst 1891 – nach dem Treffen von Kronstadt also – dafür aussprachen, daß russische Anleihen wieder an der Berliner Börse gehandelt wurden. Als die Zeitung dafür angegriffen wurde, daß sie russische Interessen unterstütze, obgleich Rußland mit Frankreich gegen Deutschland konspiriere, stellte sich Bismarck schützend vor die Argumentation des Hamburger Blattes. Rußland, so schrieb er, werde sich nicht zum Gehilfen »französischer Revanchegelüste« machen lassen, wenn es bei Deutschland ökonomische und diplomatische Hilfe erhalte – darunter auch bei der Realisierung seiner außenpolitischen Pläne im Orient und in Asien gegen England.[22] So versuchte Bismarck mit den ihm noch gebliebenen Mitteln, die Annäherung Frankreichs und Rußlands zu bremsen, die Einkreisung Deutschlands von Osten

21 Sigrid Wegner-Korfes: Außen- und wirtschaftspolitische Aspekte ..., S. 101.
22 Vgl. Wolfgang Stribny: Bismarck und die deutsche Politik ..., S. 48.

und Westen zu verhindern und der damit in Zusammenhang stehenden verstärkten Gefahr eines Zweifrontenkrieges entgegenzutreten.

Doch ein Bismarck konnte den Gang der Geschichte nicht mehr beeinflussen. Ende September 1891 übernahm eine Gruppe französischer Banken eine dreiprozentige russische Goldanleihe in Höhe von 500 Millionen Francs. Drei Monate später gelang es Caprivi zum Entsetzen Bismarcks, die Handelsverträge mit Österreich-Ungarn, Italien, Belgien und der Schweiz im Reichstag durchzubringen. Für diese Staaten wurden die Zölle für Roggen und Weizen von 5 auf 3,5 Mark pro Doppelzentner gesenkt. Rußland war nun der einzige größere Staat, auf den Deutschland statt der niedrigen Vertragszölle den allgemeinen hohen Tarif anwandte, um es zu Zugeständnissen an den deutschen Export zu zwingen. Daß diese Handelspolitik jedoch nicht allein ökonomisch motiviert war, wurde vom neuen deutschen Reichskanzler ganz offen zugegeben. Er wies im Reichstag bei der Begründung der Handelsverträge ausdrücklich auf deren außen- und militärpolitische Bedeutung hin. Ein militärischer Konflikt in Europa wurde dabei von ihm ins Kalkül einbezogen und die Gegnerschaft Rußlands und Frankreichs implizit in Zukunft vorausgesetzt. Daher sollte Rußland durch Differentialzölle und Lombardverbot ökonomisch geschwächt und die Verbesserung seines militärstrategischen Potentials auf diese Weise möglichst lange aufgehalten werden.

Dazu kam die Rüstungspolitik der Regierung des »neuen Kurses«. Am 23. November 1892 wurde dem Deutschen Reichstag Caprivis neue Militärvorlage unterbreitet. In ihr forderte die Regierung eine neue Heeresverstärkung um 72 037 Soldaten, 12 323 Unteroffiziere und 2 138 Offiziere. Damit sollte eine Vergrößerung des Heeres durchgesetzt werden, die alle Heeresverstärkungen seit 1871 zusammengenommen übertraf und das wilhelminische Heer auf 571 343 Soldaten und Unteroffiziere vergrößern sollte. Außerdem wurde in einer Kompromißformel die Einführung der zweijährigen Dienstzeit gebilligt. Caprivi begründete diese neue Truppenverstärkung des wilhelminischen Deutschlands vor dem Reichstag damit, daß Deutschland »mit dem Kriege mit zwei Fronten zu rechnen gezwungen« sei, »und zwar nicht als Ausnahme, sondern als den wahrscheinlichen Fall«. Nach langen Debatten, Auflösung und Wiederwahl des Reichstages wurde diese Militärvorlage am 4. Juli 1893 in etwas modifizierter Form angenommen.[23] Sie war eindeutig gegen die westlichen und östlichen Nachbarn des Deutschen Reiches gerichtet und schockierte die Regierungen und die Bevölkerung Frankreichs und Rußlands.

Die zaristische Regierung und die russische Öffentlichkeit verfolgten die Politik der Regierung Caprivi und die Entwicklung der Beziehungen zu ihrem großen Nachbarn im Westen mit zunehmender Besorgnis. Schon früher hatte es, wie bereits gezeigt worden ist, Stimmen innerhalb der herrschenden Schichten des Zarenreiches gegeben, die sich für eine Annäherung Rußlands an Frankreich ausgesprochen hatten. Nun mehrten sich diese. Doch die Regierung Alexanders III. und der Zar selbst hatten zunächst versucht, einer Bindung an die französische Republik aus dem Wege zu gehen. Zu verschieden waren ihre innenpolitischen Strukturen, zu unterschiedlich ihre außenpolitischen Interessen. Frankreich war an der Realisierung des russischen Expansionsprogramms in Asien, besonders in China, Persien und in der Türkei, nicht gelegen. Es brauchte einen Verbündeten für seine Revanche am Deutschen Reich, für die Wiedereroberung von Elsaß-Lothringen.

Als jedoch die Gefahr der außenpolitischen, militärischen und ökonomischen Isolierung Rußands in Europa immer größer geworden war, begannen die Petersburger Politiker vom Sommer 1891 an ihre bisherige Haltung zögernd zu verändern. Der Empfang der französischen Flotte in Kronstadt war ein beredtes Zeichen dafür gewesen, daß der Zar und seine Regierung dem Drängen Frankreichs zur Annäherung aufgeschlossener gegenüberstanden. Wenn es zum großen Bedauern der französischen Seite im Sommer 1891 auch noch zu keiner Vereinbarung zwischen den beiden Staaten kam und die russische Seite einer Militärkonvention mit Frankreich noch ablehnend gegenüberstand, so wurde diese – insgeheim – vom Generalstabschef des Zaren, dem General N. N. Obrutschew, zusammen mit den führenden französischen Militärs spätestens seit 1891 vorbereitet. Schließlich wurde diese Konvention am 17. August 1892 von den Chefs des russischen und des französischen Generalstabs in Paris unterzeichnet. Doch damit trat sie noch nicht in Kraft. Denn auch jetzt versuchten Zar Alexander III. und seine wichtigsten außenpolitischen Berater, das Zarenreich nicht derartig stark an

23 Vgl. Ernst Engelberg: Deutschland von 1871 bis 1897 ..., S. 340, 341.

Frankreich zu binden. Sie verzögerten die Ratifizierung dieser Konvention noch eineinhalb Jahre lang. Erst an der Jahreswende 1893/1894 wurde das französisch-russische Militärabkommen in Petersburg vom französischen Botschafter Montebello und Außenminister Giers unterschrieben. Darin hieß es: »Wenn Frankreich von Deutschland oder dem von Deutschland unterstützten Italien angegriffen wird, so wird Rußland alle seine verfügbaren Kräfte einsetzen, um Deutschland anzugreifen. – Wenn Rußland von Deutschland oder dem von Deutschland unterstützten Österreich angegriffen wird, so wird Frankreich alle seine verfügbaren Kräfte einsetzen, um Deutschland anzugreifen.« Auch bei der Mobilisierung der Streitkräfte des Dreibundes oder eines seiner Mitglieder hatten Frankreich und Rußland unverzüglich all ihre Streitkräfte zu mobilisieren. Außerdem wurde die Truppenstärke festgelegt, die jeder der beiden Staaten gegen Deutschland, die stärkste Macht des Dreibundes, ins Feld führen würde, und die Konvention als streng geheim erklärt.[24]

Im Juni 1893 wurde eine Handelskonvention zwischen Frankreich und Rußland unterzeichnet, die 25 Tage später in Kraft trat. Auch der Kapitalexport Pariser Banken nach Rußland nahm weiter zu.

Es kam im Oktober 1893 – im gleichen Monat, in dem ein russischer Flottenbesuch in Toulon stattfand – schließlich auch zu Handelsvertragsverhandlungen zwischen Rußland und Deutschland in Berlin. Diese wurden im Januar 1894 erfolgreich beendet, und am 10. Februar 1894 wurde ein Handelsvertrag unterzeichnet und nach langen Debatten am 20. März 1894 vom Reichstag angenommen. Bismarck, der im Unterschied zu den meisten seiner junkerlich-agrarischen Standesgenossen die politische Bedeutung des Vertrages erkannt hatte, begrüßte diesen Verlauf der Dinge. Der Vertrag hatte, wie die anderen Abkommen, eine Gültigkeitsdauer von 10 Jahren und beseitigte gegenüber Rußland endlich die Differentialzölle. Ende Oktober 1894 kam es auch zur Abschaffung des Lombardverbots für russische Wertpapiere durch die Berliner Regierung. Dadurch konnten sich die Wirtschaftsbeziehungen zwischen den beiden Staaten in einem Maße wiederbeleben, daß sich dies auf das politische Klima zwischen den beiden Kaiserreichen positiv auswirkte. Außerdem wurde Caprivi zu Bismarcks großer Genugtu-

24 W. M. Chwostow/I. I. Minz: Geschichte der Diplomatie ..., Zweiter Bd., S. 133.

ung und zur Freude der Regierung in Petersburg Ende Oktober 1894 abgesetzt. Auch dies konnte als ein Zeichen dafür gewertet werden, daß Wilhelm II. den Wunsch hatte, seine Politik gegenüber Rußland zu korrigieren. Doch für eine grundsätzliche Neuorientierung des deutsch-russischen politischen Verhältnisses war es Ende 1894 bereits zu spät. Die Regierung des »neuen Kurses« hatte durch ihre Außenwirtschafts- und Militärpolitik die Entwicklung der internationalen Beziehungen in Europa und speziell das Verhältnis zwischen Rußland und Frankreich in einer Weise beeinflußt, daß sowohl Berlin als auch Petersburg vor der Durchsetzung der wirtschaftspolitischen »Zugeständnisse« Deutschlands an Rußland im Jahre 1894 bereits einen festen Platz in den sich feindlich gegenüberstehenden Koalitionen der europäischen imperialistischen Großmächte eingenommen hatte. Diese neue handelspolitische Situation entsprach durchaus dem Anliegen einflußreicher, am Rußlandgeschäft seit Jahrzehnten interessierter Kreise der deutschen Export-, besonders der Schwerindustrie, des deutschen Handelskapitals sowie von Teilen der deutschen Großbanken.

Bismarck gab bis an sein Lebensende jedoch seine Bemühungen nicht auf, die deutsche Regierung und die deutsche Öffentlichkeit für eine Verbesserung der deutsch-russischen Beziehungen zu gewinnen. Dazu fühlte er sich auch deshalb verpflichtet, weil ihn die Außenpolitik der kaiserlich-deutschen Regierung auch nach der Absetzung Caprivis ernsthaft beunruhigte.

An die Stelle von Caprivi trat am 29. Oktober 1894 der 75 Jahre alte Chlodwig Fürst zu Hohenlohe-Schillingsfürst. Doch auch in den ersten Jahren der Regierungszeit dieses neuen Leiters der Regierungspolitik des wilhelminischen Kaiserreiches zeichnete sich die deutsche Außenpolitik, wie bei seinem Vorgänger, durch Unüberlegtheit, Leichtsinn, Konzeptionslosigkeit, Überschätzung der Stärke des imperialistischen deutschen Staates, zunehmende Militarisierung und wachsende Expansions- und Aggressionsbestrebungen aus. Ein Beispiel dafür war die Vorbereitung und Durchführung des 25. Jahrestages des Sieges von Sedan am 2. September 1870 und der Reichsgründung am 18. Januar 1871. Seit Mitte Juli 1895 wurde auf Veranlassung und unter aktiver Beteiligung Wilhelms II. eine bis dahin beispiellose Welle von Nationalismus, Chauvinismus, Revanchismus und militaristischem Trubel in Deutschland erzeugt. Kundgebungen, Großveranstaltungen, pompöse Feiern und Festlichkeiten, Demonstrationen und eine breite Propagandakampagne, unter anderem in der Presse, beherrschten seit dem 19. Juli 1895, dem 25. Jahrestag des Kriegsausbruchs zwischen Deutschland und Frankreich, bis weit ins nächste Jahr die deutsche Öffentlichkeit. Im August 1895 wurde in Berlin der Grundstein für ein Denkmal Kaiser Wilhelms I. gelegt, und Wilhelm II. erließ eine Kabinettsorder, derzufolge Gedenkmünzen für alle Teilnehmer an den 22 Schlachten des Krieges Deutschlands gegen Frankreich geprägt werden sollten. Im gleichen Monat fand in Berlin eine Parade von über 15 000 Mitgliedern der Kriegervereine statt.[25]

Auch die offene expansionistische Propaganda nahm von diesem Jahr an in Deutschland weiter zu. So erschien zum Beispiel eine Schrift des Vorsitzenden des Alldeutschen Verbandes, der größten, 1890 entstandenen Vereinigung der expansionistischen Groß- und vor allem der Schwerindustrie unter dem Titel »Großdeutschland«. Ihr Autor, Professor Ernst Hasse, entwickelte dort einen ausführlichen konkreten Plan über den Umfang des von ihm erhofften imperialistischen großdeutschen Reiches. Neben dem von Bismarck geschaffenen »kleindeutschen Kaiserreich« sollten diesem Luxemburg, Holland und Belgien, der deutsche Teil der Schweizer Eidgenossenschaft und das österreichische Kaiserreich angeschlossen werden. In den »Alldeutschen Blättern«, dem Presseorgan dieses Verbandes, forderte Hasse, daß dieses zukünftige Deutsche Reich sich von der Ost- und Nordsee bis zum Persischen Golf erstrecken müsse, sich demnach also die Niederlande, Belgien, Luxemburg, die Schweiz, Österreich, alle Staaten der Balkanhalbinsel und Kleinasien anschließen müßten. Andere alldeutsche Propagandisten forderten auch die Einverleibung der östlichen Teile Frankreichs sowie des Baltikums und anderer Teile des Russischen Reichs in ein Großdeutschland.[26] Und sie beschränkten sich nicht nur auf Annexionspläne in Europa und Kleinasien. Sie forderten die Regierung Wilhelms II. auch dazu auf, ein großes Kolonialreich in Afrika und Südamerika und Ostasien zu schaffen und dafür eine mächtige Kriegsflotte aufzubauen.

Die kaiserliche Regierung folgte einigen dieser Ratschläge sehr schnell. Vom Sommer 1895 bis zum Frühjahr 1896 kam es daher zu

25 Vgl. Ernst Engelberg: Deutschland von 1871 bis 1897 ..., S. 372/373.

26 Vgl. Albert Schreiner: Zur Geschichte der deutschen Außenpolitik 1871–1945, Erster Bd., Berlin 1952, S. 173.

einer ernsten Verschlechterung der deutsch-englischen Beziehungen. Wilhelm II. und seine Regierung, selbst an kolonialen Erwerbungen in Südafrika interessiert, traten offen gegen Englands um die Jahreswende 1895/1896 unternommenen Expansionsversuch in der an Goldvorkommen reichen Burenrepublik Transvaal auf. Sie bemühten sich in den ersten Monaten des Jahres 1896 darum, dem Reichstag zusätzlich noch einige hundert Millionen Mark für den Aufbau der deutschen Kriegsflotte abzuverlangen. Sie lehnten, selbst schon an Expansionen in der Türkei interessiert, den Vorschlag der britischen Regierung ab, einen gemeinsamen Plan zur Aufteilung der Türkei auszuarbeiten, und fuhren fort, dem Sultan beim Aufbau seines Heeres und des Eisenbahnnetzes seines Staates allseitige Unterstützung zu geben. Verärgert über das Verhalten Berlins, lehnte das Londoner Kabinett im Februar 1896 die Verlängerung der 1887 von Bismarck geschaffenen Mittelmeerentente ab. Der »Draht« nach England war für das Deutsche Reich somit auch abgerissen, und dieses Ereignis zeigte die ganze Schärfe des englisch-deutschen Antagonismus im Kampf um die Neuaufteilung der Welt. Das konnte nicht ohne Folgen auch für die Beziehungen Deutschlands zu den beiden Verbündeten, Österreich-Ungarn und Italien, bleiben.

Die Verschlechterung der Beziehungen zu England war nicht das einzige Signal dafür, daß sich das wilhelminische Reich in der Periode des Übergangs zum Imperialismus durch seine aggressive Außen-, Kolonial- und Rüstungspolitik Mitte der 90er Jahre in Europa immer unbeliebter machte, daß die Furcht vor diesem Staat dort immer größer wurde und besonders die Regierungen in Paris, London und Petersburg versuchten, Deutschland diplomatisch noch stärker zu isolieren. Hier interessiert vor allem die russische Seite. Im Herbst 1896, bald nach seiner Krönung, als es wieder zu handelspolitischen Reibereien zwischen Deutschland und Rußland gekommen war, machte der russische Zar Nikolaus II. eine große Reise durch Westeuropa. Dabei besuchte er nicht nur Wilhelm II. in Berlin, sondern auch Franz Joseph in Wien. Außerdem fuhr er nach Paris, das seit der Revolution von 1789 von keinem russischen Kaiser mehr besucht worden war. Dies zeigte aller Welt, daß Rußland einer Annäherung an Deutschlands wichtigsten Verbündeten, die Donaumonarchie, nicht abgeneigt war und daß Nikolaus II. sich in seiner Angst vor der preußisch-deutschen Kriegsmaschinerie nicht davor scheute, an die Stelle konsequenter monarchischer Solidarität seines Vaters Alexander III. mit den Hohenzollern und den Habsburgern das Bündnis mit der französischen Republik zu setzen. Jetzt war man auch in Deutschland beunruhigt über diese Haltung der Petersburger Regierung, besonders über die derartig offen demonstrierte Freundschaft zwischen Frankreich und Rußland.

Diese Situation nutzte Bismarck aus, um noch einmal zu versuchen, unter den herrschenden Kreisen Deutschlands eine Diskussion über die Außen- und speziell die Rußlandpolitik seiner Nachfolger auszulösen und dadurch die Wilhelmstraße zu Korrekturen ihrer Politik zu zwingen. Außerdem war ihm daran gelegen, »den Franzosen etwas Wasser in ihren allzu feurigen russischen Wein« zu gießen.[27]

Am 15. Oktober 1896 gab Bismarck in den »Hamburger Nachrichten« einen Überblick über die deutsch-russischen Beziehungen zu seiner Regierungszeit und beendete seinen Aufsatz mit den Worten: »Zu einer russisch-französischen Intimität ist es in den Tagen des alten Kurses nicht gekommen, es blieb der Ära Caprivi vorbehalten, die Keime von 1875 zu kräftiger Entwicklung zu bringen.«[28] Am 24. Oktober 1896 schrieb er in der gleichen Zeitung, es habe bis 1890 zwischen Deutschland und Rußland ein Versprechen auf wohlwollende Neutralität bestanden, falls eine der beiden Mächte unprovoziert angegriffen würde. Diese Abmachung sei nach dem Kanzlerwechsel nicht erneuert worden. Nicht etwa deshalb, weil dies Rußland damals abgelehnt hätte, sondern weil Caprivi gegen die Fortsetzung dieser Absprache war. Rußland hätte, um nicht wie zur Zeit des Krimkrieges in Isolierung zu geraten, dringend einen sicheren Bundesgenossen in Europa gebraucht. »So entstand«, schrieb er, »Kronstadt mit der Marseillaise und die erste Annäherung zwischen dem absoluten Zarentume und der französischen Republik, unserer Ansicht nach ausschließlich durch die Mißgriffe der Caprivischen Politik herbeigeführt. Dieselbe hat Rußland genötigt, die Assekuranz, die ein vorsichtiger Politiker in den großmächtigen Beziehungen Europas gern nimmt, in Frankreich zu suchen.«[29]Unmittelbar darauf verkündete Bismarck in einem Aufsatz

27 Hermann Hofmann: Fürst Bismarck 1890–1898, Bd. 3, Stuttgart Berlin Leipzig 1914, S. 144.

28 Ebenda, Bd. 2, Berlin Stuttgart Leipzig 1914, S. 367.

29 Ebenda, S. 370–373.

in der Wiener »Neuen Freien Presse«, der von den »Hamburger Nachrichten« sofort nachgedruckt wurde, der Geheimvertrag zwischen Deutschland und Rußland sei nicht so weit gegangen, wie der mit Österreich, »aber er enthielt doch die Verpflichtung ›zur wohlwollenden Neutralität‹ für jede der beteiligten Mächte, sobald die andere von einer dritten Macht, beispielsweise also Deutschland von Frankreich, oder Rußland von Österreich angegriffen werde.« Deutschland sei durch diesen Vertrag in die Lage versetzt worden, »nach der österreichischen wie nach der russischen Seite hin Deckung in Gestalt einer Zwickmühle zu haben, die es beliebig und ganz nach seinem Bedürfnis nach der einen oder anderen Seite hin auf- oder zuziehen konnte, und die ihm außerdem vollständige Sicherheit Frankreich gegenüber gewährte«.[30] Rußland hätte diesen Vertrag 1890 erneuern wollen, Caprivi ihn jedoch abgelehnt. Über das Zusatzabkommen zu diesem Geheimvertrag, in dem die Berliner Regierung dem Zarenreich Neutralität bei der Eroberung der Meerengen versprochen hatte, wahrte Bismarck jedoch weiterhin Schweigen. Er sah voraus, daß eine Enthüllung auch dieser Vereinbarung die beiden letzten Bündnispartner des Deutschen Reiches, Österreich-Ungarn und Italien, so verbittern müßte, daß dies den Dreibund ernsthaft gefährden konnte. Trotzdem war durch Bismarcks Schritt vor aller Welt deutlich gemacht worden, daß er seine Nachfolger in Berlin als politische Dilettanten einschätzte, daß diese das von ihm geschaffene komplizierte Bündnissystem zerschlagen hatten und daß sie dadurch die außen- und militärpolitische Sicherheit und Stellung der deutschen zentraleuropäischen Großmacht verschlechtert hatten.

Bismarcks Enthüllungen schlugen in Deutschland und im benachbarten Ausland wie eine Bombe ein. Die Regierung Hohenlohes und Wilhelms II. waren auf diesen unerwarteten Schlag nicht vorbereitet. Der Kaiser erklärte am 30. Oktober vor einigen Offizieren zornentbrannt, Bismarck sei wegen Landesverrats zu verhaften und wegen der Veröffentlichung von Staatsgeheimnissen zu zwei Jahren Zuchthaus zu verurteilen. Dies hätte jedoch sicherlich zu einer innenpolitischen Krise geführt und die Mehrheit auch der herrschenden Klassen Deutschlands gegen den jungen Kaiser aufgebracht. So durfte man den Reichsgründer nicht erniedrigen. Ho-

30 Ebenda, Bd. 1, S. 112–114.

henlohe, einige andere Politiker und führende Militärs in der Umgebung Wilhelms II. sahen dies voraus. Es gelang ihnen, den Monarchen in seinem Haß zu bremsen.[31]

Die Berliner Regierung versuchte nun vor allem, die deutsche und internationale Öffentlichkeit durch Erklärungen im »Reichsanzeiger« zu beruhigen. Doch sie konnte eine breite Pressekampagne in Deutschland, ja sogar eine Reichstagsdebatte über Bismarcks Enthüllungen und ihre eigene Außenpolitik jetzt nicht mehr verhindern. Es gelang ihr zwar, durch weitere Veröffentlichungen in der regierungstreuen Presse und vor allem durch den Auftritt des Marschalls von Bieberstein am 16. November 1896 im Reichstag die meisten Abgeordneten und die deutsche Öffentlichkeit zum Leidwesen Bismarcks in der Illusion zu bestärken, daß Deutschlands außenpolitische Lage glänzend sei, seine Stärke und Sicherheit nicht gefährdet seien und Bismarck in seiner Isolierung in Friedrichsruh von falschen, veralteten Auffassungen ausgehe und nicht überblicke, daß sich das wilhelminische Reich auch ohne die Hilfe Rußlands zur Weltmacht entwickele. Die führenden Politiker Wilhelms II. vermochten es außerdem, von der breiten Diskussion ihrer Außenpolitik auf die Frage abzulenken, wie der Verrat von Staatsgeheimnissen durch den ersten deutschen Kanzler einzuschätzen sei. Dabei waren sie aus innenpolitischen Gründen sorgsam darauf bedacht, die Kritik am Verhalten des »alternden, senilen Fürsten in Friedrichsruh« nicht so weit zu treiben, daß seine Verdienste um die deutsche Nation zu seiner Regierungszeit von den herrschenden Klassen des Reichs ernsthaft angetastet wurden.[32] Trotzdem trugen Bismarcks Enthüllungen mit dazu bei – oder waren zumindest ein Ausdruck dafür –, daß die Regierung in eine Krise geriet. Der im Frühjahr 1890 von Caprivi eingesetzte Chef des Auswärtigen Amtes, Marschall von Bieberstein, wurde am 29. Juni 1897 von Hohenlohe und Wilhelm II. abgesetzt.

Die ernsten Sorgen um die wachsende außenpolitische Isolierung Deutschlands verfolgten Bismarck bis an sein Lebensende. Auch unmittelbar nach der Reichstagsdebatte im Dezember 1896 und im folgenden Jahre veröffentlichte er noch einiges in der Presse zu Fragen seiner Bündnis- und Rußlandpolitik und der seiner Nachfolger – in der Hoffnung, dadurch zur Verbesserung des

31 Vgl. Wolfgang Stribny: Bismarck und die deutsche Politik ..., S. 282 f.
32 Vgl. ebenda, S. 277ff., 299ff.

deutsch-russischen Verhältnisses beizutragen. Doch er wurde in Deutschland nicht verstanden. Seine Zeitgenossen, die Vertreter der herrschenden Klassen, die Großbourgeoisie und die Junker, ja auch die breiten Mittelschichten dachten anders als er, überschätzten die Macht des preußisch-deutschen Kaiserreiches am Ende des 19. Jahrhunderts, gaben sich dem Rausch um die Vergrößerung Deutschlands auf Kosten seiner Nachbarn und durch Erwerb von Kolonien hin, begrüßten das wilhelminische Flottenbauprogramm und maßen dem »Draht« nach Rußland nicht die Bedeutung für die Existenz des Deutschen Reiches bei wie Bismarck. So verhallten die Kassandrarufe aus Friedrichsruh.

Was die unmittelbaren Auswirkungen der Bismarckschen Enthüllungen auf die deutsch-russischen Beziehungen selbst betraf, so wurden diese dadurch – so wollte es die Ironie der Geschichte – eher getrübt als gebessert. Die Petersburger Regierung und die russische Öffentlichkeit waren unzufrieden über den Vertrauensbruch des alten Fürsten und wurden darin bestärkt, sich enger an die französische Republik anzuschließen. Auch England und die beiden Verbündeten Deutschlands, Österreich-Ungarn und Italien, waren verärgert und empört und wurden der Wilhelminischen Regierung gegenüber, obwohl diese sich von Bismarcks Verhalten distanzierte, zurückhaltender und mißtrauischer. Ein beredter Ausdruck dafür war, daß Österreich-Ungarn 1897 auch aus Argwohn gegenüber Deutschlands Rußlandpolitik ein Abkommen mit Petersburg über den Status quo auf dem Balkan abschloß. Bismarck hatte durch seinen Schritt somit nicht das außenpolitische Ziel erreicht, daß er angestrebt hatte. Statt Deutschland aus seiner Isolierung herauszuführen und die Gefahr eines Zweifrontenkrieges zu mindern, hatte er dazu beigetragen, diese eher zu vertiefen.

Wenn die Veröffentlichungen Bismarcks zu Fragen der Außen- und besonders der Rußlandpolitik der deutschen Reichsregierung in den letzten acht Lebensjahren des Fürsten letztlich auch wirkungslos blieben und von Wilhelm II. und dessen Ratgebern und den meisten anderen Zeitgenossen ignoriert wurden, so gab es für den ersten Kanzler des deutschen Kaiserreichs doch noch die Möglichkeit, wenigstens der Nachwelt sein Vermächtnis zu hinterlassen.

Wahrscheinlich hatte sich Bismarck nach seiner Absetzung durch Wilhelm II. wenig Illusionen darüber gemacht, daß seine Auftritte in der Öffentlichkeit bei diesem jungen, selbstbewußten, halsstarrigen und unüberlegt handelnden deutschen Monarchen und den ihn umgebenden Männern zu Veränderungen ihres neuen politischen Kurses führen würden. Zu lange hatte der Fürst Gelegenheit gehabt, Denk- und Handlungsweisen und die Charaktere dieser Deutschland nun regierenden Politiker selbst kennenzulernen. Um so mehr mußte dem Gründer des deutschen Kaiserreiches jedoch daran gelegen sein, daß seine eigenen politischen Erfahrungen seinen Nachkommen erhalten blieben und auf diese Weise mit dazu beizutragen, daß die Leiter der Geschicke des Deutschen Reiches zu den wichtigsten seiner Auffassungen beziehungweise zu der von ihm betriebenen Politik irgendwann einmal zurückkehrten. Bismarck war dies nach seiner Absetzung im Frühjahr 1890 auch deshalb besonders wichtig, als er zu dieser Zeit sein 75. Lebensjahr beendete, sein Gesundheitszustand zu wünschen übrig ließ und er damit rechnen mußte, daß ihm nicht mehr allzu viele schöpferische Jahre gegeben waren.

Bismarck begann daher kurz nach seiner Entlassung noch im Jahre 1890 damit, seine Memoiren, seine »Gedanken und Erinnerungen«[33] aufzuzeichnen. Am 6. Juli dieses Jahres gab er bereits das Veröffentlichungsrecht für dieses Werk an den Verlag der Cottaschen Buchhandlung und hatte drei Jahre später den ersten Entwurf dieser seiner Arbeit fertiggestellt. Die ersten beiden Bände erschienen 1898, im Jahre seines Todes, der dritte Band erst 1918, nach dem Sturz Wilhelms II. (Bismarck selbst hatte sogar angeordnet, daß dieser Band erst nach dem Tode Wilhelms II. erscheinen sollte.)

Bismarcks »Gedanken und Erinnerungen« stammen natürlich wie seine Presseveröffentlichungen aus der Feder eines konsequenten preußischen konservativen Politikers und Junkers, eines kompromißlosen Anhängers und glühenden Verteidigers der Monarchie in Deutschland, eines kategorischen Gegners jeglicher revolutionärer und besonders der Arbeiterbewegung und eines Feindes von sozialen, ganz zu schweigen von sozialistischen Veränderungen. Sie sind gleichzeitig die Aufzeichnungen eines Mannes, dem daran ge-

33 Die Memoiren Bismarcks, erstmals nach seinem Tode veröffentlicht, wurden bis 1918 in zwei Bänden unter diesem Titel herausgegeben. Der dritte Band erschien nach der Novemberrevolution. In der Weimarer Republik veröffentlichte man dann die wissenschaftliche Gesamtausgabe der Werke Bismarcks, Band 1 bis 15 unter dem Titel »Erinnerung und Gedanke«.

legen war, seine eigene Politik zu rechtfertigen beziehungsweise zu verteidigen und die Schuld für komplizierte oder fehlerhafte Entwicklungen in seiner Regierungszeit nicht bei sich, sondern bei anderen zu suchen. Sie enthalten daher viele Einseitigkeiten, Unrichtigkeiten, ja fehlerhafte Darstellungen und Einschätzungen. Vor allen Dingen aber ist dieses dreibändige Werk das politische Vermächtnis des Gründers des Deutschen Reiches, das von seinem Verfasser »Den Söhnen und Enkeln zum Verständnis der Vergangenheit und zur Lehre für die Zukunft«[34] geschrieben wurde, und zwar zu einem Zeitpunkt, als sich ihr Autor zu Recht große Sorgen um das weitere Schicksal des Deutschen Reiches, seines Lebenswerkes, zu machen begann. »Indem er zurückblickte und die Ergebnisse seiner langjährigen politischen Tätigkeit einer Analyse unterzog, versuchte Bismarck nicht nur diese gegenüber den Zeitgenossen zu rechtfertigen, sondern auch seine Nachfolger auf der Grundlage der eigenen politischen Erfahrung vor möglichen Fehlern zu bewahren. Und diese Erfahrung war gewaltig und vielseitig«, schrieb der sowjetische Historiker A. S. Jerussalimski.[35]

Hier interessieren Bismarcks außenpolitische Erfahrungen und Vorstellungen und vor allen Dingen seine Auffassungen über das vom Deutschen Reich anzustrebende Verhältnis zum zaristischen Rußland.

Über das Rußlandbild des preußisch-deutschen Junkers, Politikers und Staatsmannes Otto von Bismarck war schon die Rede. Nun soll gezeigt werden, was Bismarck in den 90er Jahren, nach seiner Entlassung, in direkter und vor allen Dingen in indirekter Auseinandersetzung mit der von Kaiser Wilhelm II. und dessen Ratgebern zum Fragenkomplex Rußland und zu den deutsch-russischen Beziehungen in seinen »Gedanken und Erinnerungen« zu sagen hatte. Es kann dabei an dieser Stelle darauf verzichtet werden, im einzelnen zu analysieren, ob und inwieweit Bismarck die Rußlandpolitik der deutschen Reichsregierung in der Zeit seiner Kanzlerschaft, besonders seit dem Berliner Kongreß, zu wenig kritisch sah. Im Mittelpunkt soll vielmehr die Frage stehen, was Bismarck im letzten Jahrzehnt des 19. Jahrhunderts seinen Nachkommen als

34 Otto von Bismarck: Gedanken und Erinnerungen, 3. Bd., Stuttgart – Berlin 1921, Titelblatt.

35 A. S. Jerussalimski: Bismarck kak Diplomat, Vorwort zu: O. Bismarck, Mysli i wospominanija, Bd. I, Moskau, 1940, S. VI.

wichtige eigene Erkenntnisse und für jeden deutschen Politiker als allgemeingültige Lehren vermitteln wollte.

Er betonte in seinem dreibändigen Alterswerk, daß es notwendig sei, eine voraussehende Politik zu machen. Diese solle »alle Eventualitäten im Auge behalten, die im Reiche der Möglichkeit liegen«[36]. Was den Charakter der vom Deutschen Reich nach 1871 anzustrebenden Außenpolitik betrifft, so hielt der erste deutsche Reichskanzler es für wichtig, in den 90er Jahren besonders darauf hinzuweisen, daß diese friedlich sein müßte. Zwei Gründe führte er dafür an. Erstens: den »Nachtheil der centralen und exponierten Lage des Deutschen Reiches mit seinen ausgedehnten Vertheidigungsfronten nach allen Seiten hin und die Leichtigkeit antideutscher Coalitionen«, wobei Deutschland »durch keine Ziele, die nur durch siegreiche Kriege zu erreichen wären, in Versuchung geführt wird«.[37] Und der zweite Grund: »Grade der friedliche Charakter der deutschen Politik nach den überraschenden Beweisen der militärischen Kraft der Nation« – gemeint sind hier die drei Vereinigungskriege – habe »wesentlich dazu beigetragen, die fremden Mächte und die inneren Gegner früher, als wir erwarteten, wenigstens bis zu einem tolerari posse mit der neudeutschen Kraftentwicklung zu versöhnen und das Reich zum Theil mit Wohlwollen, zum Theil als einstweilen annehmbaren Friedenswächter sich entwickeln und festigen zu sehen«.[38] Und an anderer Stelle schrieb er: »Unser Interesse ist, den Frieden zu erhalten, während unsre continentalen Nachbarn ohne Ausnahme Wünsche haben, geheime oder amtlich bekannte, die nur durch Krieg zu erfüllen sind.«[39] Deutschland solle sich bemühen, »die Verstimmungen, die unser Heranwachsen zu einer wirklichen Großmacht hervorgerufen hat, durch den ehrlichen und friedliebenden Gebrauch unsrer Schwerkraft abzuschwächen, um die Welt zu überzeugen, daß eine deutsche Hegemonie in Europa nützlicher und unparteiischer, auch unschädlicher für die Freiheit anderer wirkt als eine französische, russische oder englische. Die Achtung vor den Rechten anderer Staaten ... wird dem Deutschen Reiche und seiner Politik erleichtert ... durch die ... Thatsache, daß wir eine Vergrößerung unsres unmittelbaren Gebie-

36 Otto von Bismarck: Werke, Bd. 15, Erinnerung und Gedanke, Buch II, S. 416.
37 Ebenda, S. 421.
38 Ebenda, S. 365.
39 Ebenda, S. 421.

tes nicht brauchen, auch nicht herstellen könnten, ohne die centrifugalen Elemente im eignen Gebiete zu stärken. Mein ideales Ziel, nachdem wir unsre Einheit innerhalb der erreichbaren Grenzen zu Stande gebracht hatten, ist stets gewesen, das Vertrauen nicht nur der mindermächtigen europäischen Staaten, sondern auch der großen Mächte zu erwerben, daß die deutsche Politik, nachdem sie die injuria temporum, die Zersplitterung der Nation, gut gemacht hat, friedliebend und gerecht sein will.« Im Zusammenhang damit kritisierte er die leichtfertig auf kriegerische Auseinandersetzung gerichtete Außenpolitik Wilhelms II. noch deutlicher: Auch in der Zukunft wird »nicht blos kriegerische Rüstung, sondern auch ein richtiger politischer Blick dazu gehören, das deutsche Staatsschiff durch die Strömungen der Coalitionen zu steuern, denen wir nach unsrer geographischen Lage und unsrer Vorgeschichte ausgesetzt sind«.[40] Und zu seinem eigenen Verhältnis zur Frage von Krieg und Frieden hielt er es für notwendig, folgendes festzuhalten – ein Satz übrigens, der später im faschistischen Deutschland von bürgerlichen und konservativen Gegnern der leichtfertigen Kriegspolitik Hitlers wiederholt zitiert wurde: »Ich habe während meiner Amtsführung zu drei Kriegen gerathen ..., aber mir auch jedesmal vorher klargemacht, ob der Krieg, wenn er siegreich wäre, einen Kampfpreis bringen würde, werth der Opfer, die jeder Krieg fordert und die heute so viel schwerer sind als in dem vorigen Jahrhundert.«[41]

Was das Verhältnis des zur europäischen Großmacht erstarkten Deutschen Reiches zu anderen Großmächten, das heißt auch dessen Bündnispolitik betraf, so betonte Bismarck, daß sich keine Großmacht »in den ausschließlichen Dienst einer andern stellen« kann. »Sie wird immer ihre nicht nur gegenwärtigen, sondern auch zukünftigen Beziehungen zu den übrigen im Auge behalten und dauernde, prinzipielle Feindschaft mit jeder von ihnen nach Möglichkeit vermeiden müssen. Für Deutschland mit seiner centralen, nach drei großen Angriffsfronten offenen Lage trifft das besonders zu.«[42]

Über die deutsch-russischen Beziehungen, die Frage, die hier vor allem interessiert, schrieb der alte Fürst in seinen Memoiren folgendes nieder: Er ging auch jetzt, wie in den zwei Jahrzehnten seiner

40 Ebenda, S. 422, 420.
41 Ebenda, S. 422.
42 Ebenda, S. 392 f.

Reichskanzlerschaft, vom Gedanken der »elementaren Kraft und Beharrlichkeit, auf welchen die Stärke des russischen Wesens dem übrigen Europa gegenüber beruht«, aus.[43] Zwischen Deutschland und diesem großen Reich im Osten »existiren keine Verschiedenheiten der Interessen, welche die Keime von Conflicten und eines Bruches unabweislich in sich trügen. Dagegen gewähren die übereinstimmenden Bedürfnisse in der polnischen Frage und die Nachwirkung der hergebrachten dynastischen Solidarität im Gegensatz zu den Umsturzbestrebungen Unterlagen für eine gemeinsame Politik beider Cabinete.«[44] Besonders wichtig war dem preußischen konservativen Politiker auch jetzt noch dieses letztgenannte Argument für gute deutsch-russische Beziehungen, das monarchische Prinzip. So heißt es an anderer Stelle dazu: Deutschlands erstes Bedürfnis sei, wie in den 70er Jahren »die Freundschaft zwischen den großen Monarchien zu erhalten, welche der Revolution gegenüber mehr zu verlieren, als im Kampfe unter einander zu gewinnen hätten«.[45]

Bismarck stellte sich in diesem Werk auch dem damals in Deutschland weit verbreiteten und auch von der Regierung des »neuen Kurses« vertretenen Standpunkt entgegen, daß Rußland einen Krieg gegen Deutschland zu führen beabsichtige. »Es ist nicht wahrscheinlich«, schrieb er in einem speziellen Kapitel über die »Zukünftige Politik Rußlands«, »daß Rußland, wenn es seine Rüstung vollendet hat, dieselbe benutzen wird, um ohne Weiteres und in Rechnung auf französischen Beistand uns anzugreifen. Der deutsche Krieg bietet für Rußland ebensowenig unmittelbare Vortheile, wie der russische für Deutschland ... Der Gedanke an den Erwerb Ostpreußens, der im siebenjährigen Kriege an das Licht trat, wird schwerlich noch Anhänger haben. Wenn Rußland schon den deutschen Bestandtheil der Bevölkerung seiner baltischen Provinzen nicht vertragen mag, so ist nicht anzunehmen, daß seine Politik auf die Verstärkung dieser für gefährlich gehaltenen Minderheit durch einen so kräftigen Zusatz wie den ostpreußischen ausgehen wird. Ebensowenig erscheint dem russischen Staatsmanne eine Vermehrung der polnischen Unterthanen des Zaren durch Posen und Westpreußen begehrenswerth. Wenn man Deutschland und Rußland

43 Ebenda, Buch I, S. 153.
44 Ebenda, Buch II, S. 411.
45 Ebenda, S. 390.

isolirt betrachtet, so ist es schwer, auf einer von beiden Seiten einen zwingenden oder auch nur berechtigten Kriegsgrund zu finden.«[46] »Deutschland«, so heißt es an anderer Stelle, würde »mit Rußland nie die Nothwendigkeit des Krieges« haben, »wenn nicht liberale Dummheiten oder dynastische Mißgriffe die Situation fälschen«. Deutschland solle froh darüber sein, wenn es in seiner »Lage und geschichtlichen Entwicklung in Europa Mächte« findet, mit denen es »auf keine Art von Concurrenz der politischen Interessen angewiesen« ist, »wie das zwischen Deutschland und Rußland bisher der Fall ist«. Und was die russische Nahostpolitik betreffe, so »lag und liegt es nicht in unserm Interesse, Rußland in der Verwendung seiner überschüssigen Kräfte nach Osten hin hinderlich zu sein«.[47]

Was speziell die heißumstrittene Nahostpolitik Rußlands betraf und die Frage der deutschen Interessen in diesem Teil der Welt, so kann man dazu folgendes bei Bismarck lesen: »Ich glaube, daß es für Deutschland nützlich sein würde, wenn die Russen auf dem einen oder andern Wege, physisch oder diplomatisch, sich in Constantinopel festgesetzt und dasselbe zu vertheidigen hätten. Wir würden dann nicht mehr in der Lage sein, von England und gelegentlich auch von Oesterreich als Hetzhund gegen russische Bosporus-Gelüste ausgebeutet zu werden.« Deutschland habe den Vorteil, frei zu sein »von directen orientalischen Interessen«. Es würde daher »auch heute eine große Thorheit begehen, wenn es in orientalischen Streitfragen ohne eignes Interesse früher Partei nehmen wollte als die andern, mehr interessirten Mächte«. Und bei zukünftigen Kriegen im Nahen Osten würde Deutschland, »den Vortheil, daß es die in orientalischen Fragen am wenigsten interessirte Macht ist, um so sicherer verwerthen können, je länger es seinen Einsatz zurückhält, auch wenn dieser Vortheil nur in längerem Genusse des Friedens bestände«.[48]

Bismarck ist somit auch in seinem den Nachkommen gewidmeten Alterswerk der Devise seiner Außenpolitik treu geblieben, daß zwischen Preußen-Deutschland und dem mächtigen Zarenreich möglichst gutnachbarliche, freundschaftliche Beziehungen anzustreben seien. Das hieß aber auch jetzt nicht, daß Bismarck etwa ein

46 Ebenda, S. 417/418.
47 Ebenda, Buch I, S. 151.
48 Ebenda, Buch II, S. 419, 421.

alleiniges Bündnis mit Rußland anstrebte. Nach wie vor hielt er an der Idee des Dreikaiserbündnisses zwischen den von den Hohenzollern, den Romanows und den Habsburgern geleiteten Staaten fest. Dazu schrieb er, wie bei der Behandlung anderer außenpolitischer Probleme sich auf die ihm sehr geläufigen Erfahrungen der preußisch-deutschen und der gesamten europäischen Geschichte berufend, unter anderem folgendes: »Die Gefahren, welche für unsre Einigkeit mit Oesterreich in den Versuchungen russisch-österreichischer Verständigungen im Sinne der Zeit von Joseph II. und Katharina oder der Reichstadter Convention und ihrer Heimlichkeit liegen, lassen sich, soweit das überhaupt möglich ist, paralysiren, wenn wir zwar fest auf Treue gegen Oesterreich, aber auch darauf halten, daß der Weg nach Petersburg von Berlin frei bleibt. Unsre Aufgabe ist, unsre beiden kaiserlichen Nachbarn in Frieden zu erhalten ... Jeder von beiden ist für uns nicht nur in der europäischen Gleichgewichtsfrage unentbehrlich – wir könnten keinen von beiden missen, ohne selbst gefährdet zu werden –, sondern die Erhaltung eines Elements monarchischer Ordnung in Wien und Petersburg, und auf der Basis beider in Rom, ist für uns in Deutschland eine Aufgabe, welche mit der Erhaltung der staatlichen Ordnung bei uns selbst zusammenfällt.«[49] Und an anderer Stelle heißt es: Den in irgendeiner Form in Europa bevorstehenden Kampf zwischen den beiden innenpolitischen Richtungen – der republikanischen beziehungsweise sozialen und monarchischen – »der gegenwärtigen Generation oder ihren Kindern womöglich zu ersparen, halte ich für eine Aufgabe, welche den noch lebenskräftigen Monarchen näher liegen sollte als die Rivalität um den Einfluß auf die nationalen Fragmente, welche die Balkanhalbinsel bevölkern. Wenn die monarchischen Regierungen für das Bedürfnis des Zusammenhaltens im Interesse staatlicher und gesellschaftlicher Ordnung kein Verständnis haben, sondern sich chauvinistischen Regungen ihrer Unterthanen dienstbar machen, so befürchte ich, daß die internationalen revolutionären und socialen Kämpfe, welche auszufechten sein werden, um so gefährlicher und für den Sieg der monarchischen Ordnung schwieriger sich gestalten werden.«[50]

Als sicheren Verbündeten für Deutschland habe er nach 1871 das zaristische Rußland gehalten. Die Begründung dazu war folgende:

49 Ebenda, S. 410.
50 Ebenda, S. 398.

»Für materiell stärker hielt ich die Verbindung mit Rußland. Sie hatte mir früher auch als sicherer gegolten, weil ich die traditionelle dynastische Freundschaft, die Gemeinsamkeit des monarchischen Erhaltungstriebes und die Abwesenheit aller eingebornen Gegensätze in der Politik für sicherer hielt als die wandelbaren Eindrücke der öffentlichen Meinung in der ungarischen, slavischen und katholischen Bevölkerung der habsburgischen Monarchie. Absolut sicher für die Dauer war keine der beiden Verbindungen.«[51]

In indirekter Auseinandersetzung mit der allein auf Österreich-Ungarn orientierten Bündnispolitik der Regierung des »neuen Kurses« schrieb er: »Wir müssen und können der österreichisch-ungarischen Monarchie das Bündnis ehrlich halten; es entspricht unsern Interessen, den historischen Traditionen Deutschlands und der öffentlichen Meinung unsres Volkes. Die Eindrücke und Kräfte, unter welchen die Zukunft der Wiener Politik sich zu gestalten haben wird, sind jedoch complicirter bei uns, wegen der Mannigfaltigkeit der Nationalitäten, der Divergenz ihrer Bestrebungen, der klerikalen Einflüsse und der in den Breiten des Balkan und des Schwarzen Meeres für die Donauländer liegenden Versuchungen. Wir dürfen Oesterreich nicht verlassen, aber auch die Möglichkeit, daß wir von der Wiener Politik freiwillig oder unfreiwillig verlassen werden, nicht aus den Augen verlieren. Die Möglichkeiten, die uns in solchen Fällen offen bleiben, muß die Leitung der deutschen Politik, wenn sie ihre Pflicht thun will, sich klar machen und gegenwärtig halten, bevor dieselben eintreten, und sie dürfen nicht von Vorliebe oder Verstimmung abhängen, sondern nur von objectiver Erwägung der nationalen Interessen.«[52]

Auch aus diesem Grunde hielt er es für »unvernünftig und ruchlos, eine Brücke, die uns eine Annäherung an Rußland gestattet, aus persönlicher Verstimmung abzubrechen«[53] und betonte nachdrücklich: »Ich habe die Pflege nachbarlicher Beziehungen zu Rußland neben unserm defensiven Bunde mit Oesterreich nach wie vor für geboten angesehen.« Solange »die deutsche Politik sich die Brücke, die nach Petersburg führt, nicht abbricht und keinen Riß zwischen Rußland und uns herstellt, der sich nicht überbrücken ließe«, könnten auch »antideutsche Velleitäten in Oesterreich-

51 Ebenda, S. 401.
52 Ebenda, S. 414 f.
53 Ebenda, S. 414.

Ungarn in Schach« gehalten werden. »Wenn aber der Bruch zwischen uns und Rußland, schon die Entfremdung, unheilbar erschiene, würden«, so sah dies Bismarck in Sorge richtig voraus, »auch in Wien die Ansprüche wachsen, die man an die Dienste des deutschen Bundesgenossen glauben würde stellen zu können, erstens in Erweiterung des casus foederis, der sich bisher nach dem veröffentlichten Texte doch nur auf die Abwehr eines russischen Angriffes auf Oesterreich erstreckt, und zweitens in dem Verlangen, dem bezeichneten casus foederis die Vertretung österreichischer Interessen im Balkan und im Orient zu substituiren.«[54]

Diese und viele andere Gedanken des ersten Kanzlers des preußisch-deutschen Kaiserreiches über die von Deutschland anzustrebende Außenpolitik und speziell die Rußlandpolitik wurden nach dem Tode Bismarcks zwar sofort veröffentlicht. Doch sie wurden von den meisten seiner Zeitgenossen, für die sie in erster Linie aufgezeichnet worden waren, den Vertretern der herrschenden Klassen in Deutschland, ebenso überhört und ignoriert wie seine zahlreichen warnenden Rufe in seinen letzten acht Lebensjahren. Zu stark, zu faszinierend war mit dem Übergang Deutschlands zur imperialistischen Großmacht unter Kaiser Wilhelm II. für die meisten von ihnen der Gedanke und das Bestreben geworden, nun endlich doch zu einer Weltmacht zu werden. Es bedurfte erst der Erfahrungen des ersten Weltkrieges, der Oktoberrevolution in Rußland und der Novemberrevolution in Deutschland sowie des Friedensvertrages von Versailles, ehe Vertreter der herrschenden Ausbeuterklassen in Deutschland – in der Weimarer Republik – damit begannen, sich mit dem außen- und speziell dem rußlandpolitischen Erbe des Begründers des Deutschen Reiches ernsthaft auseinanderzusetzen und zu ihm zurückzufinden. Doch – zunächst nur für kurze Zeit!

Die meisten Angehörigen der herrschenden Klasse des imperialistischen Deutschlands brauchten in diesem Jahrhundert noch eine zweite Lektion. Noch einmal verdrängten oder vergaßen sie die Lehren Bismarckscher Rußlandpolitik und ließen sich von den Machthabern des einst von Bismarck geschaffenen Deutschen Reiches nach 1933 zu einer Expansions- und Kriegspolitik verführen, durch die sie dies Reich dem Untergang entgegentrieben.

Nur ein ganz kleiner Teil der herrschenden Klasse in Deutsch-

54 Ebenda, S. 411.

land sah dies damals voraus. Wenn hier der Frage nachgegangen werden soll, nach welchen eigenen Erfahrungen und mit welchen Argumenten diese Männer sich der Mehrzahl ihrer Klassenvertreter entgegenstellten, so vor allen Dingen deshalb, weil auch ihre Maxime – friedliche Beziehungen mit der UdSSR – nach 1945 zum Gebot für jede Regierung eines imperialistischen Landes der Welt bei Strafe des Untergangs nicht nur der eigenen Staatlichkeit und der bestehenden Gesellschaftsordnung, sondern jeglicher menschlicher Existenz geworden ist.

VII.

Bismarcks realpolitisches Erbe bei Politikern und Ideologen der Weimarer Republik

Nach der ersten Lektion, die ihnen die Geschichte im ersten Viertel dieses unseres Jahrhunderts erteilte – der Niederlage des Wilhelminischen Reiches im ersten Weltkrieg, der Novemberrevolution, dem Friedensdiktat von Versailles vom 28. Juni 1919 und dem Inkrafttreten der Weimarer Verfassung am 14. August 1919 –, sahen sich bürgerliche und konservative Vertreter der herrschenden Klasse im Weimarer Deutschland dazu gezwungen, darüber nachzudenken, wo die Ursachen für die innenpolitischen Veränderungen im ehemaligen Kaiserreich zu suchen waren und wer die Schuld für seine außenpolitischen Mißerfolge trug. Dabei wurde auch das politische Erbe des ersten deutschen Reichskanzlers neu überdacht und dafür ausgenutzt, Antworten auf die für die herrschende Klasse im Nachkriegsdeutschland besonders brennenden Fragen zu finden. Dies wurde dadurch besonders belebt, daß im Jahre 1919 der dritte Band der »Gedanken und Erinnerungen« Otto von Bismarcks in großer Auflage erstmals herausgegeben wurde, in dem sich der alte Reichskanzler, seine eigene Politik verherrlichend, äußerst kritisch mit der Politik Wilhelms II. und dessen Ratgebern, das heißt seinen Nachfolgern, auseinandergesetzt hatte.[1] Darüber hinaus erschienen in den Jahren der Weimarer Republik, in der Zeit von 1924 bis 1933, »Die gesammelten Werke« Bismarcks in fünf Bänden, die sechs Bände der Aktenveröffentlichung »Die Große Politik der Europäischen Kabinette«, die der Bismarckschen Regierungszeit gewidmet waren, die Lebenserinnerungen zahlreicher Zeitgenossen des ersten deutschen Reichskanzlers, zum Bei-

1 Vgl. Otto von Bismarck: Gedanken und Erinnerungen, Bd. 3, Stuttgart – Berlin 1919.

spiel des Botschafters in Rußland, Hans Lothar von Schweinitz, des Generalstabschefs Helmuth von Moltke und dessen Nachfolgers, Alfred von Waldersee, sowie eine wahre Flut von historischen Untersuchungen zu Problemen der Bismarckschen Regierungspolitik. Man kann daher wohl ohne Übertreibung sagen, daß sich in dieser Zeit ein großer Teil der herrschenden Klasse in der Weimarer Republik mit der Geschichte des deutschen Kaiserreiches von 1871 bis 1890 beschäftigte, daß sich ihre Vertreter in ihrer Regierungspolitik in dieser oder jener Weise auf Lehren aus der Bismarckzeit stützten – beziehungsweise auch Gegner dieser Politik in ihrer Kritik an dieser – und daß das in der Weimarer Zeit erworbene Wissen um die Bismarcksche Etappe der deutschen Geschichte auch während der Naziherrschaft in Deutschland weiter wirkte.[2]

In den zahlreichen Untersuchungen zu Problemen der Bismarckschen Außenpolitik, die in der Zeit der Weimarer Republik herauskamen, wurden Überlegungen darüber angestellt, worin die Ursachen dafür zu suchen seien, daß Deutschland im Ergebnis des ersten Weltkrieges eine derartige Niederlage erlitten hatte und wie das Deutsche Reich die nach 1918/1919 entstandene außenpolitische Isolierung und Entmündigung überwinden könnte. In diesen Arbeiten wurde die Außenpolitik des ersten Reichskanzlers mit der seiner Nachfolger verglichen und in der Regel die einseitige Auffassung vertreten, daß die Schuld für die nach dem ersten Weltkrieg entstandene Lage Deutschlands in erster Linie in der falschen Außen- und Bündnispolitik der Regierungen Kaiser Wilhelms II. nach 1890 zu suchen sei. Das Problem der besonderen Aggressivität des »zu spät gekommenen« deutschen Monopolkapitalismus wurde von diesen bürgerlichen Historikern dabei nicht gesehen. In fast all diesen Veröffentlichungen wurde Bismarcks Diplomatie kritiklos als allgemeingültig und richtig für das im Zentrum Europas gelegene Deutsche Reich verherrlicht und versucht, die Lehren Bismarckscher Außenpolitik für die Lösung der außenpolitischen Aufgaben der Weimarer Republik nutzbar zu machen. Die unterschiedlichen Standpunkte der einzelnen Autoren darüber, welche Lehren

2 Über Untersuchungen zu Bismarcks Innenpolitik vgl. u. a. Joachim Petzold: Konservative Theoretiker des deutschen Faschismus. Jungkonservative Ideologen in der Weimarer Republik als geistige Wegbereiter der faschistischen Diktatur, Berlin 1982. – Erich Wittberg: Bismarcks politische Persönlichkeit im Bilde der Weimarer Republik. Eine ideengeschichtliche Beleuchtung der politischen Tradition, Lund 1969.

Bismarckscher Außenpolitik nach 1918/1919 für richtig und nachahmenswert anzusehen seien, spiegelten die beharrlichen Auseinandersetzungen innerhalb des herrschenden Lagers zu Problemen der Außenpolitik Nachkriegsdeutschlands wider.

Im wesentlichen einhelliger Meinung war man darüber, daß die im Ergebnis der drei preußischen Kriege um die Einigung Deutschlands geschaffenen Grenzen beziehungsweise der Gebietsumfang dieses von 1871 bis 1918 existierenden deutschen Einheitsstaates als notwendige Existenzgrundlage eines international gleichberechtigten und prosperierenden Reiches einzuschätzen sei. Auf diese Weise wurde – direkt oder indirekt – Kritik am Friedensdiktat von Versailles geübt, sich auf das Vermächtnis Otto von Bismarcks berufend, die Forderung nach Revision von Versailles unterstützt und dadurch auch in dieser Frage den aggressivsten militaristischen und expansionistischen Kräften, einschließlich der entstehenden faschistischen Bewegung, in die Hand gearbeitet.

Unterschiedliche Standpunkte gab es jedoch innerhalb der herrschenden Klasse zu dem Problem der nun anzustrebenden außenpolitischen Orientierung, die dazu dienen sollte, aus der Isolierung herauszukommen und über kurz oder lang die Überwindung des erniedrigenden Versailler Diktatfriedens durchzusetzen. Es gab Stimmen, die für ein Zusammengehen allein mit den Westmächten eintraten, andere, die ein Balancieren zwischen Westen und Osten für richtig hielten und auch Vertreter einer bevorzugten Orientierung auf den Osten. Und sie alle interpretierten, soweit sie sich des Arguments »Traditionen Bismarckscher Außenpolitik« bedienten, die Bündnispolitik des ersten deutschen Reichskanzlers in dem ihnen genehmen Sinne. Die Frage der Orientierung nach Osten, womit vor allem Rußland gemeint war, wurde dabei aber dadurch kompliziert, daß sich in diesem Staat vom Oktober 1917 an eine neue, den Vorstellungen und Interessen der herrschenden Klasse der Weimarer Republik diametral entgegengesetzte neue Gesellschaftsordnung entwickelt hatte und die Frage der Orientierung auf diesen Staat somit nun das Problem aufwarf, ob gute Verhältnisse zur UdSSR nicht Gefahren für die Stabilisierung des Imperialismus in Deutschland in sich bargen.[3]

3 Vgl. A. Jerussalimski: Problemi »wostotschnoi« i »sapadnoi« orientazii germanskoi politiki w bismarkianskoi istoriografii. In: Germanski imperialism: Istorija i sowremennost, Moskau 1964, S. 269–288.

Hier interessieren die Politiker und Ideologen innerhalb der herrschenden Klasse, die erkannten, daß die traditionelle Bismarcksche außenpolitische Orientierung auf den Osten, auf das große russische Reich, nun auf die Sowjetunion, für Deutschland nach wie vor von erstrangiger Bedeutung war. Auch diese Männer beriefen sich teilweise auf die bewährten Lehren Bismarckscher Rußlandpolitik, machten sich nun aber, nach der Entstehung des ersten sozialistischen Staates, faktisch zu Vertretern der Politik der friedlichen Koexistenz zwischen Staaten unterschiedlicher Gesellschaftsordnung im gegenseitigen Interesse und zum beiderseitigen Nutzen. Zu ihnen gehörten, um nur einige Namen von Männern zu nennen, deren Handlungen beziehungsweise deren Auffassungen auch später, als das faschistische Deutschland den zweiten Weltkrieg vorbereitete und entfesselte, von realistisch denkenden bürgerlichen Politikern, Militärs und anderen nicht vergessen worden waren und neu durchdacht wurden: der Reichskanzler der Weimarer Republik, Joseph Wirth, und sein Außenminister, Walther Rathenau, der im April 1922 mit der jungen Sowjetrepublik den Vertrag von Rapallo unterzeichnete und zwei Monate später von seinen rechtsextremistischen Gegnern in Berlin-Grunewald ermordet wurde[4]. Dazu gehörten der bekannte und einflußreiche Osteuropa-Historiker der Berliner Universität und Reichstagsabgeordnete der Deutsch-Nationalen Volkspartei, Prof. Dr. Otto Hoetzsch; in bestimmtem Maße auch der einflußreiche philosophierende Publizist Oswald Spengler, sowie trotz seines Antikommunismus auch der Chef der Heeresleitung der Weimarer Republik, Generaloberst Hans von Seeckt.

Prof. Dr. Otto Hoetzsch beschränkte sich nicht nur auf seine umfangreiche Lehrtätigkeit an der Berliner Universität, sondern war in der Deutsch-Nationalen Volkspartei, unter anderem auch als deren Reichstagsabgeordneter, und im Rahmen der Gesellschaft zum Studium Osteuropas aktiv tätig. Er hatte enge Beziehungen zum Auswärtigen Amt und zu den deutschen Botschaften in Moskau; hielt

4 Vgl. Günter Rosenfeld: Sowjet-Rußland und Deutschland 1917–1922, Berlin 1984, S. 355–398. – Wolfgang Ruge: Walther Rathenau. Monopolkapitalist, Träumer, Realpolitiker. In: Alternativen. Schicksale deutscher Bürger, Berlin 1987, S. 47ff. Rathenau hatte sich im Unterschied zu Wirth erst nach dem von ihm unterzeichneten Rapallo-Vertrag zu einem positiven Verhältnis zu Sowjetrußland durchgerungen, zuvor jedoch die Zusammenarbeit mit den Westmächten angestrebt. Sein tragisches Ende zwei Monate nach diesem Vertragsabschluß verband besonders seinen Namen später mit der Rapallo-Politik.

von 1925 bis 1932/1933 an der Deutschen Hochschule für Politik, an der Anwärter des Auswärtigen Amts für den diplomatischen Dienst vorbereitet wurden, Vorlesungen; lehrte ab 1927 an der Berliner Universität im Auftrage des Kulturministeriums das Fach »Außenpolitik und internationale Beziehungen«; wirkte als Lehrer an der Berliner Verwaltungsakademie, an der Handelshochschule und im Reichswehrministerium; leitete seit 1928 den »Ausschuß für internationale Angelegenheiten« und wurde durch zahlreiche Veröffentlichungen, darunter auch in der Tagespresse, sowie durch seine umfangreiche Vortragstätigkeit bekannt.[5]

Wie von Seeckt war Hoetzsch konservativ. Auch er war Gegner des Versailler Friedens und trat für die Wiederherstellung eines starken Deutschen Reiches ein. Er entwickelte sich im Laufe der 20er Jahre zu einem konsequenten bürgerlichen Anhänger der friedlichen Koexistenz von Staaten unterschiedlicher Gesellschaftsordnung. Auf Grund seiner guten Kenntnisse über die Geschichte der deutsch-russischen Beziehungen vor, während und nach der Bismarck-Zeit, verfocht er die Idee einer friedlichen Interessengemeinschaft zwischen Deutschland und Rußland – unabhängig von der dort herrschenden Gesellschaftsordnung. Grundlage einer solchen Beziehung zwischen diesen beiden Staaten sei, wie es bereits Bismarck gesehen hatte, das Fehlen historisch oder geographisch bedingter schwerwiegender Gegensätze zwischen den beiden Nachbarstaaten und deren Völkern und die gegenseitige, seit Jahrhunderten gewachsene vorteilhafte Ergänzung in Wirtschaft und Kultur. So hatte Hoetzsch zum Beispiel bereits im Juli 1919 in der »Neuen Preußischen Zeitung« folgendes geschrieben: »Würde sich wirklich ... die bolschewistische Wirtschafts- und Gesellschaftsordnung in Rußland behaupten, so wäre das für uns kein Grund, mit diesem Rußland nicht gute Beziehungen zu suchen, vorausgesetzt, daß eine bolschewistische Regierung auf jede Bedrohung und jeden Angriff gegen uns verzichtet.« Das deutsche und das russische Volk sollten sich »auf das besinnen, was sie einander zu bieten haben«.[6] Und im November 1921 hieß es von ihm in der gleichen Zeitung: »Immer wichtiger wird für uns das Problem der deutsch-russischen Beziehungen, die große deutsch-russische Orientierung für

5 Vgl. Gerd Voigt: Otto Hoetzsch 1876–1946. Wissenschaft und Politik im Leben eines deutschen Historikers, Berlin 1978, S. 134ff.

6 Ebenda, S. 166.

die Zukunft ... Es genügt nicht, von der selbstverständlichen Interessengemeinschaft Deutschlands und Rußlands zu sprechen, sondern es heißt, im einzelnen darüber nach der wirtschaftlichen, politischen und kulturellen Seite nachzudenken.«[7] Dementsprechend befürwortete Hoetzsch den Vertrag von Rapallo und forderte die deutschen Politiker auf, diesen Vertrag allseitig auszubauen. 1924 reichte er dem 1. Unterausschuß des Parlamentarischen Untersuchungsausschusses für die Schuldfragen des Weltkrieges, der sich mit den Kriegsursachen beschäftigte, ein umfangreiches Gutachten über die deutsch-russischen Beziehungen von 1871 bis 1914 ein. Wenn er hier auch – wie alle anderen bürgerlichen Historiker des damaligen Deutschlands – den aggressiven Charakter der imperialistischen deutschen Rußlandpolitik vom Ende des 19. Jahrhunderts bis zum Ausbruch des ersten Weltkrieges bagatellisierte, indem auch er die Hauptschuld für die Verschlechterung der deutsch-russischen Beziehungen allein in der mangelnden Weitsicht von Bismarcks Nachfolgern sah, so bekannte er sich hier doch zum Anhänger der Tradition Bismarckscher Rußlandpolitik.[8]

Zu den zahlreichen Schülern von Otto Hoetzsch gehörte eine Reihe von Männern, die nach der Machtergreifung der Faschisten in Deutschland, teilweise nach komplizierten Umwegen, aktive Anhänger der Politik der friedlichen Koexistenz mit der Sowjetunion wurden. Zu ihnen gehörten, um nur zwei Namen zu nennen, der junge Diplomat Hans Bernd von Haeften, den sich Hoetzsch zum Sekretär in dem von ihm geleiteten »Ausschuß für internationale Angelegenheiten« gewählt hatte – ein Mann, der später eine maßgebliche Rolle bei der Antihitlerbewegung um den 20. Juli 1944 spielte; und der Archivrat des Reichsarchivs in Potsdam, Dr. Otto Korfes, den Hoetzsch während und nach dessen Universitätsstudium in Berlin bei Reisen, Veröffentlichungen und Vorträgen im Rahmen der »Gesellschaft zum Studium Osteuropas« unterstützt hatte – ein Mann, der im Spätsommer 1943 als Generalmajor der 6. Armee nach dem Erlebnis der Schlacht von Stalingrad zum Mitbegründer des »Bundes Deutscher Offiziere« wurde und sich aktiv an der Bewegung des Nationalkomitees »Freies Deutschland« in der Sowjetunion beteiligte.

Auch später bekannt gewordene Ausländer waren unter den

7 Ebenda, S. 174.
8 Vgl. ebenda, S. 199.

Schülern von Otto Hoetzsch, so zum Beispiel der junge amerikanische Diplomat George F. Kennan, der dann lange Botschaftsangehöriger und später Botschafter der USA in Moskau wurde und heute in den USA aktiv für die Politik der friedlichen Koexistenz eintritt.

Der Publizist Oswald Spengler war nach dem ersten Weltkrieg zu einem der bekanntesten deutschen Theoretiker geworden, leistete mit seinen Arbeiten dem Konservatismus, Nationalismus, Revanchismus und dem Militarismus Vorschub und mischte sich aktiv in die Politik der Weimarer Republik ein. Auch er nahm bereits im Februar 1922 in einem Vortrag auf der Rheinisch-Westfälischen Wirtschaftstagung in Essen zum Thema Rußland und deutsche Ostpolitik Stellung. Spengler war Gegner der Eroberung des Territoriums des Russischen Reiches, eine Beherrschung der russischen Wirtschaft durch deutsche Industrielle erschien ihm jedoch damals noch möglich.[9] Ein Jahrzehnt später, als bereits mit dem Ausbruch eines zweiten Weltkrieges gerechnet werden konnte, gab er im Sommer 1933 seiner Furcht vor einem Konflikt mit der Sowjetunion folgendermaßen Ausdruck: »Die Bevölkerung dieses gewaltigsten Binnenlandes der Erde ist von außen unangreifbar. Die Weite ist eine *Macht*, politisch und militärisch, die noch nie überwunden worden ist; das hat schon Napoleon erfahren. Was sollte es einem Feinde nutzen, wenn er noch so große Gebiete besetzt? Um auch den Versuch dazu wirkungslos zu machen, haben die Bolschewisten den Schwerpunkt ihres Systems immer weiter nach Osten verlegt... Das ganze Gebiet westlich Moskaus, Weißrußland, die Ukraine, einst von Riga bis Odessa das lebenswichtigste des Zarenreichs, bildet heute ein phantastisches Glacis gegen ›Europa‹ und könnte preisgegeben werden, ohne daß das System zusammenbricht. Aber damit ist jeder Gedanke an eine Offensive von Westen her sinnlos geworden. Sie würde in einen leeren Raum stoßen.«[10] Obwohl Spengler erbitterter Gegner des Bolschewismus war, in dieser Hinsicht durchaus konform mit den Führern der Nazipartei ging und dieser bei ihrem Machtantritt als ideologischer Wegbereiter gedient hatte, wurde er wegen dieser Auffassungen nun von den Machthabern des Dritten Reiches ebenso wie Otto Hoetzsch iso-

9 Joachim Petzold: Konservative Theoretiker..., S. 62.
10 Oswald Spengler: Jahre der Entscheidung, Oldenburg 1933, S. 43 f.

liert, angegriffen und seiner Einflußmöglichkeiten beraubt.[11] Etwas anders erging es, zumindest in der öffentlichen Propaganda der Nazis, dem seit 1926 pensionierten Generaloberst Hans von Seeckt, obwohl auch seine Vorstellungen vom deutsch-sowjetischen Verhältnis aus der Zeit der Weimarer Republik und den ersten Jahren der faschistischen Diktatur in Deutschland den Schöpfern des »Dritten Reichs« mißfallen mußten.

Seeckt, ein erzkonservativer, 1866 geborener preußisch-deutscher Berufsoffizier, hatte seine Laufbahn im Sommer 1885 im Kaiser-Alexander-Garde-Grenadier-Regiment Nr. 1 in Berlin begonnen, seit Ende des 19. Jahrhunderts dem Großen Generalstab des Kaiserreichs angehört und sich während des ersten Weltkriegs an verschiedenen Fronten »hervorgetan«. Er trug entscheidenden Anteil an der Niederschlagung der Revolution im Baltikum und war als Chef der Reichswehr (1922 bis 1926) maßgeblich an der endgültigen Niederschlagung des revolutionären Proletariats im Jahre 1923 beteiligt. Er forcierte die geheime Wiederaufrüstung der Weimarer Republik und somit die Vorbereitung eines neuen deutschen Revanchekrieges und unterstützte seit 1930 auch den Machtantritt der Nationalsozialisten.[12] Doch er war nach den Erfahrungen des ersten Weltkriegs gegen einen Krieg Deutschlands gegen die Sowjetunion und berief sich in seiner Argumentation wiederholt und ausdrücklich auf das Erbe Bismarckscher Rußlandpolitik.

Seeckt vertrat schon im Juli 1920, das heißt noch während der Interventionskriege gegen die Sowjetunion, in seiner Funktion als Chef der Heeresleitung in einer Denkschrift an den Reichspräsidenten Friedrich Ebert und an die Reichsregierung zur Frage der Beziehungen zwischen der Weimarer Republik und dem jungen Sowjetstaat folgenden realistischen Standpunkt: »... Rußland hat die Zukunft für sich. Es kann nicht untergehen, weil es auf seinem gewaltigen Landbesitz immer wieder neue Kräfte gebiert. Es kann, sobald seine zerrüttete Wirtschaft wiederhergestellt ist, Lebensmittel und Rohstoffe in Fülle hervorbringen. Es braucht Deutschland als Industrieland, als Lieferanten von Intelligenz und Organisation. Deutschland und Rußland sind also aufeinander angewiesen, wie sie es vor dem Kriege waren. Und wenn Deutschland sich auf Rußlands Seite

11 Vgl. Joachim Petzold: Konservative Theoretiker..., S. 228.

12 Vgl. Wolfgang Ruge: Deutschland 1917–1933, Berlin 1978, S. 237 ff., 301, 382, 410. – Hans von Seeckt: Aus seinem Leben 1918–1936, Leipzig 1940, S. 653, 675.

stellt, so ist es selbst unbesiegbar, denn andere Mächte werden dann immer Rücksicht auf Deutschland nehmen müssen, weil sie Rußland nicht unbeachtet lassen können.«[13]

Ausgehend von solchen Überlegungen, bei denen sich Seeckt »bewußt von den Grundzügen Bismarckscher Politik leiten lassen wollte«, unterstützte und begrüßte er den Abschluß des deutsch-sowjetischen Handelsabkommens im Mai 1921[14] und gehörte, nun schon als Chef der Reichswehr, zu denjenigen, die den Abschluß des Vertrages von Rapallo im Mai 1922 als außenpolitischen Erfolg des Weimarer Staates begrüßten und mit dazu beitrugen, aus ihm für beide Seiten maximalen Nutzen zu ziehen.[15] So schrieb er im Herbst 1922 im Zusammenhang damit an den Reichskanzler: »Wir wollen zweierlei: erstens eine Stärkung Rußlands auf wirtschaftlichem und auf politischem Gebiet und damit indirekt die eigene Stärkung, indem wir einen zukünftigen möglichen Bundesgenossen stärken; wir wollen zunächst ferner zuerst vorsichtig und versuchend die unmittelbare eigene Stärkung.«[16] Daß Seeckt in dieser Stellungnahme wie in vielen seiner anderen Arbeiten auch seinen erbitterten Haß gegenüber dem jungen polnischen Staat zum Ausdruck brachte und Rapallo auch als Erfolg gegenüber der Regierung in Warschau einschätzte, darf dabei nicht übersehen werden.

Auch nach seiner Entlassung im Jahre 1926 änderte Seeckt seinen Standpunkt über die vom Deutschen Reich nach 1918/1919 anzustrebende Politik gegenüber der Sowjetunion nicht und verstärkte die Propagierung seiner Ansichten in der Öffentlichkeit – unabhängig davon, daß er das Anwachsen der politischen Macht der Nazipartei begrüßte und unterstützte und bis zu seinem Tode im Dezember 1936 äußerst angetan war von der Wiederaufrüstung des faschistischen Deutschlands.[17]

Ende März 1931 sprach er zum Beispiel im Rahmen einer von der Deutschen Volkspartei, der er sich Ende 1930 angeschlossen hatte, veranstalteten Bismarck-Feier. Er brachte hier seine Sympathien für den konsequenten Monarchismus, Militarismus und Nationalismus

13 Otto Geßler: Reichswehrpolitik in der Weimarer Zeit, Stuttgart 1958, S. 186.

14 Hans von Seeckt: Aus seinem Leben..., S. 305.

15 Vgl. Günter Rosenfeld: Sowjetunion und Deutschland 1922–1933, Berlin 1984, S. 267 ff.

16 Hans von Seeckt: Aus seinem Leben..., S. 317.

17 Vgl. ebenda, S. 715, 724 f.

des ersten deutschen Reichskanzlers und für dessen Kampf gegen die »Gefahr von links« zum Ausdruck. Doch genauso wichtig war es ihm, auf Bismarcks »Bestrebungen um das Verhältnis zu Rußland« hinzuweisen. Trotz der Veränderung der politischen und territorialen Voraussetzungen der deutsch-russischen Beziehungen seit 1871 habe sich »das Gewicht der großen östlichen Macht und seine Einwirkung auf uns ... nicht gemildert, eher verstärkt ... Rußland bleibt, wie zu Bismarcks Zeiten, in welchem Sinne es auch sei, von maßgebendem Einfluß auf die Wege unserer Politik.« Und Seeckt schloß seine Rede mit den Worten: »Bismarckzitate haben nur Wert, wenn sie nicht der Erinnerung allein gewidmet sind, sondern zur Mahnung dienen.«[18]

Auch nach dem Machtantritt Hitlers änderte Seeckt seinen Standpunkt nicht. 1933 erschien zum Beispiel noch einmal seine 1929 herausgegebene Arbeit »Deutschland zwischen West und Ost«, in der er gegen jede, indirekt also auch gegen die nationalsozialistische antisowjetische Außen- und Militärpolitik polemisierte. Natürlich erklärte sich der alte preußische General hier wieder als Gegner kommunistischer Verhältnisse in Deutschland. Doch er war souverän genug, es Rußland zu »überlassen, nach eigenen Grundsätzen zu wirtschaften und zu handeln«. Die Stellung der deutschen Regierung zum Bolschewismus habe »nichts mit der Möglichkeit einer Zusammenarbeit auf wirtschaftlichem und politischem Gebiet zu tun«.[19]

Rußland bedeute unabhängig von seinen innenpolitischen Verhältnissen für Deutschland, »auch ohne daß es sich mit ihm berührt, doch den Osten«, und »das Verhältnis zu Rußland« sei für Deutschland »schicksalsschwer«. Rußland sei eine »große, breite Landbrücke« von riesiger, grenzenloser Ausdehnung, »eine gewaltige Masse«, unerschöpflich an Menschen und Kräften, mit der all seine Nachbarn rechnen müssen. Auch wenn es an seinen Grenzen Landeinbußen erleidet, auch wenn sich seine Staatsform radikal verändert, »es bleibt Rußland, das sich nicht aus der Weltpolitik ausschalten läßt«.[20] Und dieses starke Reich habe eigenartigerweise speziell in Preußen seit Anfang des 19. Jahrhunderts seinen Freund gesucht, ihm gegenüber niemals Gebietsansprüche erhoben und

18 Ebenda, S. 658f.
19 Hans von Seeckt: Deutschland zwischen West und Ost, Hamburg 1933, S. 42.
20 Ebenda, S. 38.

ihm auch die Reichsgründung ermöglicht. Die Rußlandpolitik des wilhelminischen Deutschlands nach der Regierungszeit Bismarcks sei fehlerhaft gewesen, wie der erste Weltkrieg zeigte. »Deutschland hat den Irrtum seiner Ostpolitik schwer gebüßt«, schrieb von Seeckt und betonte, »daß keine auf geographischer, historischer oder rassenmäßiger Grundlage beruhenden Gegensätze zwischen den beiden Ländern bestehen«.[21] Dementsprechend müßten sich die Beziehungen zwischen Berlin und Moskau auch in der Zukunft gestalten. Seeckt sprach sich für enge wirtschaftliche Zusammenarbeit zwischen den beiden Staaten aus, die durch keinerlei politische Störungen und Eingriffe von seiten Deutschlands beeinträchtigt werden dürften. Es gäbe keinen Grund anzunehmen, daß die russische Außenpolitik den politischen Gegensatz zu Deutschland suche. Rußland sei vielmehr »an der Befestigung seiner politischen Stellung zu Deutschland sehr dringend gelegen«.[22] Es brauche die Garantie des Friedens für seinen Aufbau. Und auch Deutschland sei aus außenpolitischen und ökonomischen Gründen dringend an der Freundschaft mit Rußland interessiert.

Und Ende 1936, wenige Wochen vor seinem Tode, hielt Seeckt es für wichtig, darauf hinzuweisen, daß »das Schicksal Deutschlands und Rußlands ... Hand in Hand« gehe. »Vielleicht werde man das rechtzeitig erkennen.«[23] Doch der »Prediger in der Wüste«, wie er sich 1934 bezeichnete, machte sich selbst nur noch wenig Hoffnung, im faschistischen Deutschland erhört zu werden.

So war es in der Tat.

21 Ebenda, S. 38.
22 Ebenda, S. 44. – Vgl. Hans von Seeckt: Wege deutscher Außenpolitik, Leipzig 1931, S. 6, 14 ff., 33.
23 Hans von Seeckt: Aus seinem Leben ..., S. 607.

VIII.

Bismarcks Rußlandpolitik in der Argumentation einiger bürgerlicher deutscher Oppositioneller gegen die Außen- und Kriegspolitik Nazideutschlands (1937–1945)

Es ist bekannt, daß vor allen Dingen die Kommunisten und Sozialdemokraten vor der Nazipartei gewarnt und sich der Errichtung der faschistischen Diktatur in Deutschland mit großen Opfern entgegengestellt hatten. Besonders die Partei Thälmanns hatte dem deutschen Volk klarzumachen versucht, wie verhängnisvoll das innen- und außenpolitische Programm Hitlers war. Ihre Warnung: »Hitler bedeutet Krieg« – das hieß auch: Hitler bedeutet Krieg gegen den ersten sozialistischen Staat in der Welt. Doch in ihrer Argumentation gegen einen Krieg mit der Sowjetunion hatten die Parteien der Werktätigen natürlich andere Traditionslinien als die des Sozialistenfeindes und Monarchisten Fürst Otto von Bismarck.

Für die herrschende Klasse dagegen war es anders. Bismarck, der Begründer und Kanzler des deutschen Kaiserreiches, galt für viele von ihnen als Kultfigur. Mußte da der Hinweis auf dessen Rußlandpolitik – zumal von berufenen Vertretern und hochgradigen Autoritäten ihrer eigenen Klasse – nicht auf Resonanz, auf Gehör in ihren Reihen stoßen? So war es bei den meisten von ihnen leider nicht! Deutschland schickte sich an, seinen Platz als imperialistische Weltmacht zurückzuerobern – sollte dies nicht endlich wieder gelingen? Die umfassende Remilitarisierung des Staates, die machtvolle Forderung nach Revanche, nach Revision von Versailles, die Woge des Chauvinismus, Antikommunismus und Antisowjetismus, die sich über ganz Deutschland ergoß, hatte die meisten von ihnen mitgerissen und blind gemacht. Das geistige und politische Erbe realistisch und verantwortungsvoll denkender Angehöriger ihrer Klasse und die Erfahrungen des ersten Weltkrieges wurden verdrängt, vergessen oder als nicht zeitgemäß und als nicht dringlich zur Seite geschoben. War das »Dritte Reich« nicht stark genug geworden – besonders dann später nach seinen »überwältigenden militärischen Erfolgen« zu Beginn des zweiten Weltkrieges –, auch einen Eroberungsfeldzug gegen den »Hort des Bolschewismus« zu wagen?

Es waren nur wenige Vertreter der herrschenden Klasse in Deutschland, die auch nach 1933 das Gedankengut Bismarckscher realistischer Rußlandpolitik nicht vergaßen, die sich an die Vorstellungen eines Wirth, Rathenau, Hoetzsch, Spengler oder von Seeckt über das notwendige Verhältnis zwischen einem imperialistischen Deutschland und der UdSSR erinnern ließen oder erinnerten und erkannten, daß von jedem bürgerlichen deutschen Staat, wollte er sich nicht der Gefahr seines Untergangs aussetzen, friedliche Beziehungen mit der UdSSR anzustreben seien. Und die wenigsten von ihnen machten diese Einsicht schließlich zur Richtschnur ihres Handelns, und meistens verlief auch ihr Weg der Erkenntnis zunächst sehr widersprüchlich und kompliziert.

In der Regel hatten auch diese Militärs, Diplomaten, Beamten und andere zunächst die Machtergreifung durch die Nationalsozialisten hingenommen oder sogar begrüßt und waren weit davon entfernt zu erkennen, daß die neuen Herrscher nun die innen- und außenpolitischen Interessen der aggressivsten und expansivsten Teile des deutschen Monopolkapitals durchzusetzen begannen. Meist hatten sie den Antikommunismus der neuen Machthaber für richtig gehalten, zumal dieser mit sozialer Demagogie und Beseitigung der Arbeitslosigkeit verbunden war, weil sie darin eine sichere Garantie für die Erhaltung der kapitalistischen Gesellschaftsordnung sahen. Vor allem aber beeindruckte die meisten von ihnen die Wiederaufrüstung Deutschlands und der Wiederaufbau einer starken deutschen Armee, Luftwaffe und Flotte sowie die Bemühungen der Nazimachthaber um die Wiederherstellung der Großmacht und des internationalen Gewichts des einst von Bismarck geschaffenen Deutschen Reiches und somit die Orientierung auf die Revision des Versailler Diktatfriedens. Große Teile der darüber hinausgehenden außenpolitischen Forderungen und der Annexionsprogramme Hitlers und seiner engsten Ratgeber, insbesondere die gegenüber den südöstlichen und östlichen Nachbarn des deutschen Staates sowie gegenüber den Balkanstaaten und der UdSSR, wurden von vielen von ihnen zunächst jedoch noch als demagogische Propaganda unterschätzt und dementsprechend in ihrer Gefährlichkeit nicht erkannt.

Auch war von den meisten später dem Faschismus kritisch gegenübertretenden bürgerlichen und konservativen Politikern, Militärs und Geistesschaffenden nicht in der ganzen verhängnisvollen Tragweite erkannt worden, daß die neue Regierung schon von 1933 an damit begonnen hatte, eine zutiefst aggressive, den Weltfrieden gefährdende und das internationale Gleichgewicht in Europa bedrohende Außenpolitik einzuleiten und außerdem Kurs auf außenpolitische Isolierung der Sowjetunion und auf ein Einfrieren der deutsch-sowjetischen Beziehungen zu nehmen. Sie hielten es in der Regel auch für richtig, daß im März 1935 die allgemeine Wehrpflicht wieder eingeführt wurde und sahen in der Besetzung des Rheinlandes im Januar 1935 und der entmilitarisierten Rheinzone im März 1936 keine offenen Aggressionen. Auch der Abschluß des Antikominternpakts am 25. November 1936 mit Japan und ein Jahr später auch mit Italien, die Unterstützung des spanischen Diktators Franco und die Intervention gegen die spanische Republik vom Sommer 1936 an[1] wurde von ihnen meistens gutgeheißen, als Bestätigung für das wieder anwachsende Prestige Deutschlands in Europa begrüßt und als wichtige Voraussetzung für die spätere Annullierung der Bestimmungen des Versailler Friedens angesehen.

Ein langsames, allmähliches Erwachen, Nachdenken und Erschrecken einiger informierter Vertreter innerhalb der herrschenden Kreise des faschistischen Deutschlands über die Maßlosigkeit und Gefährlichkeit des außenpolitischen Programms und der Kriegsabsichten Hitlers begann etwa ab November 1937.

Hitler legte am 5. November vor dem Reichskriegsminister, Generalfeldmarschall Werner von Blomberg, dem Reichsaußenminister, Konstantin Freiherr von Neurath, den Oberbefehlshabern des Heeres, der Marine und der Luftwaffe, Generaloberst Werner Freiherr von Fritsch, Generaladmiral Erich Raeder und Generaloberst Hermann Göring, seine künftige Außenpolitik dar und gab ihnen seine Absicht kund, sein Expansionsprogramm speziell an den Südostgrenzen des Deutschen Reiches, gegenüber Österreich und der ČSR, in Kürze zu realisieren. Er erklärte ihnen, daß nicht Handels-

1 Zur Außenpolitik des faschistischen Deutschlands, der UdSSR und den deutsch-sowjetischen Beziehungen vgl. u. a. Deutschland im zweiten Weltkrieg, Bd. 1, Berlin 1974. – Geschichte der sowjetischen Außenpolitik 1917–1976, Bd. 1, Berlin 1980.

beziehungen oder Wirtschaftsverträge, sondern allein die Eroberung neuer Gebiete durch Anwendung von militärischer Gewalt eine Gewähr für die Lösung der »deutschen Frage« und die Überwindung des deutschen Mangels an Lebensmitteln und Rohstoffen sei. Erstes Ziel Deutschlands müsse es sein, die Tschechoslowakei und gleichzeitig Österreich »blitzartig schnell« – spätestens 1943 bis 1945, möglicherweise aber bereits im Sommer 1938 – niederzuwerfen. Diese beiden Staaten sollten dem »Dritten Reich« angegliedert werden, und es sollte eine gemeinsame Grenze zu Ungarn geschaffen werden. Das bedeutete somit wesentlich mehr als »Revision von Versailles«. Es bedeutete Erweiterung des Territoriums in einem Maße und durch Gebiete, deren Anschluß ans Reich Otto von Bismarck einst aus wohldurchdachten Motiven kategorisch abgelehnt hatte. Denn die Angliederung großer Teile der früheren Habsburger Monarchie hätte Bismarcks Auffassung nach zum Eingreifen Frankreichs und Rußlands und somit für Deutschland zum Zweifrontenkrieg geführt, den er zu Recht gefürchtet und vermieden hatte.

Ein Abenteurer und Verbrecher wie Hitler überschätzte jedoch die Kraft und Macht des Deutschen Reiches und bewertete die Haltung der Großmächte zu einem derartig erstarkenden Staat im Zentrum Europas falsch. Nach seinen geplanten Siegen und Gebietserweiterungen im Südosten wollte Hitler dann im Westen aktiv werden und gegen Frankreich vorgehen. Er kalkulierte dabei auch als Möglichkeit ein, daß es bereits vorher, das heißt schon beim Angriff Deutschlands auf Österreich und die Tschechoslowakei, zu einem Zweifrontenkrieg kommen würde. Doch der Kanzler des »Dritten Reiches« schreckte vor einem solchen Risiko nicht zurück.

Blomberg, Fritsch und Neurath traten diesen Plänen Hitlers besorgt und warnend entgegen. Sie hielten ein sofortiges Eingreifen Frankreichs und Englands und möglicherweise auch der UdSSR gegen Deutschland bei einer derartigen Machtveränderung im Südosten Europas für sehr wahrscheinlich und rieten daher dringend davon ab, einen Krieg an mehreren Fronten, einen großen Krieg in Europa, einen zweiten Weltkrieg herauszufordern. Doch sie stießen mit ihren Auffassungen bei der Naziregierung auf keine Resonanz.[2]

Der Inhalt der geheimen Rede Hitlers wurde auch anderen Ver-

2 Vgl. Ausgewählte Dokumente zur Geschichte des Nationalsozialismus 1933–1945. In: Arbeitsblätter für politische und soziale Bildung, Bielefeld 1966.

tretern des Staatsapparats relativ schnell bekannt, insbesondere den militärischen und diplomatischen Führungsspitzen. Kritische Meinungsäußerungen zu dem extrem expansiven und den Frieden in Europa bedrohenden außenpolitischen Programm Hitlers in diesen Kreisen weiteten sich zu einer Auseinandersetzung über Ausmaß und Methoden territorialer Neuerwerbungen aus, die 1938 zur Absetzung beziehungsweise zum Rücktritt einiger führender Diplomaten und Militärs führte, darunter des Kriegs- und des Außenministers.

Es ist hier nicht der Ort, auf den Verlauf dieser Krise einzugehen. Hier soll nur an einzelnen Beispielen gezeigt werden, daß sich die wenigen Politiker und Militärs, die Gegner des von Hitler am 5. November 1937 verkündeten außenpolitischen und Kriegsprogrammes waren, in ihrer Argumentation gegen Hitlers Pläne auch auf die Lehren Bismarckscher Außen- und Militärpolitik speziell gegenüber Rußland beriefen.

Der deutsche Botschafter in Moskau seit Ende 1934, Friedrich Werner Graf von der Schulenburg hielt beispielsweise in der Wehrmachtsakademie in Berlin 20 Tage nach Hitlers Rede, am 25. November 1937, vor einem größeren Kreis führender Militärs und leitender Beamter aus verschiedenen Ministerien und Dienststellen einen Vortrag zum Thema: »Politische Beziehungen Deutschlands zur Sowjetunion«.

Schulenburg sah sein Hauptanliegen darin, dringend vor einem Krieg mit der Sowjetunion zu warnen. Nicht etwa deshalb, weil er ein Freund der sozialistischen Gesellschaftsordnung war. Doch er war, 1875 geboren und seit Sommer 1900 im Dienst des Auswärtigen Amtes, dem realpolitischen Bismarckschen Gedankengut verhaftet, Gegner eines Krieges mit dem mächtigen, Deutschland überlegenen Staat im Osten und fest davon überzeugt, daß jeder noch so starke imperialistische deutsche Staat in einem Krieg gegen die Sowjetunion scheitern müsse. Er begann daher seine Rede mit der Hervorhebung der großen Rolle, »die das alte Rußland in der preußisch-deutschen Geschichte der letzten zwei Jahrhunderte gespielt« hatte, der »Bedeutung, die die Haltung Rußlands für die Bismarcksche Politik in der Zeit der Reichsgründung gehabt« hatte und der positiven »Rolle, die die wirtschaftlichen Beziehungen zwischen Deutschland und Rußland bis zum Weltkrieg gespielt hatten«. Und er erinnerte seine Zuhörer daran, »daß jedem Angreifer, der Gelüste auf russisches Territorium verspüren sollte, das gleiche Schicksal wie Napoleon beschieden sein würde«.[3]

Schulenburg gehörte nicht zu jenen deutschen Diplomaten, die wie Außenminister Neurath oder der Botschafter in Rom, Ulrich von Hassell, im Jahre 1938 ihren Posten verloren oder verließen. Schulenburg versuchte bis zum Überfall Hitler-Deutschlands auf die Sowjetunion am 22. Juni 1941, getreu seinem außenpolitischen Anliegen, auf seinem Botschafterposten in Moskau im Sinne der Tradition Bismarckscher Rußlandpolitik weiterzuwirken und setzte von dort aus alle ihm zur Verfügung stehenden Mittel ein, um die Regierungsspitze und Hitler persönlich vom Krieg gegen die UdSSR abzuhalten. Als ihm das nicht gelungen war, trat er nach seiner Rückkehr nach Deutschland Ende Juli 1941 von seinem Posten im Auswärtigen Amt aus dafür ein, die Regierung zur baldigen Wiederherstellung des Friedens auch mit der Sowjetunion zu veranlassen. Als ihm dies nicht gelang und ihn die Niederlagen der deutschen Wehrmacht im Dezember 1941 vor Moskau, der sinnlose Verlust der 6. Armee im Kessel von Stalingrad Ende Januar und in den ersten Februartagen 1943 und die verbrecherischen Methoden der nazistischen Kriegführung und Besatzungspolitik davon überzeugt hatten, daß Hitler Deutschland ins Verderben trieb, schloß er sich, wie andere wenige Vertreter der herrschenden Klasse, der Ende 1937/Anfang 1938 entstandenen bürgerlich-konservativen antifaschistischen Oppositionsbewegung an. Diese hatte sich den gewaltsamen Sturz des faschistischen Regimes und die sofortige Beendigung des Krieges zur Aufgabe gemacht. Schulenburg erklärte sich dazu bereit, nach der gewaltsamen Beseitigung Hitlers Außenminister einer neuen deutschen Regierung zu werden und in dieser Funktion speziell für die Wiederherstellung des Friedens mit der UdSSR zu wirken. Nach dem Mißlingen des Staatsstreichversuchs am 20. Juli 1944 wurde er verhaftet und nach langen Verhören und Folterungen am 10. November 1944 in Plötzensee umgebracht.[4]

3 Politisches Archiv des Auswärtigen Amtes Bonn, Pol. Verschluß, Rußland Pol. I-163/38-g., Bl. 1 ff.

4 Vgl. Sigrid Wegner-Korfes: Friedrich Werner Graf von der Schulenburg – Botschafter Nazi-Deutschlands in Moskau und Mitverschwörer des 20. Juli 1944. In: Alternativen: Schicksale deutscher Bürger, Berlin 1987, S. 231 ff. – Ingeborg Fleischhauer: Der Widerstand gegen den Rußlandfeldzug. In: Beiträge zum Widerstand 1933–1945 (Berlin [West]), 1987. H. 31, S. 6 ff.

Weitere Vertreter dieser Oppositionsgruppe, die in Gegensatz zur aggressiven Politik der Faschisten, speziell zu ihren Kriegsverbrechen an der Sowjetunion geraten waren und die für das Attentat auf Hitler ihr Leben geben mußten, waren die Diplomaten Adam von Trott zu Solz, ein Enkel des Botschafters Lothar von Schweinitz, Hans-Bernd von Haeften, ein Schüler von Otto Hoetzsch, Ulrich von Hassell und andere.

Von den ersten ernsthaften Meinungsverschiedenheiten zwischen der Regierung und einzelnen Vertretern des herrschenden Lagers über außen- und kriegspolitische Probleme bis zum Versuch, die faschistische Regierung durch einen antinazistischen Staatsstreich von der Macht zu entfernen, war es damals – Ende 1937 bis Spätsommer 1938 – noch weit. Es bedurfte noch vieler neuer Beweise der für das deutsche Volk und die anderen Völker der Welt verhängnisvollen Außen- und Kriegspolitik des Regimes. Und es sollten noch mehrere Jahre vergehen, ehe sich innerhalb eines auch dann noch sehr kleinen Teils der herrschenden Klasse Deutschlands eine Oppositions- und Widerstandsbewegung herausbildete.

Zu diesem Kreis gehörte auch der Chef des Generalstabs des Heeres, Generaloberst Ludwig Beck. Dieser extreme Antikommunist und durchaus kein Gegner von Eroberungskriegen vertrat die Ansicht, daß jeder im Interesse der herrschenden Klasse und ihres Staats verantwortungsvoll denkende Politiker und Militär aus der Kriegsgeschichte zu lernen habe. Nach den Erfahrungen des ersten Weltkriegs, dessen Ende er als 38 Jahre alter Major und Generalstabsoffizier sehr bewußt miterlebt hatte, hielt er die Ansicht Bismarcks für richtig, daß zu Ende des 19. Jahrhunderts und im 20. Jahrhundert große Kriege nicht mehr lenkbar seien. Hitler jedoch steuerte eben auf einen solchen Krieg zu. Zum gegebenen Zeitpunkt (12. März 1938) hielt Beck deshalb die Annexion Österreichs durch das faschistische Deutschland für gefährlich, mehr noch die darauf folgenden Vorbereitungen zur Besetzung der Tschechoslowakei, weil diese ihm sowohl ungenügend vorbereitet erschienen als auch die Gefahr eines großen, eines Weltkrieges in sich bargen. Beck war allerdings nicht nur deshalb Gegner eines neuen Weltkrieges, weil er neue militärische und außenpolitische Niederlagen Deutschlands und neue sinnlose Verwüstungen und Leiden fürchtete, sondern auch weil er wie fast alle anderen Vertreter der späteren Bewegung des 20. Juli 1944 eine »Bolschewisierung« Deutschlands im Ergebnis eines zweiten Weltkrieges vermeiden wollte.[5]

Das Denken und Handeln Becks verdient, nicht vergessen zu werden. Im Unterschied zu den meisten anderen Vertretern kritischer beziehungsweise oppositioneller Überlegungen zog er bereits im August 1938 für seine eigene weitere Tätigkeit die persönlichen Schlußfolgerungen, trat am 18. August 1938 von seinem Posten zurück, wurde von da an nach und nach zu einem der führenden Köpfe und Akteure der bürgerlich-konservativen Opposition, war maßgeblich an der Vorbereitung und Durchführung von Staatsstreichversuchen, die am 20. Juli 1944 ihren Höhepunkt erreichten, beteiligt und bezahlte dies mit seinem Leben.

Anders als ein Beck folgten, berauscht von den schnellen Erfolgen der deutschen Truppen in der Tschechoslowakei, die meisten der wenigen später zu realistischem Denken tendierenden bürgerlich-konservativen Oppositionellen, insbesondere innerhalb des Offizierskorps, Hitler blind und ergeben in den zweiten Weltkrieg. Dies um so mehr, als der Abschluß des Nichtangriffsvertrages Nazideutschlands mit der Sowjetunion am 23. August 1939 eindeutig zu beweisen schien, daß Hitler einen Krieg gegen diesen großen Staat im Osten Europas, getreu auch dem Bismarckschen Ideengut, nicht zu führen beabsichtigte. Doch schon mit dem Überfall auf Polen am 1. September 1939, den unmittelbar folgenden Kriegserklärungen Großbritanniens und Frankreichs und der schnellen Zerschlagung des polnischen Staates entstand bei einigen wenigen verantwortungsvoll denkenden und gut unterrichteten bürgerlichen deutschen Politikern in Berlin, wie Ulrich von Hassell dies formulierte, »das Gefühl der unaufhaltsamen Reise in den Abgrund«[6].

Nach dem Ausbruch des zweiten Weltkrieges setzte die Regierung der UdSSR ihre Bemühungen fort, Nazideutschland vom Überfall auf ihr Territorium abzuhalten. Stalin schloß im August 1939 einen Nichtangriffspakt mit Hitler ab, um seinem Staat dadurch eine gewisse Zeit den Frieden zu erhalten. Doch auch die Regierung der UdSSR betrieb unter Stalins Führung seit dem 17. August 1939 an

5 Vgl. Wolfgang Foerster: Generaloberst Ludwig Beck. Sein Kampf gegen den Krieg. Aus den nachgelassenen Papieren des Generalstabschefs, München 1953, S. 65 ff.

6 Ulrich von Hassell: Die Hassell-Tagebücher 1938–1944. Aufzeichnungen vom andern Deutschland. In: Deutscher Widerstand 1933–1945. Zeitzeugnisse und Analysen, Berlin (West) 1989, S. 130.

ihren West-, Nordwest- und Südwestgrenzen (gegenüber Polen, Finnland, dem Baltikum, Besarabien und anderen) eine Aggressionspolitik, die das internationale Ansehen des ersten sozialistischen Staates schädigte und auch seinen Vertragspartner schließlich stutzig machte. Zahlreiche sowjetische Diplomaten, Militärs und Politiker sahen die Folgen der Außen- und Militärpolitik Stalins, Molotows und Woroschilows von diesem Zeitpunkt an voraus, doch ihre Warnungen wurden nicht gehört. Viele von ihnen wurden abgesetzt, verfolgt, ermordet. Und allen Warnungen zum Trotz gab sich Stalin der Illusion hin, daß Hitler den Nichtangriffsvertrag nicht brechen würde.

Ein Ausdruck dafür war unter anderem die Propagierung der Lehren Bismarckscher Rußlandpolitik. Der bekannte sowjetische Historiker A. S. Jerussalimski erhielt von J. W. Stalin den Auftrag, die Memoiren Otto von Bismarcks »Gedanken und Erinnerungen« herauszugeben. Sie erschienen im Herbst 1940 im Staatsverlag der UdSSR für sozial-ökonomische Literatur als erster Band einer neuen Buchreihe: »Bibliothek der Außenpolitik« in russischer Sprache. Die Einleitung dazu hatte im Auftrage und in Absprache mit Stalin Jerussalimski geschrieben. Sie wurde im Herbst 1940 als Broschüre unter dem Titel »Bismarck als Diplomat« in einer Auflage von 100 000 Exemplaren veröffentlicht und erschien im September 1940 in der Nummer 18 der Zeitschrift »Bolschewik«.

Jerussalimski bezeichnete Bismarcks »Gedanken und Erinnerungen« in dieser Arbeit als das politische Vermächtnis eines der größten Staatsmänner Europas und des größten deutschen Diplomaten in der zweiten Hälfte des 19. Jahrhunderts. Der erste deutsche Reichskanzler habe dieses umfangreiche Werk nach seiner Absetzung vor allen Dingen in Sorge um das weitere Schicksal des von ihm geschaffenen Deutschen Reiches verfaßt und um seine Nachfolger auf der Grundlage seiner eigenen politischen Erfahrungen vor möglichen außenpolitischen Fehlern zu bewahren. Bismarck habe vor und nach der Reichsgründung in seiner Außenpolitik dem Verhältnis zwischen Preußen-Deutschland und Rußland immer eine außerordentlich große Bedeutung beigemessen. Dank seiner großen Klugheit und seines politischen Einfühlungsvermögens habe er schon früh begriffen, welche große Rolle Rußland in der internationalen Arena spielte. Er habe deshalb in seinem politischen Vermächtnis für seine Nachfahren, in seinen Memoiren, einen Zusammenstoß Deutschlands mit Rußland als Hauptgefahr für den Bestand des Deutschen Reiches gesehen. Es gäbe keine derartigen Widersprüche zwischen Rußland und Deutschland, die zu ernsten Konflikten oder zum Bruch zwischen den beiden Staaten führen könnten. Bismarck habe seine Nachfolger dazu aufgerufen, keine Fehler in ihrer Rußlandpolitik zu machen und die Sorge um gute Beziehungen zwischen Deutschland und Rußland nicht aus den Augen zu lassen. Denn er habe gewußt, daß das russische Volk stark und unbesiegbar war und ist. Das hätten die Niederlagen Karls XII. und Napoleons I. bei ihren Feldzügen gegen Rußland bewiesen. Bismarck habe gesehen, daß Rußland riesengroß ist, er habe verstanden, was diese russischen Weiten strategisch bedeuten, und er sei der Meinung gewesen, daß Rußland – sogar bei anfänglichen Niederlagen – für jeden ausländischen Gegner letztlich unüberwindbar sei, weil kein Gegner Rußlands die unerschöpflichen Kraftquellen dieses großen Landes zerstören kann.[7]

Die Veröffentlichung von Bismarcks »Gedanken und Erinnerungen« im Herbst 1940 hatte somit das Ziel, den außenpolitischen Realismus des eisernen Kanzlers hervorzuheben. Dieser hatte darin bestanden, daß Bismarck trotz seiner konservativen und militaristischen Politik weitblickend genug war, zu erkennen, daß ein militärischer Zusammenstoß zwischen Deutschland und Rußland unter allen Umständen zu vermeiden sei. Diesem politischen Vermächtnis Bismarcks wurde 1940 in der Sowjetunion eine so große Bedeutung beigemessen, daß alle zentralen Zeitungen und Zeitschriften – darunter die »Prawda«, die »Iswestija«, der »Trud« (das Zentralorgan der Gewerkschaften), der »Wojenno-Istoritscheski-Shurnal«, die »Krasnaja Swesda« (das Zentralorgan des Volkskommissariats für Verteidigung der UdSSR), der »Istorik-Marksist« und der »Propagandist i Agitator« dieses Werk rezensierten und die Weisheit Bismarcks, des ersten deutschen Reichskanzlers, hervorhoben, der bestrebt gewesen und dem es auch gelungen war, den Frieden mit Rußland zu erhalten und der es für notwendig hielt, dies zum Grundsatz für jede spätere deutsche Regierung zu machen.

Durch diese Pressekampagne wurden allerdings innerhalb der sowjetischen Bevölkerung verheerende Illusionen darüber geweckt, daß Hitler – wie Bismarck – ihr Land nicht angreifen werde.

7 Vgl. A. Jerussalimski: Bismarck kak diplomat ..., Bd. I, S. V–XLVIII.

Die faschistische deutsche Regierung war nämlich weit davon entfernt, derartige historische Lehren zu beherzigen. Ihre Truppen überfielen am 22. Juni 1941 vertragsbrüchig die Sowjetunion. Nun begannen sich auch in Deutschland mehr Vertreter der herrschenden Klasse – jedoch immer noch viel zu wenige – ernsthafte Sorgen um das weitere Schicksal des einst von Bismarck geschaffenen deutschen Nationalstaates zu machen. Das außenpolitische und vor allem das rußlandpolitische Erbe des ersten deutschen Reichskanzlers wurde nun für diese von höchster politischer Aktualität.

Ludwig Beck und Carl Goerdeler, der ehemalige Bürgermeister von Leipzig, die beide inzwischen zu Zentralfiguren der bürgerlichen Oppositionsbewegung gegen den Nationalsozialismus geworden waren, verfaßten zum Beispiel im Sommer 1941 eine Denkschrift »Das Ziel«. Darin hieß es, daß die politische Führung auch, und besonders im Kriege, durch die Art und den Umfang der Kriegführung an das Ziel, an den folgenden Frieden und an dessen Bestand denken müsse. Eine derartige Staatsführung sei in der deutschen Geschichte zuletzt durch Bismarck verkörpert worden. Schon 1914 habe es den führenden deutschen Politikern an Voraussicht gemangelt, und Illusionen, Vertrauensseligkeit und »falsche Einschätzung der in der Welt wirksamen Kräfte« seien erschütternd groß gewesen. Die Politik nach Bismarcks Abgang sei »naiv, oberflächlich und leichtfertig« gewesen. Seit 1890 habe »das Zeitalter der Zersetzung der politischen Führung aus der Totalität heraus in die Improvisation auf räumlichen und sachlichen Teilgebieten« begonnen. Vor allem durch das Aufgeben des Rückversicherungsvertrages mit Rußland durch die Regierung Caprivi habe sich das Kräfteverhältnis in Europa zuungunsten des Deutschen Reiches verändert, und Deutschland geriet in einen Krieg, bei dem es um den Bestand des Reiches ging.

Seit 1933 hätten die »Improvisationen« erschreckend zugenommen: Erst habe die deutsche Regierung einen Vertrag mit Polen abgeschlossen, dann Polen überfallen; erst habe sie Holland und Belgien die Neutralität garantiert, um es dann 1940 zu bombardieren; erst habe sie seit 1933 den Kampf gegen den »Bolschewismus« geführt, sei dann 1939 mit Rußland zusammengegangen und habe es dann 1941 mit Krieg überzogen. Dies sei keine Staatskunst, eine derartige »Politik« basiere überhaupt nicht auf den Lehren der Geschichte, wisse daher nicht, daß sie das Vertrauen zu Deutschland in der Welt zerstöre, sei von Unmoral und Unvernunft, Unmäßigkeit und Machtsuchtmanieren beherrscht und hätte dazu geführt, daß die Völker Europas Deutschland heute viel entfremdeter als im ersten Weltkrieg seien.

Beck und Goerdeler hielten es für dringend nötig, »aus dem Zeitalter der Improvisationen, in dem wir uns seit Bismarcks Abgang befinden«, wieder herauszukommen. Wolle Deutschland seinen Nationalstaat erhalten, so müsse es »rechtzeitig durch freien Entschluß den falschen politischen Mitteln« entsagen. »Die Nationalstaaten Europas müssen volle Freiheit haben, ihre inneren Verhältnisse so zu gestalten, wie sie es ihren Eigenarten und Bedürfnissen entsprechend tun wollen.« Deutschland müsse den Krieg schnellstens beenden, auch gegenüber Rußland. Wenn Beck und Goerdeler auch der falschen Auffassung waren, daß eine fruchtbare wirtschaftliche Zusammenarbeit mit einem »bolschewistischen« Rußland sich nicht entfalten könne, da dieses wirtschaftlich unterentwickelt geblieben sei, so würden doch Deutschland »alle Erfahrungen der Geschichte« dort »vor militärischen Zwangseingriffen« warnen, da diese »ungeahnte nationale Kräfte auf den Plan rufen« könnten. Ziel Deutschlands gegenüber dem »bolschewistischen System des Kollektivismus, der Seelenlosigkeit, des mechanischen Organisierens und der Gottlosigkeit« dürfe daher auch im Osten nicht Krieg sein; Deutschland müsse Rußland vielmehr allmählich, mit friedlichen Mitteln also, »in eine europäische Zusammenfassung« unter deutscher Führung versuchen einzubeziehen; denn in seinen »weiten Räumen liegen die Rohstoffe und Nahrungsmittelmöglichkeiten, die die Lage eines zusammengefaßten Europa allen anderen Weltteilen gegenüber erheblich verbessern«.[8]

Beck und Goerdeler waren 1941 somit Gegner der sozialistischen Gesellschaftsordnung und auch deutsche Großmachtpolitiker geblieben. Sie hatten auch ihre Hoffnung nicht aufgegeben, die sozialistische Gesellschaftsordnung in der UdSSR zu beseitigen und dies Land dem imperialistischen Wirtschafts- und Gesellschaftssystem zurückzugewinnen – doch mit anderen Methoden als die Nationalsozialisten, nicht mit Krieg.

Nach den Niederlagen der faschistischen Aggressoren auf dem Territorium der UdSSR und besonders nach der Kesselschlacht von

8 »Das Ziel«. In: Bodo Scheurig: Deutscher Widerstand 1938–1941. Fortschritt oder Reaktion, München 1969, S. 64 ff.

Stalingrad von Ende 1942 bis Anfang Februar 1943, der Wende des zweiten Weltkrieges, sahen sich jedoch auch die beiden bürgerlichen deutschen Politiker Goerdeler und Beck dazu gezwungen, ihren Standpunkt gegenüber der Sowjetunion etwas zu verändern. Der Lauf der Kriegshandlungen hatte auch ihnen eine Lehre erteilt.

1944 verfaßten beide gemeinsam mit den Sozialdemokraten Julius Leber und Wilhelm Leuschner die illegale Denkschrift »Der Weg«. Hier wurde zwar der »Bolschewismus in Rußland« noch angegriffen. Von einer deutschen Großmachtpolitik in Europa und der Beseitigung der sozialistischen Gesellschaftsordnung in der UdSSR war nun jedoch nicht mehr die Rede.

Auch in dieser Schrift wurde die Geschichte der deutschen Außenpolitik seit Bismarcks Entlassung einer kurzen Analyse unterzogen. Auch hier wurde betont, daß Bismarcks Nachfolger den Fehler begangen hatten, den »Draht nach Rußland« durch die Nichterneuerung des Rückversicherungsvertrages im Jahre 1890 durchzuschneiden und das Deutsche Reich dadurch der Gefahr außenpolitischer Isolierung ausgesetzt zu haben. Durch die risikoreiche Außenpolitik nach diesem Schritt, durch die Unvorsichtigkeit und »bis zur Dummheit gesteigerte(r) Naivität« seiner führenden Politiker sei Deutschland in den ersten Weltkrieg geraten, der im Sommer 1914 hätte vermieden werden können. Die verhängnisvollen Erfahrungen vor dem ersten Weltkrieg hätten bewiesen, »daß die großen Ziele der Außenpolitik auf lange Sicht festgelegt werden müssen, daß eine Grenze einzuhalten ist: Vermeidung der Machtgier; daß bei der Bemessung der Ziele mit absoluter Nüchternheit Kräfte und Risiken richtig eingeschätzt werden müssen, daß unerbittlich klare Verantwortlichkeiten in der Führung der Außenpolitik sichergestellt werden müssen«. Im ersten Weltkrieg dann hätten die Führer Deutschlands die großen militärischen Siege überschätzt, und es seien unter dem Eindruck der militärischen Erfolge politische Überziele ins Kraut geschossen, und die Einsicht in das Verhältnis der Dauerkräfte der beiden Kriegsparteien hätte gefehlt. Im Frühjahr 1918 sei es die Pflicht der politischen Führung Deutschlands gewesen, einen »Frieden ohne Sieg entschlossen vorzubereiten«. Die politische Führung müsse in allen Situationen die totale Verantwortung tragen und könne »sich daher manchmal peinlichen Notwendigkeiten nicht entziehen, die entscheidende Stimme zu beanspruchen, eine Notwendigkeit, um die selbst ein Bismarck zuviel Kraft hat verbrauchen müssen«.

Die Außenpolitik der Weimarer Republik hätte gezeigt, daß fast alle Belastungen Deutschlands durch das Friedensdiktat von Versailles im Frühjahr 1932 durch Verhandlungen zu »einer friedlichen Endlösung, jedenfalls unter Vermeidung des Weltkrieges« zu beseitigen gewesen wären. Doch das »Unglück der Hitlerdiktatur« hätte all dies zunichte gemacht. Auch in dieser Denkschrift wird vor allen Dingen die Unaufrichtigkeit, Unanständigkeit, der Betrug und die Anwendung unlauterer und skrupelloser Mittel in der Außenpolitik Hitlers seit März 1938 angegriffen. Ihm wird vorgeworfen, daß er durch unrealistische Einschätzung der eigenen Macht und des Willens der Gegner der deutschen Expansionspolitik den zweiten Weltkrieg entfesselt hatte. Noch viel schwerwiegender und belastender als diese Tatsache würde freilich am Ende des Krieges »außenpolitisch wiegen, was in diesem Kriege an Verletzungen des Völkerrechts und der Gesetze der Menschlichkeit geschehen ist«. Schon im Kriege gegen Polen habe Deutschland den Beweis gebracht – und bringe ihn seitdem immer wieder –, »daß Deutsche einem geschlagenen Volk gegenüber jede Ritterlichkeit, jede Betätigung von Soldatentugenden, jedes Gesetz der Menschlichkeit mit Füßen treten würden«, und die Leiter der deutschen Außenpolitik hätten »die Augen vor den verhängnisvollen Wirkungen solchen Vorgehens auf die Gesamtlage Deutschlands« geschlossen.

Nach dem Überfall auf Belgien und Holland, der Besetzung Dänemarks und Norwegens und einer derartigen Behandlung des besiegten Frankreichs hätte Hitler Anfang 1941 sehen müssen, daß England nicht zum Frieden zu zwingen war. Dies hätte zu höchster außenpolitischer Vorsicht in Berlin führen müssen. Statt dessen setzte Hitler aber die Maßlosigkeit und Willkür seiner Kriegführung fort. »Die Diktatur aber bricht sinnlos die 1939 gewonnene Politik der Verständigung mit Rußland ab, trotzdem die Sachverständigen nicht nur beschwören, das Entgegenkommen Stalins auszunutzen, Getreide, Erze, Petroleum, Wolle und Baumwolle zu nehmen und sich in Rußland nicht einen neuen Gegner zu schaffen, sondern auch warnen, die Kräfte Rußlands zu unterschätzen. Aus der Unberechenbarkeit und Maßlosigkeit leuchtet das der Diktatur innewohnende Gesetz ebenso klar hervor: Sie braucht sichtbare neue Erfolge, um über tote Punkte der vom Gesetz geschaffenen politischen Lage hinwegzukommen.« Und die Art der Kriegführung auch gegenüber diesem Lande hätte eine für Deutschland katastrophale weltweite Wirkung gehabt.

Die Autoren der Denkschrift kommen abschließend zu der Feststellung: »Die Außenpolitik der Diktatur hat alles, was vom kaiserlichen und republikanischen Deutschland geschaffen war, vertan, sie hat die geschaffenen und gegebenen Möglichkeiten nicht nur nicht ausgenutzt, sondern uns jede nur mögliche Schwierigkeit verschafft.«[9]

Auch aus den vor kurzem in Berlin (West) veröffentlichten Aufzeichnungen des früheren Botschafters in Rom Ulrich von Hassell geht hervor, daß er sich in den Jahren der Naziherrschaft verstärkt mit Bismarck beschäftigte und auch einige Arbeiten über ihn schrieb und Vorträge hielt. Als er zum Beispiel im Oktober 1942 den Bismarckfilm »Die Entlassung« gesehen hatte, schrieb er seiner Frau: »Recht deutlich wird die Linie der Bismarckpolitik, die den Zweifrontenkrieg vermeiden will.«[10] Am 20. Juli 1943 vertraute er seinem Tagebuch an: »Für die Behauptung, daß Rußland uns angreifen wollte oder später angegriffen hätte, fehlt jede Grundlage. Hier handelt es sich um das unheilvollste Beispiel des von Bismarck verworfenen Präventivkrieges. Sind wir 1914 in den Zweifrontenkrieg hineingestolpert, so haben wir ihn 1941 mutwillig herbeigeführt. Rußland hatte einem intakten Deutschland gegenüber nur ein Gefühl, nämlich der Furcht. Es ist ausgeschlossen, daß es uns angegriffen, jedenfalls mit Erfolg angegriffen hätte, solange wir eine ungebrochene Wehrmacht besaßen.«[11] Im August und September 1943 schrieb er: »Trotzdem muß alles getan werden, damit noch eine Wendung kommt, um wenigstens die Rudimente des Bismarckreiches zu retten... vielleicht im Mühlespiel zwischen Ost und West.«[12] Hassells Nachdenken über Bismarck gipfelt Anfang Juli 1944, nachdem er drei Tage lang in Friedrichsruh gewesen war, in der Feststellung: »Ich habe mich in den letzten Jahren viel mit ihm beschäftigt, und er wächst als Außenpolitiker dauernd bei mir. Es ist bedauerlich, welch falsches Bild wir selbst von ihm in der Welt erzeugt haben, als dem Gewaltpolitiker mit Kürassierstiefeln,

9 »Der Weg«. In: Ebenda, S. 217 ff.
10 Die Hassell-Tagebücher..., S. 336.
11 Ebenda, S. 379.
12 Ebenda, S. 385, 386.

in der kindlichen Freude darüber, daß jemand Deutschland endlich wieder zur Geltung brachte. In Wahrheit war die höchste Diplomatie und das Maßhalten seine große Gabe. Er hat es verstanden, die Gegner auszumanövrieren und *trotzdem* in einziger Weise in der Welt Vertrauen zu erwecken, genau umgekehrt wie heute.«[13]

Auch unter den Männern des bürgerlich-oppositionellen »Kreisauer Kreises«[14], von denen viele später der Bewegung des 20. Juli angehörten, hatte man sich seit Beginn des zweiten Weltkrieges Gedanken über das historische Erbe realistischer deutscher nationalstaatlicher Rußlandpolitik gemacht. Dies spiegelt sich unter anderem in einem Schriftstück wider, das über im Dezember 1943 geäußerte Ansichten von Helmuth James Graf von Moltke gegenüber Vertrauten in Istanbul gemacht worden war. Moltke, einer der führenden Köpfe des »Kreisauer Kreises«, war seit Beginn des Krieges als Kriegsverwaltungsrat in der Abteilung »Ausland« in der Abwehr beim Oberkommando der Wehrmacht in Berlin tätig. Er nutzte diese seine Funktion wie andere seiner Mitkämpfer im Auswärtigen Amt – zum Beispiel Adam von Trott zu Solz und Hans-Bernd von Haeften – auch dazu aus, um mit den Alliierten, in diesem Falle mit dem damaligen Botschafter der USA in Kairo, Alexander Kirk, den er ebenso wie George F. Kennan noch aus dessen Tätigkeit an der Berliner Gesandtschaft der USA gut kannte, in Kontakt zu treten. Er versuchte, ihnen Mitteilung über die im faschistischen Deutschland existierende antinazistische Opposition, vor allem innerhalb des Offizierskorps der Wehrmacht und der höheren Staatsbeamtenschaft, und deren dringenden Wunsch zu machen, das von Hitler-Deutschland entfesselte Völkermorden zu beenden und den Nazismus zu stürzen. In dieser Aufzeichnung vom Dezember 1943 wurde betont, daß es innerhalb der herrschenden Schicht im faschistischen Deutschland auch »entschlossene und bewußte Gegner des Nationalsozialismus« gebe. Unter diesen dominiere »eine ›östliche‹, prorussische Ausrichtung«, besonders in der Wehrmacht und in der Luftwaffe. »Die treibende Kraft hinter dem östlichen Flügel« sei »die feste und traditionelle Überzeugung einer Interessengemeinschaft zwischen zwei sich gegenseitig ergänzenden Mächten, Deutschland und Rußland, welche zu der historischen Zusammenarbeit zwischen Preußen und dem russischen Zarenreich und zwischen dem

13 Ebenda, S. 436.

14 Vgl. Kurt Finker: Graf Moltke und der Kreisauer Kreis, Berlin 1977.

republikanischen Deutschland und Sowjetrußland zur Zeit von Rapallo (1922) führte.« Derartige, auf dem politischen Erbe der Regierungszeit eines Bismarck und eines Rathenau beziehungsweise Seeckt basierende historische Bande wurden nun »gefestigt vom tiefen Eindruck, den die Stärke und das Durchhaltevermögen der Roten Armee und das Geschick ihres Oberkommandos gemacht haben. Im östlichen Flügel hat die Gründung des Bundes Deutscher Offiziere in Moskau starken Widerhall gefunden, um so mehr, als die Führer des Bundes in der Wehrmacht als (den Maßstäben ihres Berufsstandes entsprechend) hervorragende und persönlich integre Offiziere gelten.«[15]

Es ist bekannt, daß die bürgerliche antinazistische Opposition, die schließlich im Staatsstreichversuch des 20. Juli 1944 ihren Höhepunkt fand, eine Niederlage erlitt und ihre meisten Vertreter von der faschistischen Mordjustiz liquidiert wurden. Doch ihr geistiges Erbe blieb erhalten. Zu diesem Erbe gehören die von ihnen hinterlassenen außenpolitischen Überlegungen und Programme, in denen sie sich – ein Teil ihrer Anhänger erst nach langen Debatten und teilweise beeinflußt auch von der Haltung von Vertretern ihrer Klasse in der sowjetischen Kriegsgefangenschaft beziehungsweise in der Emigration – auch auf eine Friedenspolitik des vom Faschismus befreiten Reiches gegenüber dem ersten sozialistischen Staat geeinigt hatten.[16] Und dieses Vermächtnis dieser bürgerlichen Antifaschisten wirkt in beiden nach 1945 entstandenen deutschen Staaten, besonders in der DDR, wo laut Artikel 6, Absatz 5, der Verfassung »Militaristische und revanchistische Propaganda in jeder Form, Kriegshetze und Bekundung von Glaubens-, Rassen- und Völkerhaß ... als Verbrechen geahndet« werden, bis in unsere Gegenwart fort. – Doch nicht nur in den beiden deutschen Staaten, sondern auch in großen Teilen der heutigen Welt.

Für die Vertreter des durch die Erfahrungen des zweiten Weltkrieges und des kalten Krieges, den die Sowjetunion und die soziali-

15 Freya von Moltke/Michael Balfour/Julian Frisby: Helmuth James von Moltke 1907–1945. Anwalt der Zukunft, Stuttgart 1975, S. 265. – Vgl. ebenda, S. 261 ff. – Zur Haltung und Tätigkeit von Dr. Adam von Trott zu Solz vgl. Ingeborg Fleischhauer: Der Widerstand ..., S. 4 f., 25 ff. sowie Ingeborg Fleischhauer: Die Chance des Sonderfriedens. Deutsch-sowjetische Geheimgespräche 1941–1945, Berlin (West), S. 203 f., 230, 235 ff., 247 f.

16 Vgl. Kurt Finker/Annerose Busse: Stauffenberg und der 20. Juli 1944, Berlin 1984, S. 146 ff.

stische Staatengemeinschaft unter großen materiellen Opfern überwand, einsichtig gewordenen Weltbürgertums soll hier nur ein Name, nämlich der des bekannten, im Jahre 1904 geborenen amerikanischen Diplomaten und Wissenschaftlers, eines der vielen Schüler von Otto Hoetzsch, genannt werden: George F. Kennan. Er verdient hier um so mehr der Würdigung, als er – Mitte der 30er Jahre an der amerikanischen Botschaft in Moskau als Legationssekretär und zweiter Botschaftssekretär tätig – den Botschafter Nazideutschlands in der UdSSR, Graf von der Schulenburg, und dessen Gedanken über das deutsch-sowjetische Verhältnis kennenlernte. Während des zweiten Weltkrieges leitete dieser amerikanische Diplomat bis zur Kriegserklärung der USA an das faschistische Deutschland die amerikanische Gesandtschaft in Berlin und war in dieser Zeit mit Helmuth James Graf von Moltke eng befreundet. Kennan kann somit in gewisser Weise als Erbe des bürgerlichen deutschen realistischen rußlandpolitischen Gedankengutes in den USA eingeschätzt werden. Und das eigene, aktive Erleben, Mitgestalten und Durchdenken der wichtigsten Ereignisse dieses unseres, dieses seines 20. Jahrhunderts und das wachsende Verantwortungsgefühl dieses welterfahrenen und weitsichtig gewordenen Vertreters des amerikanischen Bürgertums veranlaßten ihn dazu, den durch das Wettrüsten und das drohende nukleare Inferno bedrohten amerikanischen Kontinent und die ganze Menschheit durch Appelle an die Lehren aus der Geschichte zu mobilisieren.

Dazu gehört auch seine umfangreiche, 1979 in den USA und zwei Jahre später in der BRD und Österreich erschienene Monographie »Bismarcks europäisches System in der Auflösung. Die französisch-russische Annäherung 1875 bis 1890«. Das neue Durchdenken dieses so oft schon untersuchten historischen Themas entspricht in geradezu vorbildlicher Weise den Anforderungen der Gegenwart an einen Historiker und Politiker. Denn Kennan will mit diesem Buche auch zur Klärung beitragen, wie Weltkriege entstehen können, »wo für uns selbst die Gefahren in unserem Bestreben, einige der großen politischen Probleme unserer Zeit zu bewältigen, liegen«. Er sucht diese Gefahren in der hier von ihm untersuchten Zeit in »einer ungeheuerlichen Fehlkalkulation« der damaligen führenden deutschen, russischen und französischen Politiker, Militärs und Ideologen – mit weitgehender Ausnahme des »Realpolitikers« Bismarck –, in einem »allgemeinen Versagen, die äußeren Merkmale der eigenen Situation richtig zu deuten«, auch in Mißverständnissen zwischen den damaligen Regierungen und der Bevölkerung der Zentralmächte Europas. Gleichzeitig will Kennan anhand seiner hier vorliegenden Fallstudie aus der Geschichte der internationalen Beziehungen zeigen, »wie solche Geschehnisse«, die schließlich zu Kriegen führen, »abzulaufen pflegen«, »von welchen Motiven und Vorstellungen Menschen geleitet werden, wenn sie reden und handeln«, wie in der hier behandelten Zeit, und welche Diskrepanz besteht zwischen den Vorstellungen über die Resultate internationaler Abkommen und deren tatsächliche Ergebnisse, zwischen Kriegseuphorie und den Folgen des durchaus »gewollten Krieges«. Und wie ein roter Faden zieht sich der Gedanke durch das Buch, »in den Menschen jener Zeit ... uns selbst wiederzuerkennen«.[17]Kennan will somit der heutigen Generation Lehren aus der Vergangenheit vermitteln, die heute wirkenden Politiker vor Kriegen abschrecken und darauf hinweisen, daß »Kriege zwischen Großmächten nicht nur zu ihrem Selbstmord, sondern auch ... für jegliche Zivilisation und Kultur apokalyptisch destruktiv sein müssen«.[18]

In der Zeit, als der Bruch des Nichtangriffsvertrages mit der Sowjetunion durch das faschistische Deutschland an Wahrscheinlichkeit zunahm und Hitler-Deutschland dann am 22. Juni 1941 die UdSSR tatsächlich überfiel, waren es, wie bereits gesagt, im nazistischen Deutschen Reich vor allem die linken Kräfte, an ihrer Spitze die unter Lebensgefahr für jeden Beteiligten illegal kämpfende Kommunistische Partei Deutschlands, die energisch gegen diesen Krieg Nazideutschlands im Osten eintraten. In ihrer illegalen Propagandaarbeit gegen den verbrecherischen Feldzug gegen die UdSSR bevorzugten sie natürlich Argumente, die auf ihrem Klassenstandpunkt, ihrer sozialen historischen Erfahrung basierten. Sie sahen in diesem Krieg vor allen Dingen den lange vorausgesagten und vorausgesehenen Versuch, den ersten sozialistischen Staat, den ersten Staat der Werktätigen in der Welt, zu liquidieren, um die revolutionäre Bewegung der Arbeiter und Bauern der Welt ihrer wichtigsten Basis zu berauben und darunter auch den Anhängern sozialistischer Veränderungen in Deutschland den Todesstoß zu versetzen.[19]

17 George F. Kennan: Bismarcks europäisches System ..., S. 13, 12, 15, 12.

18 Ebenda, S. 462.

19 Vgl. Heinz Kühnrich: Die KPD im Kampf gegen die faschistische Diktatur 1933–1945, Berlin 1983, S. 172 ff., 175 ff.

Einzelne Mitglieder der KPD gingen jedoch schon in den letzten Monaten vor dem drohenden Überfall Nazideutschlands auf die Sowjetunion sowie dann vor allen Dingen zu Beginn dieses Krieges dazu über, die deutsche Bevölkerung durch Vergleich mit der deutschen beziehungsweise der Weltgeschichte von der Gesetzmäßigkeit des Scheiterns eines Feldzuges gegen den größten Staat im Osten Europas zu überzeugen und sie dadurch für Aktionen gegen diesen Krieg zu gewinnen.

So ist zum Beispiel bekannt, daß der Kommunist Wilhelm Guddorf nach seiner Entlassung aus dem KZ im Frühjahr 1939 zunächst über Walter Husemann und John Sieg, beide Mitglieder der illegalen KPD, Kontakte zur »Roten Kapelle« unterhielt und seit 1941 als offizieller Vertreter der Berliner Organisation in der Schulze-Boysen/Harnack-Organisation eingesetzt war. Speziell für die Verbreiterung der antifaschistischen Volksfront auch unter der Intelligenz eingesetzt[20], beauftragte er den Kommunisten Fritz Lange – später Volksbildungsminister der DDR –, sich mit der Geschichte der Reformbewegungen in Preußen zu Beginn des 19. Jahrhunderts und mit den Napoleonischen Kriegen gegen Rußland und deren Ergebnissen zu beschäftigen, um die historischen Erfahrungen der Zeit der Befreiungskriege für den Kampf gegen den Faschismus zu nutzen und Flugblätter darüber anzufertigen. Er ermöglichte Fritz Lange dafür, in einem Antiquariat in Berlin zu arbeiten. Auch andere führende Berliner Widerstandskämpfer griffen diese Idee auf.[21]

Um die Jahreswende 1941/1942 arbeiteten Harro Schulze-Boysen und John Sieg eine Flugschrift aus: »Die Sorge um Deutschlands Zukunft geht durch das Volk«. Sie widerlegten darin die Lügenpropaganda der Nazis, entlarvten den verbrecherischen Charakter des vom faschistischen Deutschland entfesselten zweiten Weltkrieges, riefen den deutschen Bürgern die Namen deutscher Patrioten wie Schill, Hofer und Palm ins Gedächtnis zurück und appellierten an die Deutschen, wie diese damals jetzt selbst aktiv gegen Tyrannis und ungerechten Krieg vorzugehen. Diese Flugschrift fand in vielen Teilen Deutschlands und an der Front Verbreitung. Etwa in der glei-

20 Vgl. Karl Heinz Biernat / Luise Kraushaar: Die Schulze-Boysen/Harnack-Organisation im antifaschistischen Kampf, Berlin 1970, S. 60.

21 Vgl. Klaus Drobisch: Im antifaschistischen Kampf: Argumente aus den Befreiungskriegen 1812/13. In: Preußen. Legende und Wirklichkeit, Berlin 1983. – Karl Heinz Biernat/Luise Kraushaar: Die Schulze-Boysen/Harnack-Organisation ..., S. 26 ff., 29 f.

chen Zeit verfaßte Oberleutnant Harro Schulze-Boysen eine weitere umfangreiche Flugschrift. Sie beschäftigte sich mit dem Feldzug Napoleons gegen Rußland, der am 22. Juni 1812 begonnen hatte, das heißt am selben Tag, an dem die faschistischen deutschen Armeen 129 Jahre später die Sowjetunion überfielen. Er betitelte sie: »Napoleon Bonaparte. Sein politischer Weg, kurz dargestellt in Auszügen aus bekannten Werken der Geschichtsschreibung.« In dieser Arbeit verglich ihr Autor unter anderem den Rußlandfeldzug Napoleons indirekt mit dem des Naziregimes und sagte die unvermeidliche Niederlage der faschistischen Streitkräfte voraus.[22] Er hoffte, vor allem unter Angehörigen der Intelligenz in Deutschland und an der Front unter Soldaten und Offizieren mit dieser Arbeit in dem Maße auf Echo zu stoßen, wie der Krieg gegen die Sowjetunion für Hitler-Deutschland zum Fiasko zu werden begann. Erstmals illegal verbreitet wurde sie 1942.

Zunächst schilderte Schulze-Boysen in dieser Schrift den Werdegang Napoleons, die Entwicklung der Innen- und Außenpolitik Frankreichs und seiner Kriegspolitik von 1797 bis 1812. Viele Vergleiche mit der Person Hitlers und mit dessen Innen- und Kriegspolitik drängen sich einem beim Lesen förmlich auf. Etwa ein Fünftel der Arbeit ist dann der Vorbereitung und der Durchführung des Feldzuges Napoleons gegen Rußland gewidmet. Darin hieß es unter anderem:

»Am 9. Mai 1812 verließ Napoleon Paris, um sich zur Großen Armee zu begeben. Die meisten Zeitgenossen waren überzeugt, daß er aus dem neuen Krieg gegen Rußland als Sieger hervorgehen werde. Rußland, so glaubte man überall in den einflußreichen Kreisen, würde es mit einer numerisch und organisatorisch überlegenen Armee zu tun bekommen, geführt von einem militärischen Genie, das im Besitz der Herrschaft über ganz Europa war. Von der russischen Armee wußte man nicht sehr viel. Die russischen Generäle hielt man für zweitklassig ... Die Gründe für Napoleons Rußlandfeldzug lagen nicht nur, wie vielfach geschrieben wurde, in dem allgemeinen Mangel an Getreide, den Napoleon in der Ukraine zu beheben hoffte. Es war Napoleons Absicht, für den Fall, daß Rußlands Verhalten auf die Dauer mit seinen eigenen Interessen nicht in Einklang stehen sollte, trotz der sonstigen Auslieferung

22 Vgl. Klaus Drobisch: Im antifaschistischen Kampf ..., S. 255f.

des Ostens an den Kreml sich doch die Möglichkeit eigenen Hineinredens offen zu halten ... (Windelband).

Talleyrands Äußerung, daß der russische Feldzug ›der Anfang vom Ende‹ sei, erwies sich bald als wahr ...« Das weite Feindesland bot genug Schwierigkeiten: »Die Wege waren unbefahrbar, die Zufuhr blieb aus, das Land bot wenig Lebensmittel, Krankheit verminderte die Zahl der Truppen. Die Russen ließen es zu keiner großen bzw. entscheidenden Schlacht kommen, sondern versuchten sich erfolgreich im Kleinkrieg. Städte, die Napoleon besetzte, gingen in Flammen auf ...

Als der Sieger so vieler Schlachten als ein Geschlagener über die Beresina zurückzog, erkannte er, daß er Land und Menschen Rußlands völlig falsch eingeschätzt hatte. Hunderttausend seiner besten Soldaten lagen tot auf den Feldern und in den Wäldern Rußlands. Die Russen waren zwar tief ins Landesinnere zurückgewichen, dachten jedoch nicht daran, sich geschlagen zu geben ... (Windelband).«[23]

Nicht nur auf deutschem Territorium oder an der Front, sondern auch in Kriegsgefangenschaft und in der Emigration begannen verantwortungsvoll eingestellte deutsche Männer und Frauen aus dem deutschen Bürgertum – Schriftsteller, Lehrer, Beamte, Militärs – während des zweiten Weltkrieges darüber nachzudenken, mit welchen Argumenten man die eigenen Landsleute sowohl in der Gefangenschaft als auch vor allem in der Heimat oder an der Front davon überzeugen könnte, daß die nazistische Führungsschicht Deutschland in sein Verderben trieb. Und auch für sie war damals der Appell an die Lehren der deutschen Geschichte, darunter auch die Bismarckscher Rußlandpolitik, von großer Bedeutung.

Da hielt zum Beispiel schon im Mai 1942 in sowjetischer Kriegsgefangenschaft erstmalig ein deutscher Offizier, Hauptmann Dr. Ernst Hadermann, – bis zum Ausbruch des Krieges Studienrat für Literatur und Geschichte, ein überzeugter Christ und Humanist –, eine mitreißende und mutige Rede vor kriegsgefangenen deutschen Offizieren im Lager Jelabuga in der Sowjetunion. Darin hieß es unter anderem:

»Dieser Krieg« ist militärisch »aussichtslos geworden. Er ist ins

23 Zit. in: Günter Weisenborn: Der lautlose Aufstand. Bericht über die Widerstandsbewegung des deutschen Volkes 1933–1945. Bibliothek des Widerstandes, Frankfurt/Main 1974, S. 371, 372.

Maßlose ausgeweitet ... Maßlos wie dieser Krieg ist auch die politische Zielsetzung.« Sie hat »eine Maßlosigkeit des Hasses gegen uns hervorgerufen ... Verhaßt sind wir bei allen freiheitsliebenden Völkern der Welt. Wehe uns, wenn dieser Haß über unser Volk hereinbrechen sollte! ... Maßlos ist der Nationalsozialismus auch in der Anwendung der Gewalt ... besonders in Polen und Sowjetrußland ... Soll für diese Frevel einmal das ganze deutsche Volk büßen, das von dem Nationalsozialismus verhetzt und mißbraucht wurde?«

Und Hadermann rief seine Kameraden an der Front dazu auf, »das deutsche Volk vor der ungeheuersten Katastrophe seiner Geschichte zu retten, und zwar – durch den Sturz Hitlers, die Wiederherstellung der Freiheit des deutschen Volkes, den Abschluß eines rechtzeitigen, ehrenvollen Friedens«.[24]

Damals fand ein solcher Aufruf jedoch noch wenig Resonanz, weder unter den anderen kriegsgefangenen deutschen Soldaten und Offizieren noch bei den Angehörigen des Heeres an der Front und in Deutschland, obwohl die Niederlage der Wehrmacht im Dezember 1941 vor Moskau ein ernstes Warnzeichen dafür gewesen war, daß das Hitlerregime und seine Ratgeber das Deutsche Reich einem ähnlichen Untergang entgegentrieben, wie dies Napoleon zu Beginn des 19. Jahrhunderts durch seinen Überfall auf Rußland Frankreich angetan hatte, und daß Bismarck mit seinem dringenden Anliegen, Rußland niemals anzugreifen, recht gehabt hatte.

Eine der wenigen Ausnahmen war ein Urenkel Bismarcks, Leutnant Heinrich Graf von Einsiedel, der am 30. August 1942 während des Vormarsches der 6. Armee auf Stalingrad als Jagdflieger des Geschwaders Udet abgeschossen worden war. Schon am 3. September 1942 entschloß er sich dazu, in einem eigenhändig unterzeichneten Flugblatt darauf hinzuweisen, daß sein Urgroßvater vor einem Krieg gegen Rußland gewarnt hatte, daß sich dessen Warnung als richtig bestätigte und Deutschland den Krieg verlieren werde.[25]

Erst nach Stalingrad kamen auch andere deutsche Offiziere allmählich zu Einsichten, die Hadermann schon im Mai 1942, von Ein-

24 Ernst Hadermann: Wie ist der Krieg zu beenden? Ein Manneswort eines deutschen Hauptmanns, 21. Mai 1942. In: Ernst Hadermann: Ein guter Deutscher. Eine Mahnung an das westdeutsche Bürgertum, Berlin 1968, S. 23ff.

25 Vgl. Heinrich Graf von Einsiedel: Tagebuch der Versuchung 1942–1950, Frankfurt/Main Berlin Wien 1985, S. 37.

siedel im September 1942 und die deutschen Kommunisten schon vor dem Machtantritt Hitlers vertreten hatten. Dadurch wurde es deutschen kommunistischen und bürgerlichen Emigranten und deutschen Kriegsgefangenen möglich, am 12. und 13. Juli 1943 unter Leitung von Erich Weinert und Wilhelm Pieck in Krasnogorsk, auf sowjetischem Territorium, das Nationalkomitee »Freies Deutschland« zu gründen, dem sich Mitte September des gleichen Jahres ein am Tage zuvor unter Leitung von General der Artillerie Walther von Seydlitz gegründeter »Bund Deutscher Offiziere« anschloß.

Seydlitz schilderte später in seinen Memoiren ausführlich die Motive, die ihn nach dem Erlebnis der Schlacht von Stalingrad dazu bewogen hatten, im September 1943 sich in sowjetischer Gefangenschaft der Bewegung des NKFD anzuschließen und zum Mitbegründer und Präsidenten des BDO zu werden. Nochmals, wie bereits 1939 und 1941, habe er sich damals gefragt, »ob dieser Krieg notwendig, d. h. ein zu rechtfertigender ›vaterländischer‹ Krieg, war, doch von einem uns aufgezwungenen vaterländischen Verteidigungskrieg konnte meines Erachtens keine Rede sein«. Der Verlauf dieses Krieges habe ihm bestätigt, daß er von deutscher Seite aus ein reiner Eroberungskrieg gewesen sei. »Der Rechtfertigung eines Präventivkrieges und der Begründung dafür, daß Rußland angreifen wollte oder später angegriffen hätte, fehlte jede Grundlage.« Ihm seien damals recht gut die Gedanken Bismarcks über Präventivkriege in Erinnerung gewesen. Bismarck hätte in »Gedanken und Erinnerungen« dazu geschrieben, er sei Präventivkriegen immer entgegengetreten in der Überzeugung, »daß auch siegreiche Kriege nur dann, wenn sie aufgezwungen sind, verantwortet werden können«. Was speziell die Frage eines Krieges Deutschlands gegen Rußland betrifft, so brachte Seydlitz in seinen Erinnerungen eines der bekannten Zitate Bismarcks über das deutsch-russische Verhältnis: »Wir sollten froh sein, wenn wir in unserer Lage und geschichtlichen Entwicklung in Europa eine Macht finden, mit der wir auf keine Art von Konkurrenz der politischen Interessen angewiesen sind, wie das bisher zwischen uns und Rußland der Fall war.«[26]

Seydlitz wies in diesem Zusammenhang auch auf »das beinahe freundschaftliche Verhältnis, das der deutsche Botschafter in Mos-

26 Walther von Seydlitz: Stalingrad. Konflikt und Konsequenz. Erinnerungen, Oldenburg und Hamburg 1977, S. 289 f. – Vgl. Otto von Bismarck: Werke, Bd. 15, S. 311.

kau nach Versailles, Graf Rantzau, mit den Russen hatte« hin sowie auf das gute Verhältnis Seeckts zur Roten Armee. Ihm war seit 1941 auch bekannt, daß der deutsche Botschafter in Moskau, Graf von der Schulenburg, bis kurz vor dem Überfall auf die Sowjetunion nach Berlin berichtet hatte, »daß Stalin und Molotow alles tun, um einen Konflikt mit Deutschland zu vermeiden«.[27]

In der schriftlichen und mündlichen Propaganda des NKFD, in der Zeitung »Freies Deutschland«, in Flugblättern, in Sendungen über den Sender »Freies Deutschland«, in Funkpropaganda an der Front und in politischen Versammlungen in Kriegsgefangenenlagern, deren Hauptanliegen es war, die Leser und Hörer für die Beendigung des von Nazideutschland entfesselten Völkermordens und den Sturz des Hitlerregimes zu gewinnen, wurden auch die Lehren aus der deutschen Geschichte, darunter auch die der Außen- und Militärpolitik des Reichsgründers Bismarck gegenüber Rußland, analysiert.

Eine bemerkenswerte Beziehung zu dem ersten deutschen Reichskanzler wurde bereits auf der Gründungsversammlung des NKFD hergestellt. Auf ihr trat der Bismarck-Urenkel Leutnant Heinrich Graf von Einsiedel mit einer Rede auf, in der er auf Lehren aus der Bismarckschen Außenpolitik hinwies. Wie Einsiedel darlegte, habe Bismarck erkannt, daß das Deutsche Reich nur durch »ein Zusammengehen mit Rußland gesichert werden konnte«. Der Redner übersah dabei nicht, daß dies aus machtpolitischen Überlegungen heraus geschehen war. Er kam zu der Schlußfolgerung, daß »nicht ein Eroberungskrieg, sondern umgekehrt die friedliche Zusammenarbeit mit der Sowjetunion die einzige Möglichkeit ist, Deutschland zu erhalten«. Um seine Auffassungen zu bekräftigen, zog er folgenden Vergleich: Bismarck habe sich zu seiner Regierungszeit dem reaktionären Zarismus gegenübergesehen. »Wir dagegen haben es mit der fortschrittlichen Sowjetunion zu tun, deren Friedens- und Freiheitspolitik sie zum Bundesgenossen aller fortschrittlichen, demokratischen Länder gemacht hat.« Graf von Einsiedel wurde auf dieser Gründungsversammlung zu einem der Vizepräsidenten des NKFD gewählt.[28]

27 Walter von Seydlitz: Stalingrad ..., S. 291.
28 Freies Deutschland, 1943, Nr. 1. – Vgl. Heinrich Graf von Einsiedel: Tagebuch der Versuchung, S. 74 ff. – Gerald Diesener: Militärgeschichtliche Propaganda in der Zeitung »Freies Deutschland«. In: Militärgeschichte (Berlin), 1983, H. 3, S. 337.

Auch über den Radiosender »Freies Deutschland« versuchten vor allen Dingen ehemalige deutsche Offiziere, die sich seit Mitte September 1943 dem »Bund Deutscher Offiziere« und dem Nationalkomitee »Freies Deutschland« angeschlossen hatten, die an der Front kämpfenden Wehrmachtsangehörigen und die Männer und Frauen in der Heimat von der Sinnlosigkeit, Aussichtslosigkeit und dem verbrecherischen Charakter dieses Krieges zu überzeugen und ihnen klarzumachen, daß dieser Krieg schlimmer ist als der erste Weltkrieg, weil er nur mit dem Untergang des Deutschen Reiches enden konnte. In ihrer Argumentation beriefen sie sich dabei unter anderem auch auf Bismarck. Ihre Erklärungen wurden in Deutschland gehört, so auch von den bürgerlichen Oppositionellen der Bewegung des 20. Juli 1944.

Zum Jahrestag der Bismarckschen Reichsgründung, am 18. Januar 1944, wandte sich zum Beispiel ein Generalmajor der in Stalingrad vernichteten 6. deutschen Armee und Historiker, Dr. Otto Korfes, an die deutschen Männer und Frauen. Er erklärte unter anderem: »Die Erinnerung an den 18. Januar 1871 erweckt heute bei allen Deutschen bittere Gefühle. Damals fand die Hoffnung, die sechs Jahrzehnte lang in den Herzen der besten Deutschen gelebt ..., ihre Erfüllung. Die Einigung der deutschen Stämme und Staaten in einem einheitlichen Reiche war das Werk der Staatskunst des Reichskanzlers Otto von Bismarck.«

Und weiter hieß es in der Rede des ehemaligen Schülers von Otto Hoetzsch: »Bismarck hat gewußt, daß sein Werk bei den Mächten Europas umso weniger Mißtrauen und eifersüchtiger Sorge begegnen würde, je bestimmter die Politik des neuen Reiches von dem Willen zum Frieden geleitet war. Bismarck ... erkannte in seinem nüchternen Blick für die Wirklichkeit, daß das deutsche Volk in einem Kriege, der um machtpolitische Ziele geführt werden würde, nichts gewinnen könne, sondern Gefahr laufe, seine Kräfte ohne Nutzen zu schwächen und den Bestand des Reiches leichtfertig aufs Spiel zu setzen ... Ein ehrliches Vertrauensverhältnis zu Rußland und ein enges Bündnis mit Österreich–Ungarn ... waren der feste Weg, den seine Politik innehielt, um Deutschland den Frieden zu sichern.

Durch das Abweichen von Bismarcks kluger und behutsamer Politik ist Deutschland in das Unglück des ersten Weltkrieges getaumelt. Aber das Wagnis, mit dem Adolf Hitler das Deutsche Reich in diesen Krieg gezwungen hat, ist ein Akt, den Bismarck als ein Verbrechen gegen die Nation bezeichnet haben würde. Jedem Deutschen ist es heute zum Bewußtsein gebracht, welche Weiten das Demagogentum Adolf Hitlers von der staatsmännischen Klugheit und Besonnenheit Otto von Bismarcks trennen.«

Und der Redner unterzog die »Erwägungen und Handlungen dieser beiden für Deutschlands Schicksal so entscheidenden Männer« einem kritischen Vergleich: »Wenn Bismarck die Grenzen des Möglichen auf das Sorgfältigste prüfte und sich streng in allen Entscheidungen, die deutsche Stämme oder fremde Völker verletzen konnten, auf das unbedingt Notwendige beschränkte, so setzt sich Hitler über Empfindungen der deutschen Bevölkerung rücksichtslos hinweg und hat für die gemißhandelten, unterdrückten Völker nur Hohn ...

Bismarck vermied es mit größter Vorsicht, die Mächte Europas unnötig gegen Deutschland in Front zu rufen. Hitler forderte die ganze Welt zum Kriege gegen das Deutsche Reich verwegen und verblendet heraus. Er nimmt, wie er sagte, den Tod von Millionen deutscher Soldaten auf sein Gewissen, um die Völker Europas in seine Gewalt zu bringen.

Bismarck suchte die Freundschaft Rußlands als unerläßliche Sicherung des Reiches. Hitler hielt es für richtig, Rußland, das seinen Worten und seiner Unterschrift vertraute, zu überfallen.

Bismarck sagte: ›Wehe dem Staatsmann, der sich nicht nach einem Grunde zum Krieg umsieht, der auch nach dem Kriege noch stichhaltig ist.‹ Hitler sagte: ›Ich werde mit dem letzten Bataillon auf den Trümmern der letzten deutschen Stadt untergehen.‹«

Und Korfes kam am Schluß dieser Rede am Jahrestag der Reichsgründung zu folgender Einschätzung des ersten und des letzten deutschen Reichskanzlers: »Otto von Bismarck war von einem tiefen Gefühl seiner Verantwortung für Volk und Reich beseelt, er besaß den Sinn für die Realität des politischen Lebens, er kannte die den Kräften Deutschlands gesetzten Grenzen und hielt sie in weiser Selbstbescheidung mit unerbittlicher Strenge ein. Adolf Hitler dagegen setzt Reich und Volk für nie zu verwirklichende Fieberträume aufs Spiel..., seine Überlegungen verachten die Schranken der Wirklichkeit, sein Charakter ist Maßlosigkeit.« Und der Redner erklärte: »Deutschland ehrt das Andenken des Reichskanzlers Otto von Bismarck für seine große Tat am 18. Januar 1871 in Dankbarkeit.

Doch am 18. Januar 1944 ist der Reichsverderber Adolf Hitler tätig, dieses Reich zu zerstören... Das darf nicht gelingen!«[29]

Auch in der Emigration im westlichen Ausland gab es bürgerliche deutsche Intellektuelle und Politiker, die sich – besonders während des zweiten Weltkrieges – Gedanken über die deutsche Geschichte und deren Lehren machten und dabei – direkt oder indirekt – Bismarck und Hitler miteinander verglichen beziehungsweise die Realpolitik des ersten deutschen Reichskanzlers dem verantwortungslosen Treiben des letzten Kanzlers des Deutschen Reichs gegenüberstellten. Für sie alle möge hier ein Name stehen: Heinrich Mann.

Schon im letzten französischen Exiljahr, 1939/1940, war in diesem deutschen Schriftsteller das Verantwortungsgefühl erwacht, Chronist seines Zeitalters sein zu müssen. Denn Heinrich Mann war am 27. März 1871 geboren, und der Beginn seines Lebens und der Verlauf seines Lebens waren somit eng mit der Entstehungsgeschichte und der Weiterentwicklung des von Bismarck im Januar 1871 gegründeten Deutschen Reiches verbunden. Heinrich Mann war weitsichtig genug zu erkennen, daß mit dem Überfall der faschistischen deutschen Truppen auf die UdSSR im Juni 1941 Hitlers Niederlage und somit das Ende des Zeitalters des Deutschen Reiches abzusehen war. 1943 und 1944, zwischen der Niederlage der faschistischen deutschen Truppen bei Stalingrad und dem Beginn der alliierten Invasion in Westeuropa am 6. Juni 1944, intensivierte Heinrich Mann die Arbeit an seinem Buch »Ein Zeitalter wird besichtigt«. Er schloß das Manuskript Mitte Juni 1944 ab. Heinrich Manns Anliegen war es, mit diesem Buch seinen Zeitgenossen, vor allen den deutschen, durch seine Erfahrungen mit der Geschichte des Deutschen Reiches und seinem Nachdenken Klarheit zu verschaffen über die Fehler der Vergangenheit und vor allem über die Aufgaben der Gegenwart.

Im Unterschied zu den meisten anderen antinazistischen deutschen Politikern und Intellektuellen war Heinrich Mann kein Gegner des Kommunismus und trat auch in westlicher Emigration – wie zuvor in Deutschland – gegen Antikommunismus und Antisowjetismus auf, weswegen er unter anderem schon 1933 hatte emigrieren müssen. Er sah in der Sowjetunion das Land, das die europäische Zukunft sozial und kulturell vorausnahm, und hatte große Hochach-

29 ZStA Potsdam, 90 ko 10, Nachlaß O. Korfes, Nr. 23, Bl. 24–26. Zum Reichsgründungstag (18. Januar) (7. Rede).

tung vor der Friedenspolitik der UdSSR. Auch dieser bekannte deutsche Schriftsteller und Denker machte sich im Exil während des zweiten Weltkrieges Gedanken über die deutsche Geschichte, darunter auch über die historische Rolle Bismarcks und seiner Nachfolger. In seinem Buch »Ein Zeitalter wird besichtigt« heißt es unter anderem:

»Die deutsche Nation fand seine (Bismarcks-*S. W-K.*) Kriege rühmlich, sie ließ ihn das Reich, das sie wollte, auf seine Art herbeiführen. Für die Nation bis in ihre geistigen Spitzen ist dies alles gewesen, der Sieg und Triumph, ausgedrückt in einem machtvollen Reich. Nicht für Bismarck. Er kannte, als es nun da war, die Gebrechlichkeit des Reiches. Die Gefahr der Triumphe ist ihm immer gegenwärtig gewesen.«

Und weiter schrieb Heinrich Mann: Bismarck »hat das Reich nicht nur geschaffen: es zu erhalten war schwerer. Die gefürchteten Koalitionen abwenden... Von 1875 bis 90 brütete Europa für seinen Krieg die Anlässe, wenn nicht sogar die begründeten Vorwände aus. Sie erschienen überzeugender als je nachher.

Die Deutschen haben ihrem einzigen Staatsmann seine vornehmsten Verdienste nie gedankt, sie kennen sie gar nicht. Er eroberte seinem Reich – nicht Provinzen, die hat er kaum gewünscht, sondern Dauer für seine eigene Lebenszeit. Nach ihm war es sofort in Frage gestellt.« Ohne Bismarck hätten die Deutschen den »Bestand des Reiches... auch die knappe Zeit der festen Grenzen, einer halbwegs beruhigten Staatlichkeit niemals erlebt«.

Auch folgende Gedanken sind in dem Buch Heinrich Manns zu finden – und ihre Identität mit denen der oppositionellen bürgerlichen antisozialistischen Politiker und Militärs ist erstaunlich: »Der tiefe Grund des Hasses, den Bismarck gegen Wilhelm II. empfand: er sah ihm die Zerstörung des Reiches an. Der Unernst des Erben gegen das Vermächtnis hat ihn mehr empört als die Leichtfertigkeit, mit der er selbst behandelt wurde.«[30]

Was Bismarck »zuletzt mehr fürchtete als äußere Verschwörungen gegen das Reich, war das innere Komplott Deutschlands gegen den europäischen Frieden. Seine Bündnispolitik, die sein erster Nachfolger ›zu kompliziert‹ nannte, beweist, daß er die militärische Macht Deutschlands für begrenzt hielt. Er hat natürlich gewußt, daß

30 Heinrich Mann: Ein Zeitalter wird besichtigt, Berlin 1973, S. 9 f.

die Herausforderung an alle, mit der er den jungen Wilhelm spielen sah, das Ende wäre. Quieta non movere, das Wort seiner späten Tage, heißt eben dies.

Der Fürst wird seine Kriege bereut haben, wenn er an den nächsten dachte. Dies, muß der Inhalt seiner Abrechnung mit Gott gewesen sein.«

Und weiter kann man bei Heinrich Mann lesen: »Mir gefällt es zu denken, daß auch Deutschland, wie einst das Frankreich Napoleons, nicht völlig blind das Verhängnis der Welt und sein eigenes heraufbeschworen habe. Wenigstens der eine war da, zu wissen und zu warnen. Er hatte, weise geworden, die Folgen eigener Schuld zu unterdrücken oder aufzuhalten... Ich halte dafür, daß die deutschen Abenteuer von Beginn bis Schluß, sei es wenig oder kaum bewußt, Napoleon nachahmen.«[31]

Es gab in den Jahren der Geschichte, die dem von Bismarck geschaffenen Staat zum Verhängnis werden sollten, noch viele andere in Deutschland oder in der Emigration lebende bürgerliche Politiker und Geistesschaffende, die ihre mahnenden, warnenden Stimmen erhoben, um dem Krieg Einhalt zu gebieten und den deutschen Staat zu einer Außenpolitik zurückzubringen, die es ihm ermöglichte, als friedliebendes und gleichberechtigtes Mitglied in die Staatengemeinschaft Europas und der ganzen Welt aufgenommen zu werden. Doch die Stimmen all dieser Männer, deren Namen hier nicht alle genannt werden können, fanden innerhalb des damaligen Reiches nur eine so geringe Resonanz, daß sie bis zum Mai 1945 den Gang der nazistischen Kriegsmaschinerie – ein Bündnis mit allen Werktätigen Deutschlands, mit der Bevölkerung in den besetzten Gebieten und mit den Angehörigen des Heeres kam nicht zustande – nicht zum Stillstand bringen konnten. So mußte die vom faschistischen Deutschen Reich gefährdete und schwer verwundete Welt das Urteil über diesen Staat sprechen, der das Vermächtnis seiner eigenen Politiker ignoriert und nicht verstanden hatte, Lehren aus seiner eigenen Geschichte zu ziehen.

31 Ebenda, S. 10 f.

Personenverzeichnis

Inhalt